也许微乎其微，
但我们正在改变世界！

易学军 叶立群 何萌 著

谁在
绑架
中国经济？

中国经济如何突围？中国经济怎样再平衡？

中国经济
面临
大洗牌？

内忧外患下，
中国能够顺利软着陆吗？

中国软着陆

CHINA'S SOFT LANDING

中国发展出版社
CHINA DEVELOPMENT PRESS

图书在版编目（CIP）数据

中国软着陆/易学军，叶立群，何萌著. —北京：中国发展出版社，2014.10

ISBN 978-7-5177-0253-5

Ⅰ.①中… Ⅱ.①易… ②叶… ③何… Ⅲ.①中国经济—宏观经济—研究 Ⅳ.①F123.16

中国版本图书馆 CIP 数据核字（2014）第 223056 号

书　　名：中国软着陆
著作责任者：易学军　叶立群　何　萌
出 版 发 行：中国发展出版社
（北京市西城区百万庄大街 16 号 8 层　100037）
标 准 书 号：ISBN 978-7-5177-0253-5
经　销　者：各地新华书店
印　刷　者：三河市东方印刷有限公司
开　　本：720mm×960mm　1/16
印　　张：19
字　　数：281 千字
版　　次：2014 年 10 月第 1 版
印　　次：2014 年 10 月第 1 次印刷
定　　价：45.00 元
联 系 电 话：（010）68990646　68990692
购 书 热 线：（010）68990682　68990686
网 络 订 购：http：//zgfzcbs.tmall.com
网 购 电 话：（010）68990639　88333349
本 社 网 址：http：//www.develpress.com.cn
电 子 邮 件：cheerfulreading@sina.com

目录

第 1 章

换届之年

2013 年是中国的“换届之年”。

这一年，美国总统贝拉克 · 奥巴马开始其第二任主政的四年，以习近平总书记为首的中国新一届领导团队也正式走马上任了。

细心的人们会发现，新登上舞台的中国政治家团队在领导作风上与以往的各届相比发生了很明显的变化。

没有热火朝天地强调大好形势，也没有振奋人心的豪言壮语，更没有很多人期待中的大干快上，“习李组合”的亮相给世人留下的是平实、低调、沉稳的印象。

然而，平淡或将更给人以真实的希望！纵观中国共产党执政后六十余年以来的风风雨雨，政治家在履新后言辞高调继以行事冒进的大有人在，而表现出沉稳品质的倒是非常稀罕！

中国经济在 2011 年之后就呈现出一定的疲软乃至下行的明显征兆，按照以往的经验，每逢换届之年，宏观经济稳定问题都会显得非常突兀，地方政府总是会表现出很强的投资冲动，以力图在新的一任内拿出“好的经济成绩单”。2013 年“两会”期间，果然惯性依旧，全国有超过 3/4 的省、自治区和直辖市将当年的经济增长目标设定在了 10% 或者更高的水准，远高于中央政府提出的全年增长 7.5% 的预期目标。

然而，面对经济下行的压力，面对换届之年的经济大考，面对各级地方政府在建设上的“雄心壮志”，新领导班子难能可贵地表现出了淡然处之的态度。

在整个2013年里，中国的整体格局呈现出经冷政热的特点。新领导团队在经济治理领域不动声色，政治事务上的调整却一目了然。对外，我们谋求与美国建立新型大国合作关系，处理在东海、南海与邻国的利益争议问题，坚持旧主张，展示新态度。对内的变化更为引人注目：“习总”的亲民风范让群众感觉到融融暖意；厉行节俭、反对铺张浪费的“八大禁令”在社会上引起很大震动；反腐败的组合拳赢得了国民的支持，让官场败类们心惊肉跳；尤其是年底的十八届三中全会更是吸引了全世界目光，因为党中央针对未来中国的发展提出了全面深化改革的积极主张，通过了《中共中央关于全面深化改革若干重大问题的决定》这一予人深刻印象的纲领性文件。

事实上，2013年中央在经济事务领域也并非毫无部署：李克强总理提出了以“城镇化建设”促动经济增长的新设想；中国启动了上海自贸区试点的计划；尤其是面对2013年数度“钱荒”的冲击，既定的货币政策毫不动摇，坚决不在货币供给上“开闸放水”。于是，2013的中国经济，虽无浮华的“靓丽成绩”，但却堪称中规中矩，当年官方公布的经济增长率为7.7%，尽管这一数据是1999年以来的最低值，却略高于年初设定的目标，平淡中反倒孕育着走出迷惘、回归真实的希望！

如果说换届交继的2013年属于过渡之年，那么2014年则在一开始就被中外舆论比拟为“改革元年”，因为各种征兆都表明中国的新领导团队要开始就引导中国走向现代化国家的道路出招发力了，经济结构性改革和社会政治进步都被纳入了顶层设计的通盘部署。虽然在宣传上依然承袭了上一年克制内敛的特点，然而以我国的经验教训看，低调却积极的行动往往会在结果上让国人更为踏实和安心。比如邓小平当年主持改革开放就是以“不争论”和“摸着石头过河”的平和劲儿开局的，反观1949年之后的很多轰轰烈烈的运动反倒是一事无成！

然而，让人憧憬的“中国梦”却不是可以轻易成为现实的。在当今复杂的国内外环境下，深化改革的历程我们也当在热情期盼中保留一份审慎。正如今日大多数国人的共识：中国社会的转型正处于进行时中，改革进入了攻坚期。要破茧而行乃至化蝶振翅，首先需要的是经得起目前形势下各种艰难险阻的考验。而未来若干年，中国的经济形势及演化格局同样存在不容盲目乐观的若干因素。

如果将中国经济比作一架飞行器，那么这架飞机在空中飞行的时间已经太久而且机器运转接近极限了。我们目前还没有掌握空中加油的手段，机器运转本就需要休息、保养和维修，同时机上人员的精神长期高度紧张也不是什么有益健康的事情，所以就面临着安全着陆的需要。假如将我国在20世纪90年代后期开始的经济加速发展视为起飞，中间历经加入世界贸易组织（WTO），取得了“黄金十年”的优秀飞行成绩，然而2008年来袭的金融风暴改变了整个“天气因素”，强风暴雨和满天阴翳让飞行不再安全和顺畅，所以现在到了中国经济需要着陆的时刻。如此操作，不仅是因为当前险情频频，也是为了未来飞得更稳、更高和更远。

飞机起飞不易，着陆更是需要艺术。现在的情形是大家都为中国经济的态势捏着一把汗，硬着陆会损失很大，而软着陆则可以化险为夷，为明日的航行蓄势加油。

所谓软着陆，其内涵就是缓慢平衡性增长，经济增长的速度相比昔日不再那么看上去很炫很美，但依旧能保持明显快于世界平均水平的增幅，比如说年增长5%，而且质量上更优于昔日。也就是说，中国经济可以降速但不失速，调整向内涵型以质求胜的发展路线，而不是继续走之前的外延型粗放增长的老路。

第2章

汇率风暴来袭

2013年时，我和朋友合著出版了《中国HOLD住了》一书。在这本剖析中国经济面临的未来形势的著作中，我们大胆点出了我国人民币汇率下盘虚浮的险情，在当时人民币兑美元汇率还保持坚挺的情况下，我们担忧人民币汇率有可能逆转并给我国经济带来负面冲击。

没想到，我们的预言很快就被冷酷的现实证明了。2014年春天，一场人民币汇率贬值风暴挟带着森森寒意向我们袭来了。

我国自1994年汇率并轨，2005年7月启动汇改以来，直到2013年底，人民币汇率是一路稳定走高的，目前的走势疲软属于绝对罕见的情形。

2007年，人民币兑美元汇率上扬幅度开始加快增强，当年1月11日，人民币兑美元身价突破7.80关口；2008年4月10日，7.00大关被突破；2012年4月16日，我国央行即中国人民银行将人民币兑美元交易价的浮动范围从0.5%扩大到了1%，进一步放松对人民币汇率的严格管制；2013年2月25日，美国芝加哥商品交易所（CME）正式推出美元/离岸人民币期货产品；2013年4月2日，人民币兑美元交易价突破6.20关口；2013年10月17日，人民币兑美元即期汇率首破6.10；2013年12月31日，人民币兑美元中间价报收6.0969。

在多年来人民币汇率一路坚挺的历程中，从2007年初到2013年底，人民币汇率中间价累计升值幅度达到27.8%，2010年至2013年底累计上升了8.5%，2013年全年升幅为2.9%。2014年1月2日——2014年的首个交易日，香港汇市人民币兑美元即期汇率定盘价为6.0484；2014年1月14日，人民币升值到了20年来的最高点，即期价为6.0406，中间价为6.0930。

然而，就在部分国内专家兴致勃勃地讨论人民币汇率“破六见五”什么时候能实现的时候，人民币汇率的拐点不期而遇了。2014年2月17日，风云突变，人民币汇率开跌，中间价连续多个交易日一路下跌，境内外的即期汇率更是同步跌得惊心动魄，2月25日创出三年来单日最大跌幅，2月28日早盘跳水一度下跌逾500个基点，创下汇改以来的单日最大下跌点数（见图2-1）。

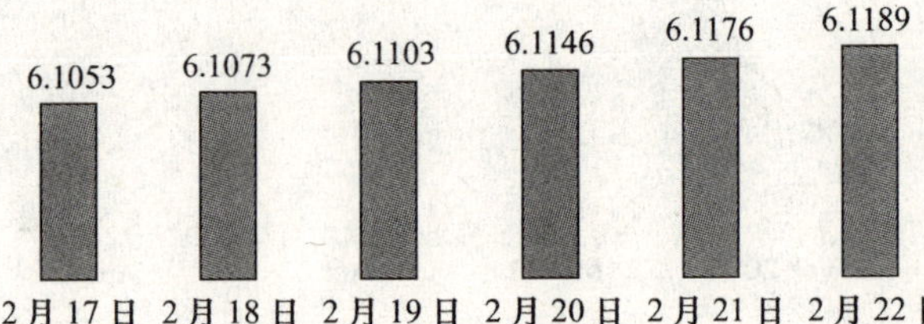

图2-1　2014年2月17~22日美元兑人民币汇率走势逆转图

2014年3月15日，中国人民银行宣布，自2014年3月17日起，银行间即期外汇市场人民币兑美元交易价日浮动幅度由1%扩大至2%。人民币汇率随之继续“跌跌不休”。3月31日，人民币兑美元中间价报收6.1521；4月25日，人民币即期汇率下跌破关6.25，而前一天外管局官员管涛才对媒体表达了官方对人民币汇率下跌的有关看法；4月30日，人民币即期汇率开盘即快速跌破6.26关口，当日人民币离岸汇率瞬间曾被打落到6.283水平（见图2-2、图2-3、图2-4）。

回顾2014年初到目前为止的人民币汇率走势，一季度人民币汇率创下了跌幅2.4%的记录，成为同期贬值最严重的亚洲货币；截至2014年5月3日，人民币即期汇率下跌幅度为3.3%，回到了2013年初的水平，中间价也几乎回吐了去年的上涨空间。中国统一官方汇率与市场汇率发生如此大的持续同步急跌情形是自1994年以来绝无仅有的（见图2-5）。

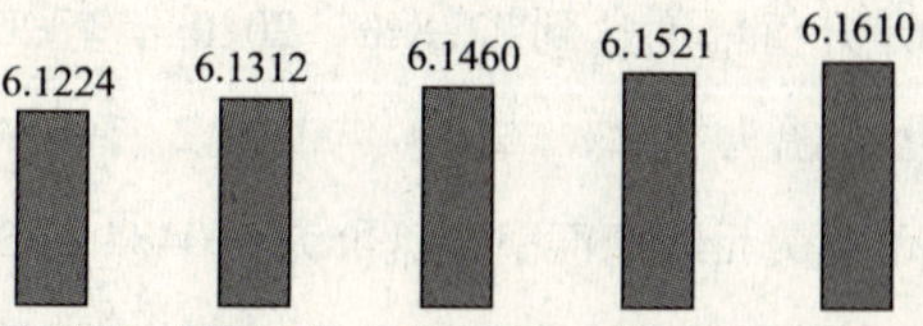

图2-2　2014年2月底以来美元兑人民币汇率中间价走势图

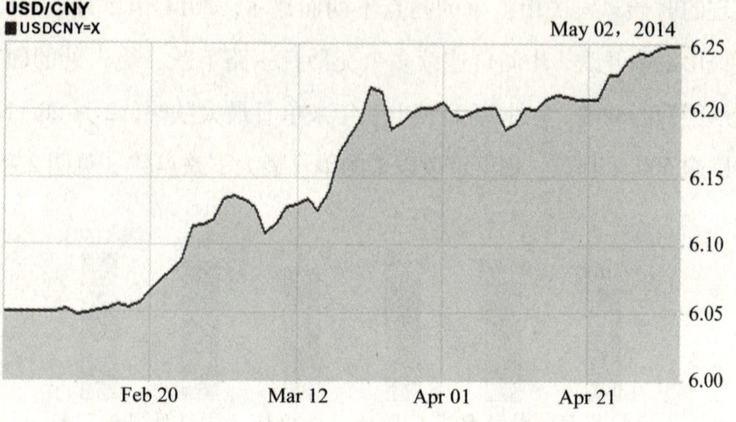

图2-3　美元兑人民币三月期走势图

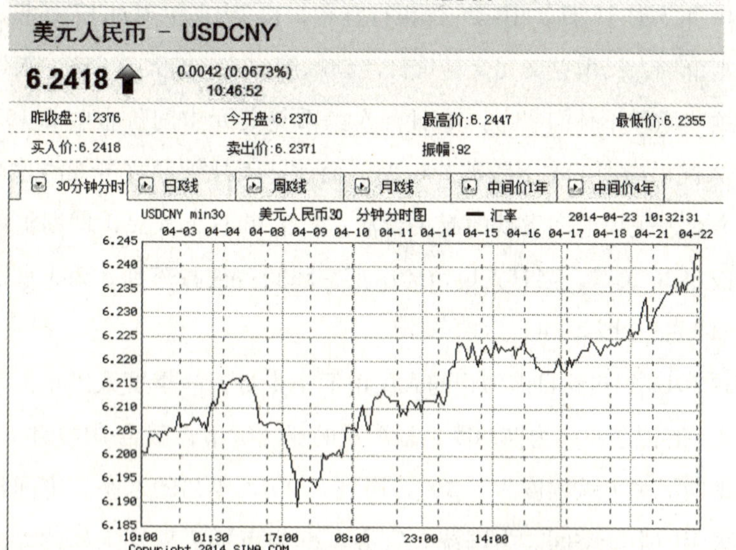

图2-4　4月23日美元兑人民币汇率暴跌图

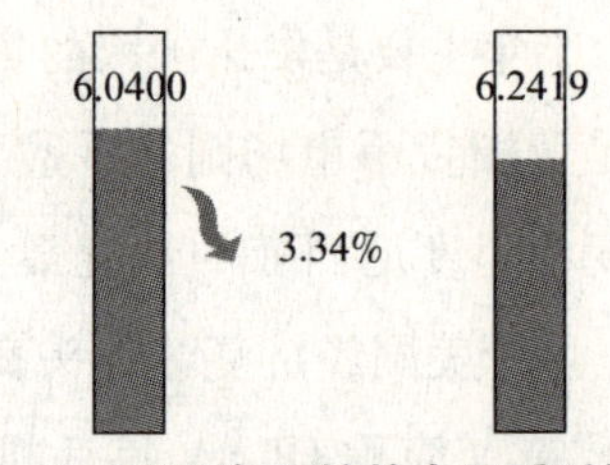

图2－5　2014年开始的人民币贬值趋势

对人民币汇率急剧逆转且持续走低这一罕见态势，国内外各界都给予高度的关注。针对市场的忧虑，我国政府起初是以暧昧态度暗示这轮跌势是中国央行策划制造的，目的是压迫押宝人民币汇率单向升值的投机性多头离场。然而，部分市场人士尖锐指出这一说法恐难成立，以美国财政部为代表的其他国家政府也就人民币汇率快速下跌表示严重关切，围绕人民币汇率走势的紧张关系再度若隐若现。

中国央行在3月15日宣布扩大人民币市场汇率浮动幅度时解释称，增强人民币汇率双向浮动弹性与人民币汇率的升贬没有直接关系，人民币汇率主要取决于以国际收支为基础的外汇供求情况，目前的人民币汇率不存在大幅升值或大幅贬值的基础。

4月底，国家外管局国际收支司司长管涛代表我国当局召开新闻发布会，认为当前的人民币汇率趋向均衡合理水平，相关波动主要系由资本流动的影响造成，背景是我国经济增长稳中趋缓与外贸形势比较低迷。此前，央行副行长易纲也曾数次表示人民币汇率的目前水平是相对合理的。他在3月份指出，人民币汇率将越来越多地由市场因素来决定，中国央行在汇率形成中的作用将减弱。

总体看来，我国政府为回避来自外界的压力，尤其是担忧欧美各国政府对中国政府人为低估人民币汇率和政府干预汇市的批评，不再对中国央行“刻意”压低人民币汇率的“市场揣测”保持暧昧立场，而转为官方强调当前的人民币汇率已经接近均衡值。

早在2011年起，国际财经界看空中国经济的各种说法就甚嚣尘上。2013年，美元汇率走出2012年的低迷状态，全球各路非美货币在强劲的美元升势压迫下，纷纷受到重挫。上半年主要是发达国家的货币承受美元升值的重压，进入炎夏后新兴国家尤其是亚洲货币市场则几乎遭到血洗，货币暴跌、股市下挫、债券惨遭抛售，印度和印度尼西亚的情况最为凄惨。2013 年 12 月 19 日，美联储向全世界宣布，鉴于美国经济复苏势头良好，将于 2014 年 1 月开始逐步退出量化宽松货币政策（简称 QE），每月削减购债规模 100 亿美元。至此，全球关于美联储何时退出 QE 的大猜想尘埃落定，新兴市场国家也由此不得不承受情况加剧的资本出逃（回流美国）的严峻考验，全球货币市场可谓风声鹤唳。

在 2012 年和 2013 年华尔街一片喊空人民币的合唱中，人民币汇率逆市坚挺，比美元表现得还要亢奋！然而，多种因素反映出人民币不仅国际身价继续升值的空间逼仄，而且本身下盘是极其虚浮的，随时有可能掉头回转而给中国经济带来大麻烦。关于相关细节，有兴趣的读者可以参阅拙作《中国 HOLD 住了》一书，那本书是专门阐述人民币汇率凶险以及 TPP 和 TTIP 对中国外贸构成的险恶不利情形的。

懂行的人们都知道，一国的汇率走势与该国的经济及国际贸易状况密切相关。人民币汇率逆转下跌，说明大家不看好中国经济与对外贸易的前景。犹如普通人炒股票是炒企业的发展情况一样，炒汇率的本质就是在炒相关国家的整体经济。

除了这一值得我们高度警惕的重大背景因素外，围绕本波人民币贬值的相关反应也不容忽视。

在人民币汇率开始明显下挫后，最初在国内媒体上出现了官方闪烁其词的放风说法，即所谓的“市场揣测人民币汇率贬值系由央行刻意主导”一说。诚然，由于人民币汇率多年来单向持续上升，而且若干年份的升值幅度还颇为可观，加上美、欧、日在 2008 年以来将利率一直保持在很低的水平，2009 年以来可以观测到每年都有相当规模的短期套利资金在持续流入中国以赚取人民币升值的相关利益，此即国内媒体多年来热议不息的“国际热钱”。从表面来看，本番人民币汇率急贬，确实能起到阻遏来华赌升值的部分热钱的效果。然而，人民币汇率贬值从交易角度看存在两种可能性，一种是市场持续加强的美元买压逼迫人民币贬值，另一种是人民币抛压推动人民币贬值。实际上，无论是从 2 月中旬贬值后的交易盘面来观察，或者是依据汇市交易逻辑来判断，所谓中国央行策动人民币汇率贬值的说法都是经不起推敲的无稽之谈。同时，离岸人民币市场的即期汇率跌势凌厉乃至屡屡暴跌，显然更是与中国央行的行动毫无关系！这些也就是外汇市场行家们质疑“中国央行策动说”的关键因素所在，而中国政府放出的自我主导汇率贬值的风声显然是另有难言之隐。

事实上，人民币汇率逆转或者按照官方“人民币汇率进入双向波动时期”的解释，除了可以获得遏制来华热钱的有限好处外，反倒使中国经济暴露出了一个相当危险的破绽，即资本外逃，更确切的说是中国的外汇储备流失。

因为，我国政府持有的外汇储备实际上相当于负债而非资产。中国政府本身不可能创造出任何外汇来，央行储备的外汇是真正的主人寄存在它那里的，中国外汇储备的真实主人主要是国内出口企业、来华外商，借由国际收支常规项目（即对外贸易）产生的顺差和资本项目下的外来投资在我国外汇管制体系下兑换成人民币才转化为所谓的国家外汇储备，极少部分属于境外汇来的“侨汇”。故而，当寄存者要求取回自己从前寄放的外汇时，我国央行必须保证兑付给大家，当然在操作上是按照时下的汇率通过商业银行的外汇交易兑换业务来完成的。

人民币汇率处于升值状态时，真正的外汇主人当然会乐于持有人民币以享受升值的利益，然而当贬值时，大家自然要换回值钱的美元等外汇而抛弃不值钱的人民币。对热衷于人民币汇率投机的势力而言，交易的逻辑更是简单明了，“低买高卖”是永恒的法则。人民币汇率开始进入跌势阶段了，那么当下相对于未来就是贵的，应该卖出，等到将来人民币贬值了，就等于是赚到了，看到企稳止跌的信号时甚至还可以反手抄底，包括以廉价收购届时可能很便宜的各种中国资产。鉴于我国目前外汇储备的庞大规模（越大意味着负债压力越沉重），加上截至 2013 年底高达 3.8 万亿美元的外储中有相当的比重可以明确判断为潜伏在我国的热钱。根据瑞银的估测，仅 2013 年流入中国的“热钱”规模就超过了 1500 亿美元。所以从长远来看，人民币汇率贬值风暴在未来有很大概率兴风作浪并冲击中国经济，严峻的形势绝非我国央行轻描淡写的那样简单。

当然，在主动扩大人民币汇率波动范围这一举措上很明显可以看到中国政府的信心，至少当时我国货币当局肯定是认为本国经济可以承受汇率机制调整以及未来其他可能的变革，而人民币汇率双向波动也是走向汇率市场化所必经的一步。同时，2014 年下半年，也不排除人民币汇率可能会有反复，但大的阶段性趋势还是继续贬值。

不仅是国外职业金融投机客可能借人民币汇率转势之际趁火打劫，国内同样有很多老百姓会找银行去兑换部分美元以规避人民币贬值的风险，这也将对人民币汇率动态和国家外储构成显著压力。自从 2 月份人民币兑美元多次出现“毫无预警”的大幅贬值现象以来，实际上国内各大网络论坛，尤其是财经类别的，早已经是一片换美元之声。

中国严重的房地产泡沫是 2010 年以来国外经济学家和财经人士不看好中国经济的主要原因。这波人民币汇率贬值风暴也使得中国房地产开发商们为之情绪低落乃至沮丧。因为很多大型房地产公司为支撑其国内业务发展，近些年来从境外资金市场拆入了大量的美元贷款以维系资金链，汇率贬值直接意味着它们的还贷压力明显加重。此外，在国内涉房贷款逐渐收紧的环境下，利用海外融资以渡过房价跌落困境是很多大型国内房地产企业的唯一出路，人民币汇率这么一开跌，这条道路已经变得凶险莫测了，对早就摇摇欲坠的房地产泡沫更显不利。

人民币汇率骤然由强转弱，也让进行外汇套期保值交易或远期合约套保的中国出口企业损失惨重。很多企业之前为规避汇率波动风险，就其持有以及将持有的外汇都在金融市场上进行了套保操作，人民币汇率意外贬值，大家的套保失去了意义而真的被套住了，因此而重现资产风险敞口。

中国近些年来广义货币 M2 快速膨胀，基础性的推动力量就是外汇占款在贸易与投资的双顺差刺激下不断释放出基础货币。按照我国的外汇管理办法，商业银行向要求将外汇兑换成人民币的客户提供兑换服务后，央行会作为最终购买人买入这些外汇，同时向相关商业银行支付对应的人民币，此即所谓的“外汇占款”，与一般国家的做法大大不同。所以很多国家将本国持有的外汇叫做外汇结余，而我国叫做外汇储备，前者主要是从民间或社会的角度来看待外汇，后者则是强调政府的持汇状态。当民间不断用人民币兑换外汇时，理论上我国央行需要将收回的人民币注销，由此将导致市场流动性收紧而利率中枢上行。2月中旬以来，市场可以说是一直在买入美元抛售人民币，但金融人士观察到我国货币市场的利率不升反降。由此，部分财经人士推测，中国人民银行很可能并未及时注销相应的外汇占款，导致各家商业银行手中的人民币头寸猛增，结果货币市场的短期利率得以急剧下降。这也许算是个灾难中可以聊做安慰的喜讯，因为2013年6月集中爆发的“钱荒”对我国的金融安全并非有利征兆，然而，央行采取的如此处理方法是不规范的（假如是事实），严重违背基本金融法则且透支政府信用，从长远看又对中国经济构成了潜在的巨大隐患。

更有甚者，在人民币汇率贬值的阶段性趋势下，中国多年来掺水严重的GDP也会光环消退。世界各国的GDP排名是按照美元来统计的，过去10年间人民币汇率不断攀升，累计升值幅度达到36%左右，无形中助推中国的GDP国际排名不断超越汇率稳定甚至是贬值的对手们；2007年后人民币汇率升值最快，所以中国的GDP排位也就快速蹿升到全球第二的位置；未来人民币汇率将陆续贬值，换算成美元后的中国GDP也就要减肥了。好在一国的GDP本就是个虚名，没多少中国老百姓会真去关心它的名义变化，而且其中的泡沫成分消除了也才真实。

国外对人民币贬值风暴的反应也很有意思。

亚洲一些国家的政府尤其是我们的邻国，普遍担忧会引发一场汇率战争，亦即大家在货币上竞相贬值以获得出口价格方面的优势。

2014年3月，一些友好的国际评论认为，中国央行扩大人民币汇率浮动幅度是向建立市场化汇率机制迈出的关键一步，北京方面有能力把控未来人民币汇率的良性变化。赞扬中国在面临国际社会要求其加快经济结构性改革的背景下，当局积极改革多年来被严格控制的人民币汇率制度，无疑是向国际社会展示中国改革取得进展的一步新棋。

日本的财经媒体在识别了中国政府向国际社会展示当局的改革进程和牵制来自海外的投机资本之外，着重强调人民币贬值有可能是中国当局出于人为托底外贸出口的想法。同时还指出，如果未来的中国出口继续下行，不排除中国政府通过诱导人民币汇率贬值以对出口企业提供援助的可能性。

我国政府和舆论一向是最看重美国方面的反应的，而美国方面对人民币下跌以及相关背景的官方意见也是最为对中国不利且言辞微妙的。

人民币汇率持续一个多月的连续走软，引起了美国财政部的密切关注。4月上旬，美国财政部一位高层官员提醒中国，美国政界不仅担忧人民币贬值之举是否代表着中国可能开启新一轮竞争性贬值的政策转变，而且，假如北京改变允许市场力量对人民币汇率产生更大影响的计划，尤其是中国官方准备借以人民币汇率波动有更大灵活性为理由，那么美国财政部将“提出严重关切”。

在没有得到中国官方公开正面回应而对相关事态不予置评的情况下，2014年4月15日，美国财政部对人民币汇率走弱再度发出警告。美国财政部明确指出，人民币汇率下跌幅度前所未有，催促北京更频繁地披露干预市场的信息。美方再度强调，如果人民币走弱表明中国当局放弃了之前就深化改革而承诺的逐步减少干预并让市场力量发挥更大作用的公开宣称政策，那么将“引发（美方）特别严重的担忧”。好在奥巴马政府在连续第11份每半年提交给国会的相关报告中仍然拒绝正式给中国政府贴上货币操纵者的标签，但美国财政部却在报告中认为人民币汇率依然被大大低估了。这一微妙立场表明美国更希望通过谈判来解决与中国之间的经济问题。

针对美国两次表达的“严重关切和担忧”，中国央行官员稍后表示中国方面不急于干预人民币汇率贬值，除非出现了大幅度地贬值，强调中国央行的责任与世界各国同行一样，在于保持汇率的相对稳定。

众所周知，美国和欧盟方面多年来一直敦促我国政府让人民币汇率更大更快地升值。围绕人民币汇率的相关问题，美国舆论尤其是美国国会时常发出批评之声，甚至谴责我国政府操纵货币行为并要求对之进行惩罚的法案也曾经在美国众议院数次获得过通过。2014年恰逢美国的中选之年，民主党与共和党要就争夺国会席位而激烈角逐，我国人民币贬值有可能被美国有关政客作为工具来利用，而且货币贬值本就容易引起贸易摩擦。所以，中美两国围绕人民币汇率变化而关系紧张再度凸显的问题，我们也不能掉以轻心。

总之，多方密切注视当下及未来人民币汇率的起伏动向，是因为里面蕴藏着极大的经济利益。

美国政府表示关切和担忧，是看重中国政府是否将沿着十八届三中全会后宣布的深化改革方向切实前进，希望此前美国在人民币汇率上投机做多的金融势力顺利兑现盈利而抽身的意图也是不言而喻的；日本、韩国、中国台湾、印度、印度尼西亚等焦灼的是会否牵扯到自家的货币也参与贬值竞赛；对冲基金和跨国套利者关心头寸损益的变化；金融观察家关注是否会因资本外逃而导致中国外汇储备减少和利率变化；民间抢换美元甚至部分贪官污吏加紧向境外转移资产也是利益使然。

人民币汇率贬值说明很多人，尤其是汇市投资者不看好中国经济的前景，至少是担忧中国经济目前在减速的态势。而对我国经济而言，则意味着必须高度警惕潜在的经济风险，而且潜在风险是多重且复杂的。

汇率贬值将引起资本出逃的金融风险是一目了然的，尤其是在美国货币政策回归常态的背景下。

对经济运行而言，资金如血。货币资本出逃，就等于经济体失血，后果是显而易见的！

最近数年来，逐步扩大人民币的流通域，让人民币全面走出国门，这是国内经济界和政界普遍的共识。然而，人民币国际化要求人民币的汇率长期趋涨而不是贬值，中国经济进一步对外开放也要求稳定的货币环境，产业升级同样需要稳中趋强的本币汇率来给产业界以适度的危机感与动力，扩大对外出口则不支持人民币升值，诸多头绪使得中国央行的货币政策目标前所未有的多元而复杂。

中国当下很急迫的重大被动因素在于经济总体负债率过高，尤其是庞大影子信贷和地方债派生出来的金融风险很大，甚至足以引起一场中国金融危机。要控制好大局以使中国经济不至于被金融短路的火花引爆充满危险易燃气氛的当前环境，就必须踩货币刹车和去杠杆化，也就是说需要维持高利率和偏紧的流动性。人民币汇率阶段性贬值有利于达成这个目标，但降温过快有可能让很大一部分企业不适应环境剧变而在当下横尸倒闭，这就可能将中国经济导向糟糕的失速而非可控的减速。

就未来的人民币汇率演化而言，能实现外管局表述的“双向波动将成为常态”、“汇率达成均衡状态”自然是最理想不过的了，如此还可寄望于市场主体“主动适应、积极应对”。但是相对于同样危险的房市和债务而言，汇率的未来把控要困难很多。很明显的不同之处在于，高房价和高债务率毕竟还属于中国的“内政”，如果下定决心，政府是有条件贯穿其控制意志的，而汇市博弈牵涉到外界强大力量的掣肘，这可不是中国政府一家就能说了算的，尤其是考虑到我们下一步要深化改革和推进人民币国际化的宏大目标。

对未来人民币汇率变动最为乐观的前景描述是所谓的“横行、宽幅和双向”，即当前汇率已到达了均衡点，未来人民币汇率波动幅度将趋大，由之前的长期单边升值态势转化为在未来通道内更频繁的双向波动。而针对中国经济的前景展望则无非是断崖式或休克式的硬着陆抑或是缓慢平衡性增长的软着陆。

处理包括汇率变化在内的几项重大因素得当，就有可能争取到软着陆的时间与空间；目前的房地产泡沫、债务危机、产能过剩、汇率下滑等危险的炸弹不能被有序而可控地逐层定向引爆，事情就保不准将向休克乃至断崖式坠落的方向发展。

人民币汇率当下的迷局究竟是“假摔”还是真跌？

是否人民币汇率阶段性下跌在若干年后回顾时仅仅是成长之痛？

未来汇率将会是钟摆式运动还是单向继续下跌？

让我们大家一起拭目以待！

第3章

中国多头VS中国空头

2013年12月，央行货币政策委员会前委员余永定在搜狐财经年会论坛演讲时为中国当下的经济现状开列了一份“风险清单”，他认为中国在未来若干年面临着房地产泡沫崩溃、股市重挫、理财产品大量违约、地方债务危机爆发、企业债台高筑、通膨突然恶化、经济增长率跌至7%以下导致失业率骤升、资金大量外逃引爆金融危机等8项风险。

这是在比较正式的公开场合，第一次有具有一定官方身份的专业财经人士在大庭广众下针对中国经济的未来发表明显悲观预期的观点。而国际社会和国内民间就中国经济黯淡前景的争论早已是持续了很多年的焦点话题。

在国际财经界关注和热议中国经济发展动态的这些年里，相当多的美国机构和美国学者对中国的事情尤其热心，说法也是多样，从严重看扁中国的唱衰者到故意恭维中国的捧杀者，在2008年以来可谓此起彼伏，还包括所谓的“中美国”与“中美G2概念”。事实上，美国确实在相当程度上与中国经济存在彼此依赖的关系。如果没有来自美国的旺盛外部需求，我国始自1980年代中后期起步的出口导向型经济增长模式就不可能获得成功，而美国也是长期依赖于中国制造业提供的廉价低端商品以及中国的庞大外汇储备来为本国的巨额财政赤字买单。中国出口企业运往美国的各种便宜货是在经济上补贴美国消费者，中国政府对美债的投资也是帮助美联储压低利率的变相经济补贴。所以，美国佬最是关注中国经济的风吹草动，在逻辑上是顺理成章的。

国内外社会舆论多年来对中国经济形势的评判基本是两个阵营：其一是危机派，其二为乐观派，中间派几乎没有，非白即黑！唱空乃至看扁中国经济的声音一直都更为高亢，而且通常会详细阐述推理演绎的逻辑并附列比较充足的佐证资料，这一技术派阵营算得上是主流；而力挺中国经济的不仅人数明显居于下风，其主要观点及论据也往往显得身单力薄，算是感性相对发达的风格。

除了极个别标新立异的说法外，大多数正经经济学人都期待中国经济能够实现再平衡，无论其基本观点是看好中国经济抑或是负面的。具体来说，国际社会一直积极建议中国政府力促中国经济早日转型以进入可持续发展的轨道，从主要倚重充满活力的中国制造业为基础的出口和投资导向型的增长模式转身，变为对本国消费支出和服务业的依赖大幅提高的增长模式。

对目前阶段的中国经济格局进行客观分析的人们在主要看法上是相对统一的：经济结构失衡、运行效率欠佳、资源过度消耗、环境退化与污染、收入分配严重不公、狂热的投资依赖症、债务高企、过时产业的产能过剩、国民在恐惧驱动下的预防性储蓄等等。认为这些不利因素表明中国的现有经济发展模式已经严重过时，需要进行结构性的改革优化才能更显活力。

此前的大多数时间，中国的巨大房地产泡沫吸引了最多的眼球，而2012年以来，大家更为关注的是中国的潜在债务危机，尽管这个问题其实就和世界前所未有的超级房地产泡沫存在很大的关联。

单就中国的债务隐患，悲观派人士非常担忧世界第二大经济体不断膨胀的债务或将引起一场严重的金融危机，乐观派则相信中国政府有能力应付当前的危局而推翻悲观者的预言。

根据国际信用与风险评估巨头美国标准普尔公司（Standard & Poor’s）的估计，截至2013年年底，中国企业的债务规模已经达到12.1万亿美元，美国企业的债务规模为12.9万亿美元，但美国企业的财务状况与经营水平是要远优于中国企业的。据此，标准普尔公司认为，在中国借贷成本于未来出现上升的趋势下，中国经济蕴藏着严重的金融风险。

另一大国际信用评定巨头惠誉公司（Fitch Ratings）也早在2013年6月就针对中国的信贷泡沫和影子银行风险发出了警告。相关评论指出，自雷曼兄弟2008年夏倒闭以来，中国的信贷总额从9万亿美元规模一路攀升到了23万亿美元，在短短5年中复制了整个美国商业银行系统的规模；中国的信贷占GDP比率在5年内从75%上升至200%，而美国次贷危机及日本1990年代初经济泡沫破裂前的该比值也才大约为40%。惠誉认为，中国的信贷规模已达到极限，信贷泡沫史上罕见，很难再像以往那样通过过度投资来促进经济增长，即使勉强继续也会造成巨大的产能过剩问题。因此，中国经济在未来将面临艰难局面，当前的情形也不知道是否可持续，在接下来的半年里中国政府的相关选择是至关重要的。

惠誉的有关分析团队尤其担忧中国影子银行体系制造的潜在系统性风险，因为信托、理财资金、离岸借贷工具以及其他形式的各种非监管借贷已经占据了中国新增信贷的半壁江山，而且相关风险敞口多与中国岌岌可危的房地产业有关。比如，当时规模已达2万亿人民币的理财产品就属于银行的“隐藏的第二资产负债表”，这类绕开监管者以规避贷款限制的信贷资产构成了风险的核心，半数的此类产品都需要每3个月展期一次，另外25%的展期时间则低于6个月。而在2008年金融风暴中断魂的北岩银行和美国雷曼兄弟都是在金融市场突然冻结的时候倒在了短期债务身上。

摩根大通公司（JP Morgan Chase）的研究报告认为，2012年中国企业的债务占GDP的比例达到了124%，高于2010年的111%和2008年的92%，2013年的情况还在继续恶化。而新兴经济体的企业债务规模普遍才在40%～70%的规模，美国目前阶段的企业债务水平为81%。为此，摩根大通判断，过去的5年里（2008～2012年），中国企业的债务扩张增速超过了经济增长，企业债务规模过高对中国金融业构成了最大的风险，而影子银行和地方债的威胁同样不可忽视。

全球四大会计事务所之一的德勤会计事务所（Deloitte & Touche）在其《2013年银行业十大趋势》以及其他相关报告中指出，当西方各国银行体系在金融危机来袭后纷纷实施去杠杆化操作时，中国的银行业凭借该国政府的4

万亿经济刺激计划反倒走上了全面扩张道路。2008~2012年，中国银行业的表内资产增量超过了美国当前银行业资产存量的60%。根据中国银监会披露的相关数据，德勤推算中国银行业将出现盈利增速下滑和资产质量恶化的趋势，而且将整体面临中国经济增速放缓、不良贷款增加和利率市场化改革三重因素带来的挑战。

总部在香港的里昂证券有限公司（CLSA）在2013年的中期分析报告中指出，中国在过去的四年里为了保经济增长，有些沉溺在债务扩张中不能自拔。2009~2012年，中国的新增债务规模达到了GDP的110%，其中大部分来自于影子银行和地方政府发行的债券，总债务规模占GDP的比重则从2008年的148%暴涨至2012年的205%①。里昂证券认为，中国经济的增长正在越来越依赖于债务和信贷的扩张，从2013年一季度高达58%的社会融资总量增幅可做证据，而不断上涨的债务水平恰恰意味着中国经济增速是不可持续的，同时风险也在不断积聚和提高。而一旦中国着手削减债务和减少对投资驱动经济增长模式的依赖，那么经济增速势必显著下滑，而这样的场景很可能在2014~2015年上演。假如中国政府到2015年时还将7%作为增长目标的话，届时的债务规模/GDP可能将高达245%，高于CLSA认为的债务可控安全界限（135%）100多个百分点。里昂证券在这份报告中还专门指出了中国地方债、影子银行、国企债务以及银行转嫁风险向表外业务等具体问题，比如市场规模大约为13万亿元的各种银行资产管理产品存在风险隐患，尤其是信托产品，而国有企业的ROE（净资产收益率）仅勉强达到5%，却在负债权益比率（Debtequity Ratio）这项关键财务指标上高达115%。CLSA担忧在未来中国政府不得不救助地方政府和来自影子银行体系的金融机构表外业务负债。

大家现在已经见证了里昂证券有限公司去年5月这份报告里描述的若干情形，经济减速、债务违约都已经出现了，所幸新的领导团队在相关问题的把控处理上很慎重。

---

① CLSA估算出的包含政府、企业和个人负债的中国2012年末债务总规模为107万亿元，与2013年4月惠誉公司宣布将中国主权债务评级降级时198%的预测值大体吻合。

国际著名投行摩根士丹利在2013年初率先抛出“中国雷曼时刻”何时到来的话题，指出2008年以来中国的公共与私人债务暴增至GDP规模的200%，达到了所有发展中国家史无前例的水平，超过了1980年代以来数次国际主要金融危机爆发前有关国家的债务峰值。“大摩”认为，虽然中国弥漫的乐观情绪下政府和舆论尚未察觉到债务问题对金融体系与经济增长构成的风险威胁，但从债务的攀升速度来判断，中国经济已经处于危险区域，金融危机近在咫尺。“大摩”根据亚洲国家的历史经验判断，即便中国能够躲过信贷大繁荣之后的金融危机，经济增长的速度也必然会因债务的拖累而大幅下落，同时指出中国几乎1/3的银行贷款都流向了房地产投机，与美国在次贷危机爆发前的2007年的情况十分相似。“大摩”建议中国政府要通过促进国民消费来减少对投资的过度依赖，宜将债务增长率控制在低于经济增长率2～3个百分点的安全区域。假如不这么做，那么中国将只能维系一个不现实的经济增长目标而制造出一个实在的债务炸弹。

进入2014年，“大摩”对中国经济形势的判断更加恶化，在3月份的一份研究报告中指出中国正在接近“明斯基时刻”，经济增长或降低至5%的水平。这一报告发表后，如重磅炸弹一样在国际金融界迅速引起巨大反响。

所谓“明斯基时刻”是美国经济学家海曼·明斯基（Hyman Minsky）在其创立的“金融不安定假说”中描述的信贷周期对经济不利影响的状态。

“金融不安定假说”认为，信贷周期一般存在三个经典的阶段：第一阶段为避险信贷阶段或理性信贷阶段，这一阶段企业家和投资者普遍只负担少量债务，其现金流收入足以覆盖利息成本后还有利润，而经济在这一阶段也处于上升期。第二阶段为投机借贷阶段，由于经济繁荣但泡沫才开始萌芽，投资者和投机者都追求扩大融资规模以分享景气带来的红利，这时的借贷其实只能勉强负担利息甚至不能覆盖，但大家都寄望于未来的资产升值空间可完全覆盖融资成本还有额外盈利。到了第三阶段就属于庞氏借贷阶段了，亦即投资者的现金流收益根本不足以支付贷款的本金和利息，必须拆东墙补西墙，不断融借新债或出售资产才能维系，这一时期通常市场的泡沫已经相当明显，正处于由繁荣坠向衰退的转折点。

而“明斯基时刻”就是指的信贷泡沫面临破裂，博傻投机者即将遭受经济规律惩罚的危急时刻。

与着眼于个体金融机构破产倒闭的“雷曼时刻”不同，“明斯基时刻”强调的是系统性的债务风险。假如“明斯基时刻”降临，倒霉的可不止是借钱的人们，整个金融体系和经济系统都难免受到牵累，普通人也要“分享”灾难。因为长时期的繁荣和稳定其实已经在内部滋生了危机的种子，市场上的旺盛贷款需求（中后期主要是投机信贷和庞氏信贷）导致社会债务水平增加、杠杆率上升、金融风险加大、经济环境恶化，一旦金融体系出于避险考虑而收缩信贷，或者是经济体系可提供的贷款已经无法支撑流动性需求时，幻灭的痛苦就在所难免了，金融危机和经济衰退将让大家一起度过去杠杆化周期的漫漫长夜。

“大摩”的分析师们在2014年初经过数周实地考察中国影子银行的现状后，相信由于大批债务将陆续到期、贷款者财务吃紧、经济增长放缓、货币政策收紧、市场利率攀升、投机信贷和庞氏信贷当道等诸多不良征兆预示，中国的信贷资源正在枯竭、信贷生产效率已经恶化，在“两个过度”（指过度负债和过度投资）的祸害下，无序崩溃的可能性进一步增加。在未来的2年，中国的GDP增长可能从当前的7.5%附近下滑到5%附近。

华尔街鼎鼎大名的摩根士丹利在2014年用“明斯基时刻”而非“雷曼时刻”来形容中国经济目前阶段的形势，可见他们判断形势糟糕之严重与紧迫。

除了上述国际金融界巨头们对中国经济的判断不乐观外，“唱空中国经济”的合奏势力还多得很。花旗银行（Citibank，N. A）认为中国经济已经到了近30年来最危急的时刻，消费、出口与投资拉动经济的三驾马车全面缓行，房地产业难返“黄金十年”。浑水研究（Muddy Waters）大肆唱空海外上市的中资银行，称相关银行因持有大量的有毒资产而风险严峻，情况超过了2008年金融海啸时西方银行系统的混乱。做空大师查诺斯（Jim Chanos）用夸张的口吻表达对中国过度信贷营造的虚假繁荣的“诅咒”，称中国的房地产泡沫超过迪拜1000倍，金融危机不可避免，而且查诺斯本人已经在香港市场大举做空中国的建筑业、矿业和银行业股票。

不仅是西方的大多数金融机构在卖力“唱衰”中国，国内因当前我国债务规模庞大、债务成本上升与经济增长放缓而揪心、捏汗的财经机构和经济学人也比比皆是。

根据银监会2012年度监管统计数据，截至2012年12月末，我国银行业金融机构境内本外币资产总额为133.6万亿元，同比增长17.9%；本外币负债总额为125万亿元，同比增长17.8%；商业银行全年累计实现净利润1.24万亿元，同比增长18.9%，与2011年36.3%的增速相比明显放缓。2014年2月，中国银监会发布的2013年度监管统计数据显示，截至2013年12月末，我国银行业金融机构境内本外币资产总额为151.4万亿元，同比增长13.3%；本外币负债总额为141.2万亿元，同比增长13.0%；商业银行全年累计实现净利润1.42万亿元，同比增长14.5%，比2012年的水平继续放缓。

银监会的数据很清楚地描绘了我国银行体系在近两年的疯狂扩张态势，而利润却在下滑，反过来意味着风险在不断积聚增强。

《中国证券报》2013年一篇头版社论也指出，中国企业2013年光利息就高达1万亿美元，这一负担高过任何其他经济体，大多流动性都被用来偿还债务而不是投资和生产。

房地产、地方债和影子银行，这三大潜在隐患的日渐凸显使得部分国内金融研究人员非常担忧我国或将在近三年内爆发局部性或结构性金融危机。

债务负担沉重，而未来若干年我国的利率又将明显呈现中枢上行情况，这对大多数之前负债扩张的企业以及举债购房的消费者就等于是雪上加霜！

多年来，我国的国企体系享受了最多的信贷资源，在一段时间里，它们与地方政府甚至被很多市场人士认为属于对利率都不敏感的一族。然而，现在国企不仅获得贷款不像从前那样方便了，成本也大大上扬，目前商业银行体系可以说近乎是手中无闲款可以放出，因为从前放出去太多而信贷资源十分紧张。时下，很多大型央企、国企弄到手的贷款也要承担大致8%左右的年息，中小型国企甚至借贷成本达到了11%附近的水平，而在之前最宽松的两年，国企普遍的贷款成本在6%左右；以前，国企从银行贷款可享受基准利率下浮的待遇，现在没得商量，都需要上浮，你不贷有得是人排队在等。

借贷成本增加在一定程度上是受到政府债券利率上升的推动。根据万得资讯和汤森路透统计，2013 年 11 月中国基准 10 年期国债收益率达到 4.75%，为 2005 年以来的最高水平，也高于 2012 年底的 3.68%，之后该收益率回落到 4.51%。

以中国进出口银行为例，该行 2014 年 2 月发行的 3 年期债券票面利率已经升至 5.44%，2013 年 2 月和 10 月时的同类债券的收益率分别为 3.62% 和 4.8%。由此可见，商业银行利率逐渐上扬已是大势所趋，暂且不论利率市场化改革的长远影响。前些时间，诸多“宝”们对各家银行业务的强力冲击也是大家都有目共睹的，尽管目前的事态暂时有所平复。

包括政策性银行的利率也在上升。国开行在 2014 年 2 月发行的 5 年期债券收益率上涨至 5.75%，而 2013 年 1 月份和 10 月份的同类债券的收益率分别是 4.16% 和 4.97%。

国开行是世界上最大的政策性银行之一，其贷款账面面值超过 1 万亿美元，让世界银行都相形见绌（WBG 目前的贷款规模约为 2000 亿美元）。国开行这些年将上千亿美元的贷款发放到从南美委内瑞拉到近邻缅甸的世界各地，而发放给国内客户的贷款更是占到总贷款金额的 3/4，其中国内贷款的主要对象是地方政府。自 1998 年开始，国开行给地方政府提供了用土地持有权换取贷款的手段，用以支付修建公路、楼宇和桥梁等基础设施，导致了数万亿美元的政府新增债务。国开行与普通商业银行不同，完全由国家所有，类似美国的“两房”（房利美和房地美）一样，但国开行主要靠发行债券融来资金，与其他商业银行的资金来源不同。在 2013 年，国开行的长期人民币债券收益率从约 4% 上涨到了几乎 6%，这类人民币债券是地方政府融资的根基。国开行融资成本走高，有利于控制风险很高的地方债务，但对现金周转不佳的那些求贷者，利率抬升的冲击是让人难受的，尽管国开行不会将居高不下的借贷成本全部转嫁给其客户。

中国当前的严重产能过剩，在专业经济学人看来也要远比我国的房地产泡沫更值得研究。一般情况下，投资界的人士会更多关注房地产的动向。

关于我国的产能过剩，美国《福布斯》杂志的观点最为经典，它将我国在4万亿刺激计划实施后明显加剧的产能过剩情况称为“中国经济噩梦的开始”。《福布斯》指出，中国政府在2008年金融危机后为了避免大规模失业现象投入的4万亿元刺激经济方案在实际结果上恶化了本已存在的产能过剩问题，尤其是建筑业材质的产能迅猛扩张，而严重的产能过剩对中国总体市场而言构成了非常明显的威胁。中国产能过剩的产业众多，化学、金属、煤炭和可持续能源（主要指太阳能产业）表现的都很明显，中央政府为此非常担忧而试图努力解决，但地方政府却使得情况不断恶化，因为后者更关心本地的GDP增长。无论如何，在中国启动去杠杆化进程后，这些产业将面临更大的打击。

西方舆论和金融机构另一个很关心的焦点就是近年来跨国公司与国际资本从中国撤离的现象。因为在国际社会看来，中国1995年以来的显著经济进步在很大程度上都得益于外来盟友的强大助力，是国际产业转移和在华跨国公司更富活力的经营活动激发了中国内部原本蕴藏的经济潜力，刺激了我国全要素生产力的快速提升和出口规模的高速增长。而2011年以来，由于对投资与经营环境的不满，国际产业资本撤离中国的势头取代了之前的持续流入，这意味着中国不仅在失去资金，更得不到本国不擅长的技术与经营方面的外来增益。

2012年中国吸收的FDI下降了3.7%，出现了三年来的首次下滑。2013年出现反弹，从2012年的1117.2亿美元回升到1175.9亿美元（未含银行、证券和保险等金融领域），上升了5.3%，但其中多少是伪装成FDI进入中国的“热钱”，即瞄准人民币汇率升值带来的货币套利机会的短期金融投机资本，人们不得而知。来自日本的FDI更是因为中日关系近年来的紧张而显著下滑。

美国化妆品巨头露华浓于2013年底宣布将退出中国市场，超过1100人的中国员工将被解雇而失去工作。2014年元月，总部设在爱尔兰都柏林的阿特维斯集团表示，因为艰难的商业环境，将关闭在中国的办事处。按照市值来计算，这是目前全球第二大仿制药巨头。该公司CEO保罗·毕萨罗向媒体表示：中国看似没有公平竞争的场地，这令其公司很难去竞争，他不确定中国政府是否在实施相关法规上具有连贯性，尽管中国拥有超过13亿的潜在顾客，公司还是要离开这个风险太高的地方。该集团在中国雇佣了数百名员工。此外，国际制药行业巨头——英国的葛兰素史克公司也在接受中国政府调查，而全球商业巨头沃尔玛百货公司同样为其在华受罚而叫屈。

相比中国雇员因其雇主机构撤离中国而承受的或许仅是短暂的失业痛苦，经济学家们普遍认为，中国为此而丧失的提升自己能力的相关机会才是更为影响长远的关键所在！单凭目前中国自身拥有的单薄经济技术力量，不足以支撑中国经济维持与国际产业资本热恋的“黄金十年”期间那样的高增长态势。

看空派对于其他问题的诸多观点，这里就不再做特别介绍了，因为像经济结构失衡、环境污染、分配不公、政府投资效率低下等问题，普通中国人也都能看得很清楚。

而看好中国经济乃至力挺中国政府的乐观派之所以对中国经济的未来持有良好预期，相比较而言理由就简单多了。

看好者中最有名的一个是林毅夫，这位先生曾因中国在国际经济界的影响力而在2008年被推荐为世界银行（WBG）的副行长。自称客观主义者的林毅夫认为中国拥有后发优势的潜力，所以能够在改革开放后实现了33年平均经济增速9.8%的高速增长，而且还能有潜力再维持20年8%的增长。在林毅夫看来，中国未来发展经济还是要以大力投资为主，而当前尚待完善的中国基础设施建设将成为下一个拉动中国经济增长的投资主力。

落实到具体的投资领域，林毅夫很看好城市基础设施建设。他认为国内城市基础设施依然存在较大改进空间，相关投资在长时间内还是会相对比较快速地增长。同时，林氏判断在投资的带动下，中国劳动者的工资水平将随着生产率进步而不断提高，消费也自然会增长。鉴于三驾马车中的投资和消费不会减慢，所以未来几年保持8%增长的潜力是存在的。林毅夫同时也强调要在发展中注意处理好环境污染治理的问题。

作为论据，林氏的核心理由是：“我们现在发展阶段相当于日本50年代初，新加坡60年代中，韩国、中国台湾70年代中，这些国家（地区）在追赶发达国家的过程中保持了20年7.6%到9.2%的增长，中国在这方面不会落后。”林毅夫最近一次还指出：2008年中国的人均收入按照购买力平价计算只有美国的21%，20年后，可能会达到美国的50%。

林毅夫坚持看好中国经济要依靠投资来拉动，不过很多人对他的观点都不以为然，更难以在专业人士那里得到响应。目前来看，新一届中央团队显然已经要与从前主要依赖投资扩张来发展经济的路线分道扬镳了，而是下决心力促经济发展模式转型。纵然按照林氏的主张，投资能否带动工资和消费的同步增长也是很值得怀疑的，至少21世纪以来十多年的现实情况并非如此，劳动者工资或者说收入增长的水平远落后于同期GDP的增长幅度，而且国民消费占GDP比重历年来不断下滑更是不争的事实。现实反证了林氏的主张并不成立！而林毅夫的论据本质上属于类比，在习惯用经济模型来推演和用当事国历史来实证的严肃经济学者看来，林的论证过程不值一提！

2013年5月，中国社科院在一篇探讨我国经济增长水分之辨的文章中提出：“改革开放35年来，我国经济年均增长率接近10%。这是近300年世界历史上绝无仅有的奇迹。”这一文章甫一传开，就受到了众多的评议。大量的批评者嘲笑社科院居然以污染严重的国产经济数据作为采信依据来评断中国经济的过去与未来。事实上，那篇文章也是在强调未来中国经济当追求实实在在和没有水分的增长，追求有效益、有质量、可持续的增长；也同样认为我国的增长付出了结构失衡、产能过剩、效益低下、环境污染等不可忽视的代价，力主通过改革形成新的经济发展方式以提高质量和效益。

老外也有来凑热闹的。美国著名投资人麦朴思（Mark Mobius）就声称中国将长期保持对房地产的旺盛需求，因此人们看不到中国楼市泡沫的破裂而总是意外地看到了“中国房价上涨”的新闻头条。不过，这位老兄显然过于高估了中国媒体的职业操守，而且他也没像查诺斯那样用真金白银去实践自己的判断（见图3－1）。

还有大批热衷于投资的国人曾经寄望于40万亿城镇化拉动投资的憧憬，

图 3－1　新兴市场教父 Mark Mobius

但中央关于新型城镇化建设规划的正式出台却让这些投资看多派无奈幻灭了！

相对而言，看好方中能够拿出的比较实在的论据在于多年来中国对外贸易实力的强势增长。

从我国自己统计的数据来看，出口始终保持强劲态势，外汇储备一再创出新高。2013 年底，中国成为全球第一货物贸易大国，实现贸易顺差 2597.5 亿美元，比 2012 年增长 12.8%，创下 2008 年金融危机以来的最大增幅，外汇储备达到 3.82 万亿美元。

在韩国贸易协会完成的一项国际贸易研究报告中，2012 年“全球出口市场占有率第一产品数量”排行榜中，中国以 1485 种产品入围而名列榜首，其他前十名分别是德国 703 项、美国 603 项、日本 231 项、意大利 228 项、印度 144 项、荷兰 138 项、法国 104 项、比利时 94 项和英国 81 项。

然而，中国的官方外贸数据早在 2011 年就开始引起关注者们的怀疑，因为与主要贸易伙伴们的海关通关统计数据往往对不到一起而数据打架，国内也在近两年披露了一些虚假贸易的负面信息。我国 2014 年初在宣布 2013 年超越美国成为全球最大货物贸易国后，更是遭到了美国对相关贸易数据的一片质疑和嘲讽。

外人的闲话其实还不是很重要，关键在于如何看待未来中国出口的拓展态势，因为净出口在我国当前 GDP 中的比例确实显示对外贸易对中国经济发展影响力太大，远超过了发达国家的平均比重。在向消费型国家转型的过程中，我们还必须依赖强大的对外贸易来缓冲很多现实矛盾。

根据国家统计局发布的《2013 年国民经济和社会发展统计公报》，我国 2013 年的货物进出口总额达到了 4.16 万亿美元，服务进出口总额为 5396 亿美元，换算下来占到 GDP 的 51.29%。（2013 年中国 GDP 为 568845 亿元，折合91850亿美元。）其中货物出口总值为22096亿美元，服务出口总值为2106亿美元，总出口合计24202亿美元。

欧盟统计局公布的数据显示，欧盟28国2013年GDP初值折合17.36亿美元，人均34038美元；对外贸易总额为45464.78亿美元，出口总额为23103.16亿美元。

通过数据对比大家可以看出，欧盟28国的国际贸易总额占其GDP的比重为26.19%，我国高出它们将近整1倍，出口规模与欧盟大致相当。要知道，欧盟28国拥有超过5亿人口，以GDP来衡量是目前全球经济实力最强的经济体（美国2013年GDP为168030亿美元），而且技术水平远非中国可以比拟，物价水平也高于我国，我国以相当于欧盟52.9%的GDP却完成了还略超过欧盟的总出口，还能剩下多少出口潜力可以充分发掘？尽管我们的服务贸易出口从长远来看还有比较大的成长空间。

其次，现在大家都知道了，美国、欧盟和日本等主要西方发达经济体正在构建新的国际贸易平台，制定新的贸易规则，相关主要内容目前来看都是对中国参与国际贸易构成限制甚至反制的。假如真的在至关重要的国际贸易上被人家主流群体给踢出局而边缘化了，单靠发掘与东盟、拉美和非洲的贸易关系，如何能支撑我国庞大的出口制造业？李克强总理目前正在出访非洲以加强我国同非洲国家的经济合作关系，但是2013年中非贸易额才只有区区2100亿美元！

所以，展望贸易前景而看好中国经济的观点在说服力上也是要打折扣的！

至于前20年高速发展中拥有的人口红利，现在也是已经面临要考虑劳动力供给不充分而非继续享受红利的拐点了。

综合客观来判定，我国经济确实要在未来的若干年经受大考，尤其是债务压力。而真正能取得突破的可靠路径就是针对我国经济的结构性缺陷下刀，以深化改革来引导国家找到前进的出口。

IMF（国际货币基金组织）评价中国的经济情况一向比较中肯。在2014年年初的一份报告中，IMF曾经专门善意警示中国财政风险，该报告指出中国的财政状况比官方数据显示的更糟糕。IMF估计中国的财政债务（主要是地方债）在2012年时就已经相当于GDP（是年为51.9万亿元）的45%。财政债务升高表明中国地方政府财政面临根本性的挑战，由此可能引起诸多附加风险，最值得关注的是如何减少地方政府对卖地还债的依赖性。

不过，在目前中央政府已经下决心严控货币供给和债务增长的新政背景下，我国应该不至于发生“雷曼时刻”。

银行业危机通常始于外国投资者开始撤资的时候，而中国的外债规模有限，总体外债不像近年的巴西、阿根廷或印度尼西亚那样严重，资本流动目前也没有充分开放。尽管国内的影子信贷很危险，但是问题也仅限于国内，并不涉及美国与欧洲的银行（他们在中国债券市场几乎没有活动），影子信贷就其违约的危险性来说是相对内敛的。

同时，我国政府目前已经公开宣布，将进行金融改革和政府改革，让市场在分配资源方面发挥更多的决定性作用，这当然包括了金融市场，利率与汇率都属于未来要市场化的主要目标。

然而，美国国家经济研究局在2012年8月的一篇名为“伟大的杠杆化”（Great Leveraging）的论文中，经济学家Alan Taylor研究了过去140年中发达经济体所发生的79次主要金融危机，研究发现在严重依赖国内储蓄，对国外债权人敞口小的国家，金融危机同样有可能发生。就我国的情况而言，如果按照前些年的速度继续放纵信贷泡沫，倒是不排除问题积累日盛而在未来某年产生全国性的无力偿还债务情况。但是现在来看，新一届中国领导人在货币流动性与债务问题上的认识是到位而谨慎的，肯定不会继续任由事态恶化下去了，去杠杆化是必然要坚决推行的。

从当前的情况来看，我国的金融、钢铁、煤炭、房地产、水泥、发电、出口制造业这些领域确实出现了全面下行的明显征兆。但是，经济下行乃至萧条其实也并不可怕，可怕的是你承受不起经济萧条，怕萧条将引起的社会问题。

萧条本是治病的一种方式。在健康国家，经济萧条引起的社会波动有限，而管理存在巨大内在缺陷的国家通常则经不起经济萧条引发的社会波动的冲击。从十八届三中全会《中央关于全面深化改革若干重大问题的决定》这一纲领性文件的定调以及2014年做出的一些部署来判断，“习李新政”的根本目标在于将中国引导向健康国家的方向，包括经济健康与政治健康的努力。

经济成长的良方在于将劳动力和资本资源有效的结合起来并推动生产率，无论对穷国和富国，这都是促进繁荣的重要因素。中国能否通过深化改革的全面努力而逐渐让经济和商业环境更有效率、更富竞争力，不妨抱着一份期待去观察未来的变化。

第4章

世界经济向好，中国经济下行

2008 年，席卷欧美的国际金融风暴将全球经济带入一轮长期的衰退周期中。2014 年，五年过去了，世界经济仍然没能完全走出低迷的状态。不过，主要发达国家的经济势头在 2013 年开始有了比较明显的好转迹象，可惜的是新兴国家群体却由于美联储削减 QE 的行动而出现了令人不安的动荡，而 2014 年一季度的有关经济数据显示，中国的麻烦开始显露了。

美国经济复苏明显

美国是全球最为重要的国家，最近两年美国经济逐渐恢复的良好表现让紧盯全球经济大局的人们对未来增添了不少信心。

在刚过去的中国五一长假期间，美国方面传来了堪称鼓舞人心的消息。美国劳工部发布的 4 月份非农数据显示，美国市场在 2014 年 4 月创造出了 28.8 万个新增就业岗位，这是 2012 年 1 月以来的最大月增加量，也是奥巴马总统就任后衰退期中的第四佳月度表现；而美国的登记失业率则从 3 月份的 6.7% 猛降 4 个千分点，回落到了 6.3%，这是 2008 年 9 月全球进入衰退以来的最低水平，已经接近于 2008 年金融危机爆发前的 6.1% 的水平。

与我们中国人习惯用 GDP 增速来看待经济运行态势不同，美国用来考查本国经济状态的指标相当丰富，比较有代表性的就不下十余种。GDP 变化对美国和很多发达国家而言都是不太起眼的小角色，他们普遍更重视劳动力市场的变化以及国民消费信心指数，而非农就业与登记失业率就是反映劳动力市场冷暖的关键指标。在美国人看来，每月第一个周五发表的上月非农数据①与月末公布的当月消费者信心指数构成了所谓的核心数据，它们要比 GDP 更加重要，因为直接靠近老百姓的生活和企业的饭碗。

在欧美社会看来，劳动力市场的需求活跃就等于普通人的收入稳定，大家兜里有钱就乐于放心消费，如此企业也就不会为产品的销路过于操心，就业形势好和企业运营稳健的情形下，经济成长也就是水到渠成的事情了。因为西方发达经济体都属于工业化国家，各国的农业人口比重极少，所以在强调就业的同时还专门设计了非农就业这一观测指标，也就是说只计算二、三产业新吸纳劳动力的能力，尽管在这些国家绝大部分务农者实际是农业工人而非中国式的农民。

我国政府多年来强调 GDP 增长以带动就业，反倒属于经济逻辑颠倒的思维方式，经济成长的成果不能被普通百姓分享，那就更可悲了！

能够反映美国经济正在稳步复苏的市场征兆还很多。

以酿出衰退祸端的金融市场而言，美联储在 2014 年 3 月对美国大银行进行了抽查体检，30 家大银行中的 29 家过关，只有锡安第一国民银行未达到理论上发生重大危机时的基本资金标准。

美国股市整个 2013 年度的表现近乎全球最佳，让中国广大股民徒然羡慕他人而黯然自伤。2014 年一季度全美上市公司派息达到了破纪录的水平，标普道琼斯指数公司的数据显示，在低利率和创纪录公司利润支持下，2014 年一季度，美股增派股息的公司达 1078 家，超过了 1979 年创下的 1069 家的历史最高纪录。在总数约一万家的上市美国公司中，一季度派息降低的仅有 102 家，比上年同期的 139 家减少了 27%；在标普 500 成分股公司中，目前派息的公司有 421 家，占总数的 84.2%，是 1998 年 9 月以来最多的；而道琼斯工

① 含非农就业数与登记失业率这一对主要数据，一反一正让人看清楚劳动力市场的全貌。

业指数涉及的30家公司全部派息。除了派息外，多家公司还通过实行大规模的股票回购来回报资本市场投资者，2013年的股票回购规模达到4756亿美元，比2012年的3989亿美元增长了19.2%。

贸易方面，美国的贸易逆差在危机后不再增加而逐渐收窄。2012~2013年，美国的贸易逆差下降了大约12%，这意味着美国的国际收支在好转，但对世界和中国而言却不是件喜事，因为美国长期担任世界主要最终消费者的角色在减弱。逆差减少的部分原因在于美国本土油气产量快速增加而大大减少了从海外进口化石燃料的支出，这一点变化值得我们后文专门展开来仔细品味。

同期，美国的制造业也在坚定地复苏中。不仅奥巴马政府执政后就大力呼吁重振美国制造业，而且在2014年国情咨文中奥巴马总统自豪宣称美国取代了中国成为全球第一的国际投资目标国，更重要的是，在美国曾经流行的认为制造业是过时的、肮脏的营生的想法本身成了过时的理念。美国企业界对外包的意义也有了新的认识，重新权衡外包对打入新市场和节省工资的意义，质量和运输时间成为高管们普遍认真考虑的问题。

这一最新变化，对我国也是不利的，包括其他新兴国家，因为新型工业化国家的崛起主要是得益于承接欧美发达国家淘汰的低端制造业以及代工业务。而包括美国和西方跨国公司重新调整企业发展战略和全球价值链布局，意味着在持续30多年的经济全球化进程之后，至少在目前将出现短暂的去全球化或逆全球化的表现。美国贸易代表迈克尔·弗罗曼在今年华盛顿举行的一次国际经济峰会上认为，这一趋势意味着欧美跨国公司需要重新审视其扩展的价值链、供应链，然后决定是否需要将部分生产迁回母国。全球化的基础，低利率时代也可能在未来发生转变，美联储主席珍妮特·耶伦就曾公开表示：在新的经济时期，市场将沿着国界和行业界限分离开来，如同政治格局一样，今后的全球经济将更加多变而不确定性增强。

针对美国经济下一步的发展前景，无论是美国企业界还是经济学界都普遍抱有乐观预期。

美国商业圆桌会议（由200家全美最大企业的CEO组成的协会）在3月

中旬发表的报告中披露：2014 年一季度的“CEO 经济前景指数”上升至 92.1，达到了两年来的最高点。将近半数的 CEO 在受访时表示在未来的 6 个月会加大投资，这一比例比 2013 年第四季度高出了 39%，就业情况有望进一步好转。37% 的 CEO 计划在未来 6 个月加大招聘力度，高于上一季度 34% 的水平。这些 CEO 认为，美国 2014 年的经济增长有可能达到 2.4%，远好于去年的 1.9%，但低于大多数民间经济学家给出的 3% 的预期值。

而美联储之前最头疼的问题就是：尽管采取了量化宽松政策使得市场流动性很充分，但本土企业却普遍缺乏投资的欲望。因为经济不好的时候，私人经营的企业是不会考虑扩张的，其行事不会有中国国企那样的想法。现在企业家们的扩张业务欲望大大提高，显示美国经济的氛围已经让老板们感到有奔头了。

美国很多经济分析师都对 2014 年下半年的经济前景表示乐观，预测全年的经济增长将达到 3%。如果梦想成真，这将是美国自 2005 年以来经济增长最快的一年，2005 年时的经济增长率为 3.4%，而 2009 年 6 月大衰退以来四年的平均增长速度只有 2.2%，2013 年是 1.9%。促使人们做出乐观预判的因素是美国的消费势头继续保持强劲（美国的国民消费占到 GDP 的七成左右）。欧洲经济环境好转也有利于美国的对外贸易，同时，人们收入增加出现好的兆头。

在相关美国经济因素的变化格局中，最让美国人振奋的是，廉价能源或将给美国带来真正的改变。

能源价格属于基础价格要素之一，长安射天郎老师在其《GDP 先生的讲述》这本著作中曾就基础价格要素在经济活动中的重要性做出过经典性的描述：油价、气价、电价、粮价、场地租赁费和工资这些属于经济体系的基本价格要素，任何一项发生变化都会引起整个物价体系的相应变动，与一般商品服务的价格影响力大为不同。从降低社会性经营成本的角度出发，一个经济体应尽量维持较低的油价、气价、电价、粮价和场地租赁费以利于其他所有经济单位的经营活动；从促进消费的角度出发，收入水平的上涨只要不引起明显而持续的通货膨胀将对经济增长有利。

西方国家习惯通过科技进步的手段来刺激本国经济跃升。因为科技的显著进步，不仅能够创造出新的商品和服务以最终造就全新产业而使经济体受益，就是一般的改良也能既提高生产效率与产品品质，还使得竞争对手国家出现技术贬值、产业贬值，自己挤压甚至抢走了对方的生意，当然是可喜可贺的事情。

在全球经济衰退于2009年夏显形后，美国产业界加强了科技研发，以期在科技进步助力下走出泥潭并进而打开天花板看到新的天空。新能源、3D打印、集成信息产品、生物科技、智能化机械等，都是美国人重点布局的领域。目前，其他的创新之花还未明显绽放，但美国的页岩油气革命却可谓进展顺利而迅速，不仅美国的页岩油气产量在2012年开始迅速上升，国际能源署（IEA）甚至预测美国到2015年时将成为全球最大产油国。而这场新技术应用导致的美国油气产量快速上升的最直接结果，就是可为美国经济提供相当低的油价、气价和电价，从而大大提高美国经济的国际竞争力，美国的能源安全得以保障还是次要性的进步。

波士顿咨询公司近期仔细测算了过去10年来全球出口规模排名前25位国家（它们的工业制成品出口量占到全球的90%。）的竞争力变化情况。这份报告中纳入评估指标的因素分别为工资、劳动生产率、天然气价格、电力价格和汇率。综合评估结果表明：目前生产成本低于美国的只有7个国家和地区，分别为印度尼西亚、印度、泰国、墨西哥、中国大陆、中国台湾和俄罗斯；美国与中国的生产成本差距不到5%。除了中国和美国外，竞争力排名位列前十的经济大国依次为韩国、英国、日本、荷兰、德国、意大利、比利时和法国。美国的生产成本相比其他10大商品出口国要低出10%~25%；而中国从2004年至今，在这项指标上相对于美国的优势从14%降到了4%。具体来说，近10年来，美国的天然气价格下降了50%；蓝领工人工资上涨27%，而同期25国的工资水平平均上涨了70%。经过通胀调整后，美国目前的个人实际工资低于20世纪60年代，而劳动生产率却提高了1倍。

由美国与中国在生产成本因素上的对比变化可以看出，美国页岩油气革命带来的低成本能源足以抵消中国的劳工成本优势，而中国的劳动力价格、油价、电价一直以来都在全线上涨。事实上，我国社会多年来根本就认识不到基础价格要素对一国经济发展的重要性，由垄断国企把持的石油/天然气、电力生产部门不仅没能为社会提供便宜的能源/动力价格，还每年都变着花样涨价来增加中国经济的负担。成品油、电价、水价逐渐向上蹿冒，老百姓生活成本增加不说，各行各业的利润也向垄断国企转移而经营步履维艰。除了高油价、高气价、高电价、高水价轮番祸害中国经济环境，疯狂的房地产更是让实体经济不堪重压，因为它直接抬高了场地租赁费即房租、地租的价格水平，成为企业经营成本的心腹之患，尤其是一般商业部门。近年来大批的商场、店铺在电商平台冲击下东倒西歪，其中很重要的原因就是在场地租赁费用上根本无法与只需要“虚拟空间”的电商平台竞争。好在新一届领导班子已经着手调整这些陈年痼疾，在油气勘探、开采、管线以及电力生产领域积极引入竞争机制，亢奋了多年的房地产业也要成为明日黄花了。这些调整的效果在未来逐渐显现后，将对冲劳动力上涨的因素而修复中国经济的对外竞争力。

英国石油公司（BP）认为，天然气在未来将成为富国使用的主要能源，持续了一个世纪的石油时代有可能告别舞台。目前石油依然是 OECD（国际经合组织）国家的主要能源而肮脏的煤炭属于非经合组织国家的主食，页岩气革命将使得低价的天然气被更多的富国青睐。这一变化唯一不利之处在于能源安全度会降低，因为俄罗斯在当下是欧洲主要的供气方。

目前，我国也已经着手效仿美国积极发展页岩油气，但可能难以复制美国的成功，尽管我国政府确定的 2020 年页岩气发展目标（600 亿 ~ 1000 亿立方米）显然应该是源自美国页岩气产量在 2006 ~ 2012 年的增长轨迹。目前阶段，中石化投资的四川涪陵页岩气田是我国第一个大规模页岩气开发项目，象征着中国页岩气商业化开发阶段的起始点。这块气田是目前中国境内发现的最好的页岩气田，大概也是北美之外最好的气田之一，但涪陵相对面积较小（试点区为 200 平方公里），未必能代表整个四川盆地的情况，更别说推广到全国范围。同时，如何确保安全地开采地下页岩油气，对中国相关企业也是一个技术性难点。不过，未来两年，中国显然还将出现一批商业级的页岩气开发项目，但总体预判要获得美国那样的成功还需要一个漫长的过程。

美联储启动削减 QE 进程后，国际资本加速回流美国也是美国经济的一大利好，因为美国将获得更充沛的“经济血液”。这一趋势又将随着美国经济活力逐渐凸显、美指走高而更加增强。包括给世界带来灾难的美国房地产，目前也呈现了楼市逐渐升温的态势。

就目前的情况而言，宏观要素中只有就业形势和消费还不够理想，当登记失业率回落到6%之下才能代表美国经济恢复常态，美国的自然失业率为4%左右，低于5%时可视为充分就业，也就是说经济非常景气。此外，工资水平自危机以来的增长不明显，需要进一步上升以推动国民消费更上一层楼。

欧洲债务危机退潮

美国经济在 2013 年出现了良好的转势征兆，欧洲方面的情况也趋向于乐观。

最为令世界瞩目的是，欧洲债务危机出现了明显退潮，预兆经济温和复苏的迹象也接二连三。

欧债危机中情况最糟的希腊目前已经走出了“债务地狱”，该国在 2010 年是欧元区第一个申请金融救援的国家。经过痛苦的财政紧缩，处于欧债危机前沿的希腊在修复和改善公共财政状况方面取得长足进步，信守承诺的希腊政府于2013 年实现基本预算盈余15 亿欧元，相当于其 GDP 的0.8%，从而进一步有资格获得债务减免，2014 年春天解毒成功的希腊已经重返国际债市。这些变化将有利于该国经济的后续恢复与增长。

葡萄牙也于2014 年4 月23 日成功发行10 年期国债，最新消息又宣布将如期在5 月17 日退出国际援助计划，说明该国也步爱尔兰的后尘走出了危机的阴影。

本轮经济危机是由于经济轴心国家出现了债务危机而爆发的，美国为典型的国家，在2008 年前积累了骇人的债务风险，而另一小部分国家则呈现过度储蓄的不利现象。欧盟统计局公布的数据显示，欧元区财政赤字总额占 GDP 的比重已经降至具有重要意义的 3% 的水平（这是德法当年给欧元区会员国规定的加入条件之一）。目前，欧元区各国的债务总计为8.9万亿欧元，相当于GDP的92.6%，比2012年的90.7%仅增长不到2个百分点。而IMF的数据表明，美国2013年的债务总额为17.5万亿美元，相当于GDP的105%。由于美国和欧盟四年来的去杠杆化使得债务增长势头得到了明显控制，还有经济方面的其他一些因素出现了积极的变化，所以欧元区继美国之后也呈现出了温和复苏的景象。最明显的就是被称为“经济晴雨计”的股市的变化，2013年美股在全球表现耀眼，2014年德、法、英等主要欧股市场的走牛势头则显著强于美国。

德国方面，在2013年维持了其全球最大贸易顺差国的地位，显示出该国经济的强大与稳健。根据德国伊福经济研究所的数据，2013年德国实现贸易顺差2600亿美元，占国内GDP的7.3%；排名第二的我国是1950亿美元；沙特排名第三。伊福预测2014年德国贸易顺差将继续增长，占GDP的比重会攀升到更高的7.4%，这一高端工业品出口大国的经济前景在全欧最为抢眼。德国的小缺陷在于该国习惯将赚来的钱投资于国外而不是主要投资于国内，美国方面为此也指责德国经济不平衡，要求德国刺激国内的消费和投资活动。

再看英国，论目前的复苏速度英国在发达国家中是最快的，这与它的产业结构有相当关系，英国并非像德法那样以制造业和出口为引擎，而是金融与文化娱乐产业更为发达，而且英国的房地产业复苏势头明显。

整个贸易方面，欧盟统计局的数据表明，欧元区的贸易顺差明显增加，对美英的顺差在扩大，而对中俄等国的逆差在持续收窄。

因为对未来的展望良好，欧盟近期上调了欧元区经济增长预期到1.2%，失业率则有望跌到12%之下。

总之，各方面情况显示，欧洲方面的危机已经过去，下一步的任务是为其制造业和服务业赢得更多生意和确保能源安全。就是说，关键的问题已经从宏观削减政府开支和债务控制转变成了微观上的养护经济手段。就目前来看，增加就业和降低失业率是最棘手的事情，但欧洲的失业率上升已经明显停止了，就业形势在一点一点好转中，年底可望回落到12%之下。而主要经济大国在进一步修复经济的思路方面，强调企业家精神、国民教育质量和完善单一的欧盟市场是欧元区国家当下最为倚重的手段。

作为可能干扰欧盟经济的不确定因素，目前阶段主要是欧洲的地缘政治危机，乌克兰形势的变化以及俄罗斯的动向可能会成为焦点。一是欧盟受俄乌对峙影响而使得能源安全问题凸显，今后将设法逐步降低对俄的能源依赖，如何调整暂且是未知数；二是假如北约国家整军备武，就将对经济产生长期而深远的影响。虽然现代军事战略的基础是核威慑加上快速反应战略部队的组合，北约国家强化快速军事反应能力需要投入的资金不像传统模式那样耗资庞大，但增加防务开支必然要挤占经济方面的安排。为此，IMF 在 4 月底轻幅下调了中东欧地区 2014 年的经济预期。

全球贸易前景升温

2008 年夏天世界经济进入衰退周期后，国际贸易明显低迷。然而，目前随着欧美经济形势的好转，全球贸易有望走出低谷状态。

WTO 总干事罗伯特·阿泽维多在最新的 WTO 贸易报告中指出，经过两年的贸易萧条①，预计今后两年全球贸易将呈现增长态势，2014 年将增长 4.7%，2015 年将增长 5.3%，但这一水平仍低于过去 20 年来 5.3% 的平均水平。

根据 OECD 的预测，2014 年全球的经济增长率为 3.6%，相关报告还指出，全球贸易从 2013 年秋季开始像危机前那样迅速增长。

汇丰三月份的半年度全球贸易信心指数调查显示：2013 年下半年的指数上升至 113，恢复到了 2012 年上半年的水平。调查对象为 25 个国家的 5500 家企业。该项调查还显示，看好欧洲贸易潜在活力的人大幅上涨，从前次调查的 17% 增加到 24%，而德国的贸易信心指数也由 101 上升到 108，美国和英国的贸易信心指数分别为 115 和 113，中国当期的贸易信心指数为 112。

渣打银行的分析人员也对本年度贸易的前景表示谨慎乐观。其他多家著名机构同样认为目前全球贸易将进入“巡航速度”，亦即跟上经济增长的速度

---

① 2011、2012 两年的国际贸易增长低于同期全球 GDP 增长，仅为 2.2%，这是二战后第一次出现的贸易收缩情形。

而不再明显落后。

国际航运业同样有望在今年摆脱持续了五年的业务滑坡。巴克莱银行的研究显示，2014 年全球干散货海运贸易将增长 5.8%，而运能的增长为 5.3%。但运能过剩依然存在，目前的货运量看涨主要是因为铁矿石降价刺激了成交量而出现的。

就全球未来贸易格局而言，最大的看点是美国人一心想构建的 TPP 和 TTIP。目前，这两大国际贸易平台的谈判尚在进行中，大的方向上主要谈判方都乐于促成，只是在相关细节上还在讨价还价，日本人想对农产品市场的若干项目有所保留，欧盟方面主要是法国比较在意本国文化产品的保护。当 TPP 与 TTIP 构架完成后，显然全球贸易将受到有力推动，遗憾的是暂时都没我们国家什么事！

中国一季度经济下行

美国和欧洲的经济预期比较乐观，反观我们国家 2014 年一季度的经济形势却不太好。

根据我国统计局的公告，2014 年一季度中国经济增速放缓到 7.4%。全国 31 个省、市、自治区中，30 个都没能实现年初预定的经济增长目标。降幅最大的是黑龙江，一季度 GDP 增速为 4.1%，远低于 8.5% 的目标；6 个省份一季度的经济增速比目标低 3 个百分点以上；河北的目标是 8%，一季度完成值为 4.2%，山西一季度 GDP 增速为 5.5%，其全面目标为 9%。

由于 2014 年中央对地方政府考核不再以 GDP 为核心，而是基于一系列指标，其中债务与环境属于重要指标，所以各地政府不再人为去制定高目标，在 GDP 增长数字上的造假也变得克制了。最新的数据显示，地方数据与全国数据之间的差距在缩小，一季度的差值为 3.7%，而往年的数据打架现象近乎闹剧，2013 年各地上报的 GDP 高于最终公布的数据近 11 个百分点。

安徽一季度 GDP 增速为 9.6%，是唯一超过了目标的一个，但其数据是否真实无从核实。该省为自己设定的全年目标为 9.5%，似乎还未从习惯的吹牛比赛氛围中醒过味儿来。

头号经济大省广东一季度的 GDP 增速为 7.2%，全年目标为 8.5%，是相对比较健康的一个省份。

滑坡比较厉害的山西、河北和黑龙江都是产能严重过剩的省份，中央政府目前控制钢铁业产能过剩和遏制影子银行风险的措施显然对它们的经济影响很大。

2013 年我国宣布的经济增速为 7.7%。面对数据的滑落，中央政府再度重申不会采取大规模的刺激计划来应对短期的下滑，只宣布了轻微的提振方案，核心内容是加大铁路投资、城市棚户区改造和小微企业减税。

国家统计局的官方数据因为长期存在数据污染的情形而公信力有限，故而近年来研究中国经济走势的人们更为关注独立机构汇丰银行发布的中国制造业 PMI（即制造业采购经理人指数）。这一指标已经持续低于荣枯分水岭 50 且连续下跌多月，2014 年 3 月的汇丰中国制造业 PMI 终值为 48.0，刷新 8 个月以来的最低纪录，4 月终值为 48.1，依然显示我国制造业活动的继续疲软。

回顾 2014 年初至今的中国经济历程，更引人注目的是大家顾忌的债务风险问题正在显性化（见图 4－1）。

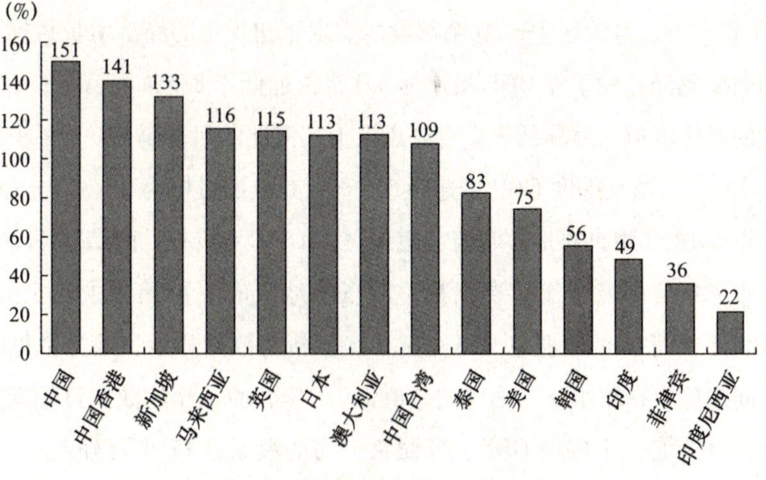

图 4－1　各国（地区）目前的企业负债水平示意图

中国五大国有银行 2013 年减计的不良贷款为 590 亿元，比 2012 年增加

127%，是自10年前这些银行接受破产援助并进行资产重组且公开上市以来的最高水平。这暗示随着经济增长放缓，我国的金融压力在上升。不良贷款减记有助于降低银行的不良贷款率，目前中国官方承认的不良贷款率为1%左右，而某些市场人士则认为中国银行的不良贷款可能比官方公布的数值要高出5倍左右。此外，国内银行2013年以来还通过转移债务给第三方的方式来降低表面的不良贷款率，很多危险的贷款资产被改头换面成了理财产品的模样出售给公众。这样银行的资产负债表才看上去显得安全些。

中国的银行业过于依赖主要向国企放贷的大型国有银行，致使民营企业不得不求助于债市和影子银行。

2014年3月上旬，中国债市遭遇了第一起真正的违约事件，上市公司超日太阳无力兑付其“11（年）超日债”8980万元的到期应付债息，中国债市刚性兑付的神话被打破。而更早时候，曾有两个备受关注的影子银行投资产品因在最后一刻获得救助才免于违约。3月中旬，媒体曝光浙江房地产开发商“兴润置业投资有限公司”因资不抵债而破产倒闭，欠债规模传闻高达35亿元。3月下旬和4月24日，江苏省出现了农村商业银行遭遇短暂挤兑风潮的事件。此外，一向作为大陆中小企业离岸贷款主要来源之一的台湾银行业在一季度全面限制对大陆公司的联合贷款业务，根据汤森路透贷款定价公司披露的信息，台湾银行业撤离大陆市场的举动将国内公司的离岸借贷成本推高了大于50个基点。

更为麻烦的是，2014年5月开始，我国信托产品将陆续集中到期，（总规模折算成美元大约为4200亿。）野村证券估计在高峰期的第三季度就有1万亿元人民币的到期偿付规模，同时地方债务也将在今年迎来还款高峰。面对流动性压力日益凸显的现实，中国金融系统能否顺利通过大考令人担忧，不少机构都悲观地认为债务违约或隐形违约现象将难以避免。

对中国经济局势的演化，其实国际社会是寄予厚望的。

以态度比较友好的国际货币基金组织为典型，IMF总裁克里斯蒂娜·拉加德认为，中国需要进行结构性改革，摆脱以出口、资本密集型产业和基础设施支出为基础的经济模式，转向一种更多的依赖服务、消费支出以及污染更少的经济模式。她还在2014年中国发展高层论坛上敦促中国加大金融业竞争，对外资开放市场，认为如此将有助于中国大陆庞大的储蓄池得到更有效的利用。同时，IMF还指出开放资本项目将增强人民币的潜在国际货币地位。

开放资本市场短期内会导致资金大量外流，因为国人会争相为自己的储蓄寻找更多元化的投资渠道，但从长期看会大大提高中国金融业的水平并增强国际影响力。在这点上，主张金融锁国的人们是鼠目寸光。

大多数国际金融机构都倾向于认为，减税、减负和清债是中国化解目前阶段危局的得体办法。中国应积极避免僵尸企业感染更多的其他经济单位而最终演化成难以收拾的僵尸经济，否则没有前途的项目和垂死的产业就将持续吸收越来越大份额的新增信贷，而更具生产效率的借款人却缺乏资金，这种逆激励态势会终将引发极严重的恶果。按照熊彼特（J. A. Schum Peter）及其他奥地利学派学者的认识，一个经济体若是想健康成长，便须不断地将资源从没有发挥良好效率的产业、公司和个体上转移到更有效率的使用者，他们同时指出现存的政治社会制度在很大程度上阻挠或减缓了这种创造性破坏的过程（非特意针对中国，而是作为一种普遍意义的描述），因而导致经济成长的缓慢。

我国经济下行的明显态势也引起了一些紧密贸易伙伴的惶恐。

澳大利亚就非常担心中国经济减速对本国的不良经济影响，因为在过去的五年里，中国狂热的建设与房地产开发把澳大利亚变成了一座大矿山从而让后者赚钱颇多，2011年时美国《时代》周刊就调侃澳大利亚已经成为“中国的煤矿”。澳大利亚在过去20年里对中国的出口稳增不减，2013年中澳双边贸易总额高达987亿欧元。中国是澳大利亚的最大贸易伙伴，澳大利亚目前对中国经济的依赖性已经超过二战后对英国经济依赖最严重的时候。根据彭博财经的数据，2013年美国对华出口占其出口总额的9%，德国这一数据为6%，巴西为19%，日本是20%，而该指标偏高的韩国为29%，澳大利亚更是高达31%。作为资源货币的典型——澳元，由于全球大宗商品价格的下跌，过去两年来汇率屡屡下挫，如果对中国的出口再遭遇创伤，澳大利亚经济和澳元汇率难免雪上加霜。

新兴国家和亚洲经济遭遇麻烦

我国经济目前的形势很严峻。无独有偶，新兴国家这一群体也可能在未来两年集体遭遇经济困惑。它们面临的考验是“资本上流”，即货币资本由本国回流欧美发达经济体。

2013 年下半年以来，印度尼西亚、南非、巴西、土耳其和印度的货币危机与资产被抛售已经使他们得到了“脆弱五国”（Fragile Five）的绰号，这些国家的经济发展势头相对前些年明显降速，汇率则快速贬值，经常项目的赤字很容易受到外资突然撤离造成的不利影响。

类似的说法还有“不安八国”（Edgy Eight），即特别容易受到美国 QE 退出政策冲击的南非、土耳其、巴西、印度、印度尼西亚、匈牙利、智利和波兰。这一说法同样源自对上述国家短期债务恶化的一种担忧，即资本流入停止甚至是朝相反方向流动。这种现象发生后，对这些国家的负债企业可能带来毁灭性的影响，从而进一步在银行圈引起连锁反应。

新兴国家之所以被认为脆弱或不安，多国出现了有价证券暴跌、汇率贬值等对经济发展不利的情形，是因为前期的消费与信贷双扩张以及内在经济结构缺陷共同造成的。2008 年金融危机扰乱全球经济脉搏后，新兴国家多数暂时未出现欧美那样的衰退，因为还在处于各自的消费狂欢期。美国三度实施量化宽松，本国企业无欲望进行投资扩张，充沛的美元流动性就外溢到经济显得蛮有活力的新兴经济体（包括我们中国），在外来廉价资金和本国前期积累的剩余资本推动下，相关国家着力扩大投资以享受增长，而投资在有限拉动就业和经济的同时却造成了更多的浪费，在世界消费疲软的态势下便无法长期坚持勉强的经济增长。美联储开始实施退出 QE 的行动，资金出逃很快就让这些国家露出了底裤。大家现在普遍面临着高负债、制造业和矿业产能过剩、基础设施闲置等多重威胁，目前要轮到发展中国家为世界收入不平等来买单了。

历史经验表明，每次美联储到达政策转折点时，新兴市场都会发生经济波动。美联储目前正在退出的 QE 和未来将可能实施的加息，都将促使国际投资者从发展中国家撤回资金，如此势必将加剧相关国家的金融疫病症状。

OECD 在 3 月份发表预测，认为发达国家增长势头将进一步加快。而发展中国家的增长很可能普遍放慢。发达国家的增长主要得益于较少的政府开支削减、较小的税收增幅、家庭和企业的财务状况改善；而印度和巴西等国则在经受高通胀和货币贬值的痛苦。

世行的经济学家警告，发展中经济体的增速可能要比 2008 年全球金融危机爆发前的水平平均降低 2 ~2. 5 个百分点。

根据 IMF 的统计，2010 年新兴国家作为一个整体取得 7. 5% 的高增长，但在 2013 年这一数字跌到了 4. 7%，预计 2014 年最高也仅为 5. 1%。

在 2014 年初的 G20 会议上，不再有“新兴国家是增长重要推动力”这样的表述。新兴国家和发达国家的摩擦不断，唯一在过去充当黏合剂的就是经济增长。

国际劳工组织也表示，已经看到新兴经济体增长放缓的不利影响，2013 年，世界范围极端贫困劳动者的数量仅减少了 2. 7%，是过去十年来减贫速度最缓慢的年份之一。

新西兰率先于 4 月份将利率提高到 3% 的水平，该国在去年经济增长达到 3. 5%。随着世界经济的持续复苏，大多数发达国家都可能继新西兰之后考虑加息。而新兴国家近年来的加息则是出于支撑本国危险的货币汇率而非防止经济过热。

中国曾在全球经济衰退期间出台了 4 万亿经济刺激政策而为相关新兴国家经济托底，尤其是南非、印度尼西亚、巴西、印度等国依赖于中国对其资源类商品的大量进口而受益颇丰。这次中国政府能否继续充当新兴国家的救星角色？大多数机构都不看好，因为中国经济自己的麻烦比 2008 年时要严重得多。

针对新兴国家的囧态，多数机构和经济学家认为推行结构性改革才是正确出路。实际上经济结构性改革对当今很多国家都非常重要，尤其是美国和中国被普遍认为需要采取措施纠正收入分配的严重不平等。

亚洲经济中短期的前景也在目前不被看好。

IMF 认为亚洲经济存在两个显著的潜在风险：一是日本安培经济学的刺激效果不断减弱；二是中国经济硬着陆。

世界银行调低了东亚的经济增长预期，认为 2014 年和 2015 年东亚和太平洋地区的发展中经济体将增长 7.1%，低于前预测值 7.2%。世行认为，美国货币政策正常化将给全球利率带来上行的压力，让负债率高的国家在债务管理上难度增大，另将使较弱经济体出现资本外流。随着利率上涨，发展中国家的资金成本将上扬，如此将不利于中期投资和增长。世行对 2014 年中国经济增长的预期从 7.7%下调到了 7.6%。缅甸由于其政治经济转型，是唯一被看好的国家，预测该国在 2014 ~ 2016 年的经济增长可能稳定在 7.8% 的水平。

只有亚行对亚洲经济的前景抱有乐观预期，认为本地区 2014 年的经济增速将达到 6.2%，2015 年为 6.4%。

国际上不少经济学家都表示，今年以来美国和欧洲经济形势的趋好对亚洲的提振作用没有预期那么大，而且如果全球利率快速上升，那么亚洲高负债国家的经济前景将更显得暗淡。

日本财经杂志《选择》近期提出了“亚洲经济或将沉寂三年”的观点。有关日本财经人士认为，中国房地产泡沫破灭是迟早的事情，印度陷入了滞涨的泥潭，东盟的“增长齿轮”也遭遇了严重磨损。中国需求减少将严重打击东盟国家，印度尼西亚、泰国和马来西亚三国的 GDP 占到东盟总额的七成，他们对中国出口占其本国出口的份额分别为 40%、20% 和 25%。东盟经济严重依赖外来资本，其近期汇率的贬值既不可能大大推动出口，又将推高进口原油和原材料的成本。亚洲前几年的增长神话主要是从全世界吸引了低附加值的制造业，同时借由财政支出来制造泡沫，双重泡沫如破灭，巨大的债务将让经济艰难前行。

日本自己的情况也不乐观。对外贸易逆差连续三年迭创新高，主要原因在于减少核发电的依赖性后，大量进口燃料导致国际收支恶化。日本上一财年的贸易逆差增长近 70%，达到 13.75 万亿日元（约合 1340 亿美元）的创纪录水平，由此日本已经连续第 21 个月出现贸易逆差。不过相对于日本庞大的外汇储备，目前这点贸易逆差确实是无关痛痒的。根据日本八大车商公布的2013财年汽车产量数据，较上一财年增长3.6%，产车总量接近938万辆，连续两年突破900万辆大关。然而，这一逆势上升的情形应该是得益于日本提高消费税而造成的国内突击消费。同时，目前来看，安培经济学对日本经济的推动作用也在减缓。

唯有韩国的经济有可能值得看好。2013年一季度，韩国GDP环比增长0.9%，同比增长3.9%，创下了2011年第一季度（4.9%）以来的最高纪录。韩国经济增长得益于保持高速增势的出口和国内投资，尤其是一季度的知识产权产品投资增加了7.5%，说明韩国在进一步扩张其颇具国际影响力的文化娱乐产业，“鸟叔”和“来自星星的你”是大家都懂的。很有意思的是，依赖于文化娱乐产业的英国经济在衰退期受到的冲击有限，亚洲这些年渐次升起的文化娱乐产业新星韩国也因其文化影响力的迅速扩张而带来了各种好处，榜样的力量促使日本和澳大利亚也都确定未来要把文化娱乐产业作为一个重点方向来强化。

为何受伤的会是我

综合判断全球经济未来2～5年的远景，我们有理由保持谨慎乐观的预期。

毫无疑问的是，全球经济已经走出了大衰退的底部，只是目前的增长势头还显得缓慢和乏力，不同板块的表现参差不齐。

OECD称，主要发达经济体目前的增长开始提速。

在4月上旬华盛顿召开的IMF会议上，IMF预言目前全球经济进入了“走强阶段”，认为“打造更具活力、可持续、平衡、存在大量就业机会的全球经济仍是我们最重要的共同目标。”预计2014年的全球经济增速会提高至3.6%，2015年将实现3.9%的更高增长。总结2008～2010年是“灾难时期”。

IMF还曾在G20峰会上提议各国谨慎缩减5年来推行的低利率政策（低

利率会鼓励负债，增加投资者的压力而驱动大家去冒险以寻求更高回报），鼓励各国进行结构性改革以真正促动全球经济稳定增长，但不主张像20世纪80年代那样强迫穷国进行改革，当时的背景是新自由主义思潮鼎盛而达成了华盛顿共识。

布鲁金斯学会也认为全球经济已经步入了平稳发展轨道，尽管短期内加速的可能性依然很小，持续复苏需要仰仗于主要国家就经济结构进行实质性的改革。

美国当前的强劲复苏支撑了上述预测，很多经济学家都预测2014年美国有可能实现5年来的最快增长，而美国恢复世界经济引擎的作用，加上欧洲显露的活力再现迹象，无疑对全球经济走出低迷奠定了根本性的基础。

2008年金融风暴肆虐之时，美国处于暴风眼，欧洲在寒流侵袭下瑟瑟发抖，我们中国当时的形势相对是比较好的。可是今天美国与欧盟眼见要恢复健康了，而我国经济却趋向于降温。比如，IMF就预测中国今年的经济增速将放缓到7.5%，2015年将降至7.3%；如果中国政府放手进行应对风险的改革，有可能避免“硬着陆”；如果拿不出得力措施扭转颓势，IMF没明说，但答案也并不难猜到！为什么遭遇的是一样的考验，中国却落得了最尴尬的结局？

说来其实也很简单，关键在于美国、欧盟和中国应对危机和衰退的策略存在明显的差异。

打个比方来说明相关问题：美国的决策者在次贷炸弹爆响、华尔街一片狼藉和国内经济受创的情形下，做出的反应是“输血、灭火、救人”，美联储出面为金融界注入流动性属于“输血”，全社会去杠杆化相当于“灭火”，奥巴马政府坚决推行医保改革案以加强社会保障网是在为“受伤的美国民众”疗伤。

欧盟的反应是把债务火药桶的炮眼子即引信给拔了。以德法为首的富国伸手援助破落的债务大户希腊等国，各国政府出面购买风险资产，将民间的危险债务自己扛过来一部分以共同消化。

而我国政府的做法是匆匆忙忙地抱来几桶油浇到已经燃起的火药桶上，

所谓的4万亿救市计划说白了其实就是印钞。

所以，三家的结局经过时间发酵就不一样了。美国由于去杠杆化操作而把社会债务水平给降下来了；欧洲诸国虽然总体债务水平变化不大却因为债务转移措施而私营部门的危险被控制住了；我们中国的债务则以近乎失控的势头连续攀升，信贷风险、楼市泡沫和产能过剩都属于衍生出来的大麻烦！

整个的事情演变过程就如一幕经典剧情一样：欧美看到漫天风暴来袭，赶紧躲回家里避风头去了；而中国政府却选择了在冰天雪地中秀健美操，殊不知阴寒之毒已经侵入了心脉脾肺，体内积蓄的毒素日后会让自己半身不遂的！

总之，我国最近五年来的很多问题是因为忽视启动结构性改革而犯下的严重错误造成的。下一步除了下狠心进行结构性改革外别无他路可走，而紧货币、去杠杆的短期效果肯定是痛苦的，视为刮骨疗毒都不过分，但这样做的回报是今后会有助于提升长期的生产效率和竞争力。

令人庆幸的是，至少目前中国的最高决策层就深化改革给出了诸多积极的信号，从已经出台的政策、措施和相关顶层设计的思路来分析判断，未来的改革正好就是各方积极建议中国政府实行的经济结构性改革，而且还包含了政府职能转型这一重要政治改革的内容。

针对美国货币政策回归常态而在中国可能引发的资本出逃和人民币持续贬值的金融风险，还需要时间来观察其对我国经济的伤害程度，不过总体上属于短期冲击大于长期的负面影响。真正需要小心应对的还是债务危机和出口危机，它们对中国经济长期远景构成的压力更大。前者在坚持货币供给不松动的前提下，可以通过去杠杆化来逐渐消化，具体的手段包括银行业改革以实现真正商业化运作（目前我国银行体系属于伪商业化风格）、清理三角债、国企改革、政府职能转型、财税改革等，后者则要通过设法积极加入新兴国际贸易秩序平台才能有力化解，尤其是亚太地区的TPP。总之，机会并非没有，关键在于我们自己能否把握好。

第 5 章

神木满城讨债人

神木，这座位于陕北的西部小城在中国的名气很有限，但这座城市近些年来发生的事情却相当有代表性。可以说，从小城神木正在承受的经济痛苦里，我们能够观察到当下中国经济在多方面形势的缩影。

陕西省神木县隶属榆林市的行政辖区，位于秦、晋、内蒙古三省（区）的接壤地带。20 年前，陕北在中国还是贫穷落后的代名词，然而进入 21 世纪后的陕北却今非昔比，令人刮目相看，因为这一地区以及毗邻的内蒙古中部地区拥有令人艳羡的丰富自然资源，“羊煤土气”（指羊绒、煤炭、稀土和油气）使得它们在经济上快速翻身。

榆林地区因为富庶的油气、煤炭资源被誉为“中国科威特”，据坊间传闻拥有亿万富翁超过 4000 多名。而神木县与府谷县更是榆林、陕北乃至陕西省的最富之地。2012 年神木县的 GDP 规模超过千亿元，县域经济综合实力在中国百强县中排名第 26 位，在国内多年来火爆的煤炭市场的刺激下，神木经济用“突飞猛进”来形容一点都不夸张。

然而，2013 年风云突变，神木人体会到前所未有的经济严寒，产业萎靡、债务危机和房地产泡沫破灭，三重打击联袂让神木城心神不宁。

2013 年春夏之交，神木爆发了债务危机，民间借贷异常发达的当地融资链条支离破碎，情形之混乱与严峻被国内媒体评价为“满城尽是讨债人”！这一债务紊乱恶况极大地影响了当地的金融、经济和社会生活。

根据《经济参考报》的相关报道，截至2013年8月，总人口规模仅40万的神木县，当地司法机关立案受理的民间借贷纠纷案件超过4700起，涉诉人数将近9000人（户），涉案金额超过75亿元。

而民间反映的借贷融资规模远不止区区数十亿元，而是可能高达700亿~800亿元之巨。记者在对当地居民访谈时了解到，保守估计神木城有半数左右的家庭都参与了之前当地盛行的民间借贷活动，70%以上的农村人口卷入其中，从企业职工到流动人口都被牵扯在内。

声势骇人的神木债务危机是如何酝酿和爆发的？说来情形其实并不复杂。

神木是中国第一产煤大县，已探明的煤炭储量高达2300亿吨，占全国探明储量近1/3。2002年之后，煤炭行业进入黄金十年，煤炭价格陆续上涨了十倍左右，神木也因此而一夜暴富，GDP增速在若干年份里持续以20%~30%的幅度暴涨。

富裕起来的神木人神采飞扬，不仅本地经济持续多年繁荣，高档消费娱乐场所长期熙熙攘攘，还以其超级强悍的购买力与消费热情震惊了西安、北京与太原等附近北方都市。

在神木经济风光鼎盛的前些年，当地富人们进了商场历来出手豪放，车水马龙的街头，宾利、劳斯莱斯、兰博基尼、玛莎拉蒂、奔驰、宝马、路虎、保时捷等豪车名车也不足以充分显示其主人的财富实力，据说很多神木富豪在西安购买房产时只要环境和户型满意都喜欢整单元、整楼层的大手笔成交，而且同乡、好友或邻居还通常结伴团购，京城那么高的房价也同样不会让陕北财神爷们皱眉，拥有北京41套房产的著名“房姐”龚爱爱就是神木人。

神木人的私人消费让外地人惊愕，当地的公共财政支出也非常慷慨，神木县实施的全民免费医疗和15年免费教育曾在全国吸引了无数眼球。

神木民间拥有了充沛的资金，在消费之余自然希望有比存银行更好的赚钱去处，正好当地又存在极强的社会融资需求，因为开发煤矿的企业和个人通常都需要借力于财务杠杆才能“把事整大”，而且近些年风靡全国的房地产开发热在神木显得尤其活跃，后者消耗资金的超大胃口是中国人都懂的。有供给、有需求，于是在短短两三年间神木的民间信贷就火起来了。

据在当地的朋友回忆，早在2003、2004年时，当地不少小煤企为扩张产能就开始借高利贷①了。最初，出借者们态度还比较谨慎，但蒸蒸日上的煤炭市场很快就让大家后悔当初没借出去更多的款项以坐享稳赚不赔又获利丰厚的利息，借钱者更是多在一年两载后就爆发为财富新贵。随着煤炭行情与交易的逐年升温，更多的人被吸引到挖煤、卖煤、运煤的各个环节，参股、集资等各种各样的投融资方式丰富了之前简单的借贷关系，用钱赚钱成了神木城乡百姓家喻户晓的致富窍门。

2008年5月，央行和银监会出台《关于小额贷款公司的指导意见》，正式赋予民间贷款的合法性。之后，在国家支持民间私营机构积极发展各种金融活动的政策激励下②，国内各地在接下来的两三年间如雨后春笋般地涌现了大批的相关企业或机构。素有基础的神木民间借贷市场自然更是实现了飞跃式发展，2012年时在政府登记过的小额信贷公司已达22家，数量居陕西省各县之冠，其他未专门报批的中介、典当、投资机构发展到近乎遍地开花的盛况。

神木民间借贷危机爆发后，媒体向当地政府和银行求证当地影子银行体系的规模时，有关方面答复因为绝大部分民间金融机构的业务游离于正规监管之外，所以不掌握其确切的信息，但可判断神木地区的民间资金流向主要是流向了煤矿和房地产。而坊间传闻的各种小额贷款公司、担保中介机构、投资公司、典当行等的数量为几千家的样子。我个人近些年来接待过一些私人关系的神木朋友，酒酣耳热之际，不乏春风得意的哥们姐们在向我讲述神木经济繁盛景象时提到“家家房地产，户户典当行”，意思是当地居民很喜欢在老窝神木县城、省城西安和京城北京购房安家，还热衷于在榆林、鄂尔多斯和延安这些周边房地产发展极快的城市炒房赚快钱，开窍的人们自己从亲

---

① 国际上一般将利率水平明显高于法定利率或公定利率的民间私贷活动称为高利贷。

② 我国金管当局转变多年来抑制民间金融性借贷立场的目的在于规范和激活民间货币资本潜力以有效缓解中小企业融资难的痼疾。

戚朋友那里借钱或借钱给别人太普遍了。听说，不少从事私贷的机构和个人基本不太考虑融资成本和放贷风险，只要能把钱借到自己手中就等于本钱做大了，钱放出去也没见有谁因此倒霉的，甚至有时为争生意或照顾关系还有自己高息借来钱而略为赔息借给求贷者的，很多借贷手续可以简单到“打个白条、摁个手印”即可。

当时活跃于神木民间贷款圈的人们无视金融风险的原因不仅在于尚未见到债务违约的教训，而且利息足以诱惑大家去冒风险，一般的放贷利率都在二分利、三分利水平（即年化利率24%与36%，多数借贷都是期限半年或一年的短期借贷），市场上资金供不应求的紧张时期利率更高，贷款金额很低、周期短暂的业务收取五分利也属正常。从媒体调查和私人朋友那里得到的相关信息，也都说神木的民间借贷在资金投向上超过半数流向了煤矿，剩余部分流向的大头是房地产，少数是民企和个人从事其他行业。

更为让财经人士关注的是，神木地区的借贷资金链条是相当错综复杂的。

首先，民间借贷与银行借贷存在相互交织关系，很多有门路的人就削尖脑袋想办法从银行贷款出来再以更高的利息转放出去，银行工作人员自然也存在很多求助于私贷机构的地方。一位陕北下来的大姐跟我聊天时就提到过，她的一位姐们在当地某支行做高管，就曾因为年底冲存款任务向一小额信贷公司的老板求援，对方在酒桌上表态：“你今晚每喝一杯酒，我明天就在你们行的账号上存入500万元，我一定会给您面子，就看你的诚意了。”于是，这位女高管一晚上下来喝掉了几瓶白酒而酩酊大醉（陕北喝酒流行的都是大口杯而不是小酒盅）。第二天在家休息时，行里的同事来电话说对方的账户果然进来了6500万元存款。据说这家在当地还并非特别牛气的私人金融机构老板那年掌握的资金就多达12亿元。

其次，除了相对合法的影子银行机构，神木的民间私贷活动中还活跃着相当比例的“地下钱庄”和个人操作者，即完全未经审批的从事信贷活动的“黑人黑户”，还有人都不在神木的也在当地融资，更别说在当地设有机构或办事处的。我一位好友的同学就是个例子，这位老兄原来是上海财大毕业的，长期炒股票发展到私募操盘手。大概2008年A股癫狂的时候，这位仁兄判断股市行情还能扶摇直上，就通过陕北的人脉关系，从神木和府谷以一分利且当年利息预扣的方式短时间内拆借来据说不少于 4000 万元的一笔资金。结果因股市见顶猛跌而大败亏输，无法偿还债务的这哥们据说也跑路到境外了。更有意思的是，据说事情发生后，神木方面的圈内人还嘲笑这位上财的高材生，怎么就不懂把钱放出去让别人替自己赚钱这条安全快捷的发财途径，非要碰高风险的股票投机，嘲笑者中还有借钱给跑路者的人。像这种近乎非法融资的案例应该并非个案，因为众所周知，由于我国的金融发展水平滞后，尤其是监管死角颇大，民间融资一向与非法融资关联度相当大。

2012 年下半年开始，国内煤炭价格大幅下滑，潜伏多年的神木民间信贷风险被彻底引爆了，神木县也与金融危机、经济危机不期而遇了。

神木县 2012 年的 GDP 为 1003 亿元，2013 年 GDP 下滑到了 925. 54 亿元，降幅为 7. 7%；财政收入则由 2012 年的 220. 7 亿元下降到 175. 26 亿元，下降了 20. 6%；投资方面，2013 年该县全社会固定资产投资完成 285. 58 亿元，比上年度下降 17. 8%，其中城镇固定资产投资 248. 07 亿元，比上年度下降 16. 7%。

形成鲜明而有趣的对比是，根据《中国经营报》披露的信息，2013 年神木县金融机构的年末各项存款余额达 663. 62 亿元，比上年增长 8. 4%；城乡居民储蓄存款余额 335. 16 亿元，比上年增长 12. 3%。这组数据揭示，在民间贷款风险压迫之下，曾经多年涌动活跃的神木民间资本中的一部分为避险而回流储蓄，之前它们更是习惯在银行之外流转。

神木经济危机的直接诱因是煤价跳水。

早在 2011 年秋，国际动力煤价格就开始下跌。同时，我国宏观经济的蹒跚不利态势也让煤炭行业的产能过剩问题凸显，2009 年 5 月的火电电量第一次出现负增长就是个不祥之兆。

2012 年春，国际三大动力煤价格再度全线连续暴跌，市场毫无生气；而有很多强势资本入驻的国内煤炭行业因为利益关系却对外部大环境的不利变化无动于衷，国内煤价继续高位盘桓。由于国内煤价与国外煤价存在较大的差价，暴跌后的国际煤炭资源纷纷在中国抢滩登陆。

祸不单行，2012 年的国内经济形势也很冰冷，与煤炭高度关联的发电行业疲态尽显，当年 4 月的火电电量同比下降 0.4%，这是 2009 年 5 月之后的第二次月度发电下滑，而且直供电厂的电煤库存也已升至三年来新高的水平。

同期，国内煤炭产能还在扩张途中，2012 年一季度全国最大的三个产煤大户山西、内蒙古与陕西的煤炭产能分别增长 18.5%、20.1% 和 10.3%。

此外，我国新能源的大力发展也在不断侵蚀和抢占煤炭的“地盘”。

资本市场方面，部分券商也下调了煤炭行业的评级。

国外低价煤冲击，新能源插行挖墙脚，主要用户的需求萎缩，券商不看好，于是很多懂行的人们在当年 5 月就判断出国内煤炭行业的前景不妙了。

果然，国内煤价在勉强硬撑了一个月后，于 2012 年 6 ~ 7 月开始跳水，之后一蹶不振且在 2013 年 5 月和 12 月两度继续加速下跌（见图 5 - 1）。

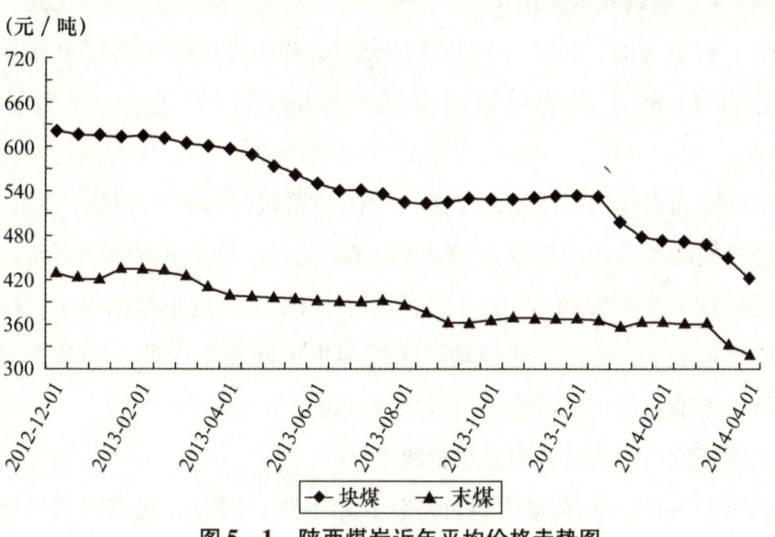

图 5 - 1　陕西煤炭近年平均价格走势图

高库存和煤价低迷使得发电行业购煤积极性下跌而持币观望，重度依赖煤炭和涉煤产业的神木县经济就不得不疲软了。

宏观上神木经济被低煤价严重拖累，微观上就更热闹了。

之前活跃于神木的很多老板都将资金投入到煤矿上了，还有更多的老百姓把钱借给了他们，煤炭价格大跌，煤老板们的现金收入就相应猛烈下滑，市场萎缩煤就不好卖甚至卖不动，煤老板的处境就更糟糕。时间一长，借款举债者的财务状况恶化，就势必出现债务违约，最终别说是按时支付利息，连融出方的本金有没有归还保证也只有天晓得。

煤炭市场出了情况，煤老板们和借钱给他们的人们被陷进去了，相关债务链上的其他环节也一个都逃不了，因为大家都是一条线上拴着的蚂蚱。当地信用体系因涉煤涉矿投融资受创，火烧连营的恶果很快就蔓延开来，只要是手头现金头寸短缺或者是资产债务平衡不佳的就必然被烈火灼伤。于是，神木在债务危机凸显后出现了讨债人比比皆是的现象，无法偿付债务的负债人难免要拖欠、赖账或跑路，甚至部分有能力还账的借贷人也可能选择有钱不还。

神木地区的众多煤炭企业被“煤价寒冬”折磨得痛苦不堪，减产、停产、关张的比例陆续上升，依附于煤炭产业链条上的当地物流公司和运输户们第一波被感染而倒下。曾经川流不息甚至见天堵车的外输煤炭的各条道路上现在清净了，但为路况好转而高兴的人们却看不到煤车司机们的哭泣。那些之前借钱扩张运力的物流公司和运输户也沦落为躲债讨债的，部分诚信的人们被迫低价转卖车辆、车队以筹钱给债主还账，债务危机进一步发酵和加深。

神木地区的其他产业与行业也都陆续受到波及，商业、娱乐业和一般服务业的氛围变化最是明显。

熟悉陕北朋友消费习惯的人们都知道，尽管榆林、延安、神木等地的大型商业机构以及一众名牌店面应有尽有，然而当地人更喜欢驱车就近到西安和太原“血拼”，远一点甚至去台北和香港购物，本地的消费主要是日用品采买、不易随身携带的标准化大件以及娱乐、餐饮、美容等。

经济萧索气氛蔓延后，尤其是债务危机爆发了，当地汽车城和车行从之前主打高档车和豪车转而改卖低档车，车商自嘲说是“从卖宾利到卖夏利”。二手豪车的买卖倒是旺盛起来，主要是负债者低价甩卖坐骑，因为抵债对方也不乐意要，上百万元的豪车卖出时三四十万元的相当普遍。本地有钱人都已家有豪车，市场有限，于是就向外地大量甩卖。据当地一汽车城老板透露，江浙、东北以及闽粤沿海一带，都飘荡着大量的陕北地区以及内蒙古老板们甩货的高端二手车，从四五百万元下降至四五十万元的非常多，有时路上能看到大卡车整厢的装载十二三台小车往外地拉。

神木县城繁荣的东兴街、惠民街、麟州街和金煤路曾经是灯红酒绿、夜夜笙歌，现在高档会所、酒店、歌厅、酒吧等娱乐商业生意萧索得很，大量的经营者歇业关门，因为欠债和讨债的人们哪里还有心情去享乐声色。至于一般的商铺、美容理发店以及大型商场，萧条的情形自然不消说了。

陕北人能喝酒、爱喝酒，原先高档白酒和洋酒的生意非常好，2013 年的情形是某款积压很久的中高档白酒销路特好，因为很多买家是购买这种打折白酒去抵债，标价 400 元，半价就可买走。

各行业里面最惨的是房地产，从一般住宅到商业地产价格全线猛跌，连带的店铺租金也一降再降。而房地产泡沫则是神木债务危机的另一大祸首。

陕北很多富裕起来的家庭早在 2005 ~ 2008 年就在西安买了房、安了新家，老婆带全家孩子和老人在新家上学和生活，留下男人在老家做事。也有部分家庭把新家安在了太原。当地政府为了肥水不流外人田，同时提高城市品位，也早在 2005 年就积极部署本地的房地产开发，希望打造一个漂亮的新神木，同时也将房地产业发展为当地的一个支柱产业，还寄望带动新神木的其他产业发展，尤其是将教育和工业化作为重点。

2008 年年底中央出台 4 万亿经济刺激政策，全国已显疲态的房地产开发起死回生且越发嚣张，神木城也泛起了狂热的炒房运动。按照当地朋友的说法，始自 2009 年，炒房炒地在神木蔚然成风，满城“富人炒矿炒地，穷人炒房”，注意是神木的穷人在炒房，一般是大胆的炒房客从亲友那里高息借来资金追炒新盘，很多炒房客都是农家子弟，坊间观点大致有差不多七成左右的神木普通家庭都加入了炒房热潮。

神木本地的房产是大家伙趋之若骛的炒作对象，因为每年都有大量的外地人从各地涌来神木淘金，房价和租金双双持续看涨。在房价最高的 2011 年，神木城区新建中高端小区的大面积单元售价普遍高达 2 万元/平方米，相比 2009 年翻了 2 倍，比古都西安房地产黄金地段曲江的非别墅类房产的价格还高出了一大截，城区的老住宅在二手房市场也普遍达到了 1.2 万元/平方米的价格。除了本城的各大楼盘外，陕北炒房大军还出击到邻近的内蒙古鄂尔多斯市，据鄂尔多斯司法机关的人员透露，仅神木县流向鄂尔多斯的民间借贷资金量就在600亿~700亿元规模，其中多系给当地的开发商输血或直接炒房炒地。

然而好景不长，2013年鄂尔多斯市的“鬼城”都名扬海外了，美国时代新闻周刊以大版面详细报道过鄂尔多斯鬼城的兴衰经历，还配有高清晰度的谷歌卫星地图以说明情况。不仅神木人投向鄂尔多斯市的资金被套牢了，炒房者们折戟沉沙，神木本地也逃脱不了房地产泡沫破裂的痛楚打击。2013年夏天，神木城区的房价已经相比最高价位时遭到拦腰问斩，中心地段的房价跌到6000~8000元/平方米还是交易清淡，当地房租水平也大幅下降。

我们不妨以“神木新村”与“神木二村”这两个最有名的超级房地产大盘的命运为例，来看看神木房地产状况的冷暖变化。

2006年时，为适应神木经济高速成长的新形势，加快新农村建设，神木县政府启动了“十一五”重点建设工程——神木新村建设项目。这一代表神木工业化与城镇化的大手笔综合建设项目规划面积36.5平方公里，目前实际开发面积11.3平方公里，规划到2015年容纳人口6万人，2020年容纳8万~10万人口。这一新神木城区包括了现代物流区、产业项目区、产业研发区、大型居住区、商贸核心区及科研教育区等6个组团，设计有5条纵向主干道和27条横向主次干道组成的大交通网架。

2010年煤价一路坚挺，神木县经济总量跃居陕西第一大县，财大气粗的当地政府于是不满足于尚未完工的神木新村，在“再造一个新神木”的宏伟设想下，又规划了神木二村，神木城再度强力扩容。按照规划，神木二村占地15平方公里，计划重点发展新型建材、陶瓷、塑料、加工制造与商贸物流等非煤产业的工业园区。建成后，将与老城区、神木新村形成“一体两翼”的神木县城中心区域，也是县域产业经济的集中发展区。

按说，神木二村的设想也算是当地政府推进城乡一体化建设，促进民营经济发展的一次创新实践。然而，在当时全国房地产一片喧嚣的大背景下，这个新村建设区实际却成为房地产开发乐园。

2013 年，在本地大半煤矿停产和债务危机前后夹击之下，神木城的流动人口急剧下降，由前几年县城实际居住人口超过 20 万退化到目前只剩下 10 多万人口，外来人口快速告别神木，尤其是涉煤产业的工人和物流运输业流出的人数最多。从而使得“再造新神木”演化成了“神木鬼城”。

神木县城被窟野河分成老城区与新城区两片。开车沿着滨河路越过窟野河时放眼望去，方圆数十平方公里的神木新村高楼大厦鳞次栉比（目前，神木新村完成的总开发建设面积达到 360 万平方米）。俨然一副现代都市的模样。车辆进入新区后，却感觉大街上人气不足，16 个大型楼盘入驻的情况目测很不理想。晚间我在当地朋友陪同下又驱车在神木新村转悠了两圈，高楼林立的这一地区很少看到亮起的灯光。

神木二村的气象更为惨淡，开盘了几年的高档楼盘到现在仍然还在售卖中，停工楼盘乃至烂尾楼盘随处可见。据当地房地产业内人士在饭桌上介绍，估计神木二村的楼盘开发面积也有上百万平方米的规模。

神木县的 2013 年统计公报显示，神木县纳入统计范围的房地产企业在 2013 年完成开发投资 68296 万元，实现商品房施工面积 648792 平方米，但当年商品房销售面积仅为 4300 平方米，商品房屋销售额只有 1800 万元。

官方的数据看不到当地空置房的信息，但当地业内人士估计目前神木约有数百万平方米的空置房。

神木新村与神木二村变成了人烟冷清的“鬼城”，每一栋楼盘背后更是隐藏着成千上万个炒楼者被深套的辛酸故事，尽管悲剧在相当程度上当归诸于当事投资者的非理性投资。

相对于较早开发的神木新村，2010 年才启动的神木二村先被爆炒后遭寒流袭击的过山车经历更为经典。

根据资料，2009 年神木二村所在地域的房价约为每平方米 5000 元，2011 年神木二村的房价普遍上涨至每平方米 1 万 ~1.2 万元，环艺景观与户内结构特别好的高端楼盘报价摸高到 2 万元/平方米左右。2013 年民间借贷崩盘后，神木二村不仅大批在建工地停工，房子更是有价无市，而老县城和神木新村的商品房不管怎么说，在目前 5000 ~ 8000 元/平方米的价位上还能有问津者，尽管真正成交的也很少。

神木二村在扮演城区扩容和助推当地房价的重要角色后最终炒爆了自己，是房产泡沫爆炸的爆！

当初炒新盘的投机者，很多人最终炒成了烂尾楼房东。而当地前些年上演炒房暴富神话时，神木新村与神木二村在2008~2012年一直都是炒房者的主战场。泡沫破灭后，神木出现了个新的涉房名词——“抛房客”，问题是市场不给面子，投机者的思维都是买涨不买跌，于是不少人因炒房而倾家荡产，至于负债炒房者的惨状更是不消多提了，2013年时，很多炒房客在应付债权人追债时的普遍反应是：“反正要钱没有，要房就写手续。”

高位炒房者被严重套牢而损失惨重，开发商这个阶层也好不到哪里去。2013年6月，在神木当地颇有实力的陕西正和房地产公司老板王和平在内蒙古鄂尔多斯一间宾馆内突发急病死亡，身后留下了在榆林市和神木县多个在建楼盘的烂尾楼与巨额债务。而没有“解脱”的开发商们目前还在承担着泡沫破灭的痛苦。

纵观神木房地产崩溃的前因后果，属于非常典型的债务危机刺破房地产泡沫的案例。因为煤价下跌与煤炭滞销，借了大笔债务“淘黑金”的大小煤老板无力兑付承诺债权人的利息，不久升级为连债权人的本金也有去无回；涉矿高利贷崩溃导致民间私贷一地鸡毛，整个地区经济陷入三角债冲击的困境；债务危机转眼又冲击曾经炙手可热的房地产，最终让神木房地产崩溃。于是，就有了数十万人撤离神木，留下神木新村与神木二村26平方公里的“荒凉新城”以及开发商和炒房者数百亿元被深套的凄惨景象。

2013年神木县经济总量及财政大幅下降的背后，就是该县全社会固定资产投资放缓。换句话说，人们不敢再向房地产开发上砸钱了。

神木高利贷危机和房地产危机属于“人在做，天在看”的反噬，而其他因经济危机同步受伤的神木当地产业却不乏陪葬品。神木目前店铺大量关门与商业萎靡就属于典型，一来因为与房地产关系密切，写字楼、商铺和住宅区的租金价格通通被跳水的房价大幅压低；二来债务风暴打击下的各色人等连现有的房租也承担不起，来神木淘金的外地老板还能选择跑路，本地身陷高利贷纷争的不少老板想将手中的房产抵债变现都很困难。人气流失了，留守人群手中的活钱少了，商业又如何能不萎靡，就是房租大降减轻了经营成本还是抵不上营业额巨幅缩水的损失。

无独有偶，同样以“羊煤土气”著称的内蒙古鄂尔多斯市也是陕西神木的难兄难弟，而且它的鬼城比神木还要名气大得多。鄂尔多斯的病因、病情与神木大同小异，都是因煤炭产业危机而引发房地产危机与经济危机，两者在发病时还相互交叉感染和牵连。单从神木的角度看，债务危机中有相当比例的资金链断裂便是因投资于鄂尔多斯市的煤矿与新城建设。在神木的一个当地小老板，在酒桌上就曾抱怨手中被套牢的三处鄂尔多斯房产，“吃进”时属于追高，价格远远超出目前鄂市的平均房价，卖不出去不说，现在出手也是巨亏，只好再放着看看，而且还要年年缴纳物业费。

小小神木，声色万千。经济危机的窘态让当地政府头疼不已。煤炭产业何时能东山再起已经顾不上想那么远了！目前光是民间债务危机与房地产搁浅两大心腹之患就令人痛不欲生。

作为政府，要操心“活命钱”被高利贷吞噬的当地老百姓的生活困难，协调债务纠纷以避免居民为讨债、躲债而东奔西跑，甚至是偶尔出现的暴力讨债现象。

很多已经上马的项目被撂到了二梁上，善后事宜尤其是融资以组织生产最是让政府头疼。神木县在2013年拥有规模以上的民营企业240余户，规模以下中小企业几千户，多年来运营都是依赖民间融资的。目前债务危机冲击下导致很多企业的资金链断裂，使得本来就面临经济下行压力的大小企业对未来一片迷惘。而半拉子工程的前途尤其混沌，融不到资就无法保证项目完成投产；停下来不仅见不到预期的效益，前期投资也通通打了水漂。

房地产大幅受挫在神木引起了很多在建楼盘停工，由此引起的合同争议与劳资纠纷也是地方政府必须安抚的重要事项。

相比较神木的狼狈，鄂尔多斯的情形还没有失控。尽管出现了斐名世界的“鬼城”，房产崩溃后的鄂尔多斯市只出现了明显的经济萧条而无金融恐慌，这是因为政府在协调房地产债务时的措施目前看还能稳住形势。该市在政府安排下积极采用“以房抵债”、“债务互换”以及“资产互换”等处理手法来稳定居民的资产价值预期，勉强将恐慌限制于房产领域而不使其蔓延危害到之外的领域。然而，后面的鄂尔多斯是否就一定能逃过楼市泡沫破灭的一般特征——房价大跌、按揭买房者丢弃房产、不良贷款激增、失业率上升等，依然需要时间来给出答案。如果仅仅是局部的房产泡沫破灭，由于房租水平下跌反而会降低实业的运营压力，进而有利于经济健康运行。

陕北神木也罢，内蒙古的鄂尔多斯也罢，毕竟都属于自然资源富庶而经济发展水平较高的地方，尤其是并非资源枯竭型而是仅受制于疲软煤市的重创。按照“宜居城市研究室”的统计排名，鄂尔多斯市2013年人均GDP为内地城市的No.2，折算下来高达31870美元；《神木县2013年国民经济和社会发展统计公报》自称按照常住人口计算的人均GDP为202282元。中国其他的地方普遍都无法达到这两座“鬼城”显性化了的难兄难弟的人均GDP水平，但基本都同样存在潜在的债务危机与房地产危机，各地的整体资产价值估值体系会否在未来若干年出现动荡甚至是全面崩溃，让我们拭目以待！

第6章

痛苦的河北

陕西神木和内蒙古鄂尔多斯在地图上太小，一般人通常注意不到，而今年中央政府决心向污染宣战却将河北省推到了舆论的风口浪尖上。

华北的河北省算得上我国的一个经济大省、资源大省和农业大省，但它现在最出名的是“污染大省”的名头！2013 年亚行与清华大学联合评测的世界 10 大污染城市排行榜中河北省省会石家庄榜上有名，2013 年十大污染最严重的中国城市中河北省独占七席，而目前的河北省只拥有 11 个地级市，入选黑名单的比例高达 63%！

北京的雾霾就有来自该省工业排放的较大贡献，空气污染最严重的 5 个城市散布四周，拱卫京城，空气质量最差的是邢台，其次是石家庄、邯郸、唐山和保定，衡水与廊坊的排污能力也不可小觑。

多年来，河北省一直在经济上追求“京津冀一体化”，当前在“空气污染一体化”上倒是率先突破了。

受雾霾困扰的京津冀地区 2013 年的空气污染天数超过 60%，是全国污染最严重的地区。该地区的 PM2.5 平均值为 106 微克/立方米，而世界卫生组织设定的 PM2.5 含量安全限值为不超过 25 微克/立方米。

环保部副部长吴晓青透露，京津冀、长三角、珠三角占国土面积的 8%，却消耗了全国煤炭的 43%，其中京津冀为最，这一地区生产了全国 55% 的钢铁、40%的水泥和52%的汽、柴油。

要有效控制并进而消除京津冀上空的阴郁雾霾，一般专业建议为调整产业结构、提升能源效率、使用清洁能源和减少车辆尾气排放等手段。中国环保部就认为，以重化工业为重点的产业发展模式，以燃煤为特点的能源消费结构，快速增长的汽车尾气和大规模的城市建设是造成目前严重污染的关键因素。

为了治理环境污染和控制过剩产能，2013年7月，中央政府下令全国19个工业行业的1000多家企业减少产能，重点针对炼铁、炼钢、焦炭、水泥、铁合金、电解铝和铜冶炼等行业。河北省作为污染大户，推出“6643工程”，承诺2017年以前当减少6000万吨的钢铁产能，煤炭消耗量降低4000万吨，压减6000万吨水泥产能和3000万标准箱的玻璃，以实现本省空气中细颗粒物浓度下降25%的任务。

2014年3月，李克强总理在一次会议上宣布要像对贫穷作战那样对污染宣战，中央政府承诺要加大节能减排力度，控制能源消费总量，并实施清洁空气与水的行动计划。

我国治理污染战争的前奏曲才刚响起来，河北经济就打喷嚏、流鼻涕了。2014年一季度，河北的GDP增速降低到4.2%，是近30年以来的最低值，降幅之大仅落后于GDP增速滑坡最厉害的黑龙江省（该省一季度GDP增速为4.1%），而河北今年预定的经济增长目标是8%。

河北省经济增速下滑显著，显然是因为减排限产因素所致。然而为什么在中央政府出手治理污染的背景下它很被动，就要数落它自己的一些不是了。

河北省在中国经济版图里算得上是个工业重镇，从产出结构看属于绝对的工业化省份，虽然它同时还是拥有耕地大约1亿亩的农业大省。但从居民结构看河北的城市化程度在全国偏后，当地社会的农业氛围还相当重，省会石家庄就被很多国人戏称为“超级大农村”。

事实上，河北省的工业结构确实是比较“村”的。以河北最大工业城市唐山市为例，钢城唐山作为中国最早一批的工业城市，目前的经济支柱是所谓的四大金刚——钢铁、煤炭、水泥和陶瓷，通通都是人们印象中陈旧又肮脏的旧工业代表。这座 GDP 超过省会石家庄的河北大城，据说全市连一所叫得响的名牌中学至今都没能诞生。

河北省的工业体系有十大骨干产业，按照市场影响力大致排位为冶金、建材、化工、煤炭、机械、电子、石油、医药、纺织、轻工；目前产值排前十的行业则依次为黑色金属冶炼及压延加工业、黑色金属矿采选业、石油加工及炼焦加工业、化学原料及化工制品制造业、农副食品加工业、交通运输设备制造业、非金属矿物制品业、电器机械和器材制造业、通用设备制造业、煤炭开采和洗选业。

大家一定都看出来了，河北的工业体系是以重工业为主体的，而钢铁、煤炭、化工、建材、医药等产业都属于污染环境程度比较大的。

实际上，河北工业的结构性缺陷远比表面看上去的更糟糕，全省工业在目前阶段体现出如下几个特点：

第一，国企占主导地位，民营企业体系孱弱。河北在计划经济时代就是国家工业布局的重点地区，所以继承了一大批老旧企业的遗产。而北方人特有的政治保守倾向与该省相对传统的人文氛围，又使得河北多年来非国有体系发展不充分，连商业在全国都处于相对落后的水准，各省各地都普遍比较重视的旅游业在河北也基本没发展起来。

第二，资源型工业的占比显著。河北省属于比较典型的资源依赖型的经济增长模式，而且相关门类具有高投资、高消耗、高污染、低产出、低质量的特点。

河北省水资源严重匮乏，矿产资源比较丰富。然而，该省的矿产资源却属于贫矿多、富矿少、共生矿多、单一矿少、中小矿多、大矿少的格局，此外，近年来石油储采比呈现大幅下降态势。

河北是个农业大省，却没有建立起依托农产品的强大现代工业。比如，其纺织产业水平多年都无法在全国范围取得领先性的进展，食品加工业也相对落后，好不容易有个“三鹿”也自己砸了牌子。

第三，各城市间的产业结构雷同，分工协同差，多年处于内部相互竞争态势，而不是像更聪明的省份那样协调好内部专力对外竞争。

此外，大河北的地盘上存在北京和天津两个巨无霸级别的城市，对河北各市的经济发展无形中构成了压制，资源被京津吸走的现象存在了很多年，比如优质劳动力就常年外流北京和天津，唐山有钱人买房也基本不考虑本地而会另选中意的外地城市。

第四，河北经济的外向型落后于很多省份。河北本是濒海省份，拥有出海港口多个，秦皇岛港口的规模还很大。然而河北的外向型经济却远不如邻居山东与辽宁，不仅外资企业比例偏低，而且对外贸易水平基本处于原始粗放风貌，海洋经济的发展水平也一般。这些问题应该还是和河北人的思想保守有相当关系。

第五，工业技术水平普遍落后。河北属于传统工业区，国有企业的规模远超过民企和外企，老旧企业集中。如此在管理上模式和理念就显得落伍，本省的科技人文基础又较薄弱，所以长期以来工业部门的技术进步程度不显著，纵然是产出在全国占比较高的少数企业，也基本是大而不强的经营状况。最典型的就是钢铁业，河北的钢铁产能约占全国的1/4，一年下来的钢产量超过了整个欧盟，但别说和欧洲的钢铁巨头们比内涵，就和国内上海、武汉的同行比也是技术含量逊色很多，产品以粗钢和低端建筑钢材为主，华北石油钢管厂的情况好一点，但在国内行业六大里也并非佼佼者。技术落后在河北的装备制造业上也表现得非常突出，电子产业和纺织服装行业同样属于类似的情况。

第六，新兴产业发展滞后。河北省科技底蕴不足，新兴产业孵化和壮大不力，尤其是高科技工业成分显著落后于各大工业强省（市）。之所以出现了这种积弊，还是和该省经济的国企成分重、社会观念保守难脱关系。

第七，骨干工业部门产能严重过剩。钢铁、煤炭、建材与化工，目前属于河北工业的支柱，恰恰都是我国产能过剩问题比较突出的领域。以河北最为雄壮的钢铁制造业为典型，在全国计划削减的钢铁产能中河北一省的份额就占到了全国总减产规模的75%；中国房地产全面降温的未来，盛产水泥、建筑陶瓷和平板玻璃的河北建材产业同样势必要经受很大的关厂减产痛苦。

总之，目前的工业大省河北其实情况很不理想，经济多元化色彩严重不足，传统产业和资源产品制造占主导，污染性产业发展密集，工业体系技术含量低，产品附加值低而且受资源制约颇大。从某种意义上来看，河北省属于我国面临工业化和城市化转型考验的经典样本。

所以，当中央开始部署治理污染的战斗后，河北经济就首当其冲地动荡起来。钢铁、水泥、玻璃、煤炭都是产能压缩的重点对象，加上河北省主要依靠燃煤发电厂来提供工业动力，为降低京津冀地区的雾霾，河北承诺减少的煤炭消耗量目前占到全国总量的一半，而且接受的总体减排目标也远远高于全国平均水平。

GDP 增长减速还只是关系到面子，因为减产关厂带来的就业压力才是关键的里子问题。河北全省有 7300 万人口，因经济结构问题本就就业形势严峻，好在北京、天津能帮忙分流些丁壮劳动力，而且据历史资料统计该省的大学毕业生返冀工作的比例也有限（差不多 4 成大学生毕业后留在了外省市发展），现在淘汰老旧企业和压缩污染企业，新的能吸纳过剩劳动力的产业还没发育成熟，河北各级政府在过渡的空当就必然担忧民众就业与再就业的问题。按照邯郸政府的估测，仅邯郸一地受治污减产影响就可能造成 4.3 万工人失业，150 亿元的资产损失都算小事。所以，在 2014 年春的“两会”期间，多位河北官员都呼吁中央能增加对本省的财政补贴额度，同时还希望针对将下岗的职工提供政策和资金的支持。

从当前的情形看，今后若干年河北经济的要害问题还是在于如何发展出新的产业来，第三产业也罢，绿色工业和高科技工业也罢，先要保住老百姓的饭碗才是硬道理。然而，这件大事上目前似乎还看不到很好的前景，河北政府的部署也看不到多少清晰的思路。

现在能看到的是，北京计划在未来数年要迁出数千家企业，河北倒是在承接京迁企业上具有近水楼台的优势。问题在于，按照《北京市 2013～2017 年清洁空气行动计划》，2014 年将迁出的 300 家企业和 2016 年前将陆续动迁的 1200 家企业可基本都是京城淘汰下来的“破烂”，除了污染类企业外就是些劳动密集型低端企业，可以称得上“高大上”的企事业单位凤毛麟角。河北方面如果积极承接污染类企业转址入冀，那么吃别人的剩饭还不丢人，但与本省减排限污的宗旨直接相悖，北京倒是干净了，河北可是要更脏；承接一般的劳动密集型企业，倒是能略微缓解就业压力，但对本省的产业转型与升级而言意义有限。

就产业发展而言，河北各级政府一定要明白低端产业和常规产业的差别。经济学概念里的低档商品，指的是价格低廉而且将会随着人们生活水平的进步而市场逐渐萎缩的这类产品，正常的商品则会因为价格降低而更受欢迎。所以，发展地方经济以孵化高科技产业为最佳路线，最起码也要发展常规产业，而低端产业在未来是没有前途只有死路的！河北各地纵然走第一条路条件不充分，也不该寒不择衣地走第三条路。

还有件有意思的事情。保定市前段时期因为中央宣布部分在京机关将迁往该地而房价在数周内被炒到全国涨幅第一，现在这个“副都”的炒房热又落潮了。

归根到底，河北省的经济未来还需要河北人民与河北政府多想出路。在很多关心河北未来的人们看来，朴实的河北人需要在思想上跟上时代潮流，加强对国外的经济技术交流，在工业多元化和充分发展第三产业上用心做好文章，才有可能在长远上稳定并推动河北经济的成长，这些才是最重要的！

第7章

凌乱的内伤

说过了陕西神木的狂躁，体味完河北省减排减产的痛苦，我们再来聚焦目前阶段国内经济特别敏感的一些领域，就可以理解为什么有那么多的国内外专业人士为中国经济事态忧心忡忡了。

煤企在呼救

煤炭分为两大主力品种，动力煤和炼焦煤，动力煤主要用于火力发电和取暖，炼焦煤或叫冶金煤属于钢铁产业的基础原料。我国是目前世界上第一煤炭生产大国和消费大国，产煤大户是内地的晋、陕、内蒙古三省区，消费大户主要分布于华东和华南地区。秦皇岛港是中国“北煤南运”的核心枢纽港，同时也是世界上最大的煤炭输出港，这里的煤炭价格属于国内煤价的风向标，尤其是动力煤。

2002 年之后，我国煤炭行业进入黄金十年，煤炭价格陆续上涨，开煤矿的和倒煤的各路神仙都发了大财（见图 7 –1）。

然而，2012 年下半年开始，中国煤老板们的生意不好做了，由于国内煤炭市场供大于求形势明显，煤价和成交量双双走向低迷。在刚过去的 2013 年，整个中国煤炭行业可谓痛苦不堪。由于无法承受煤价持续下跌的重压，

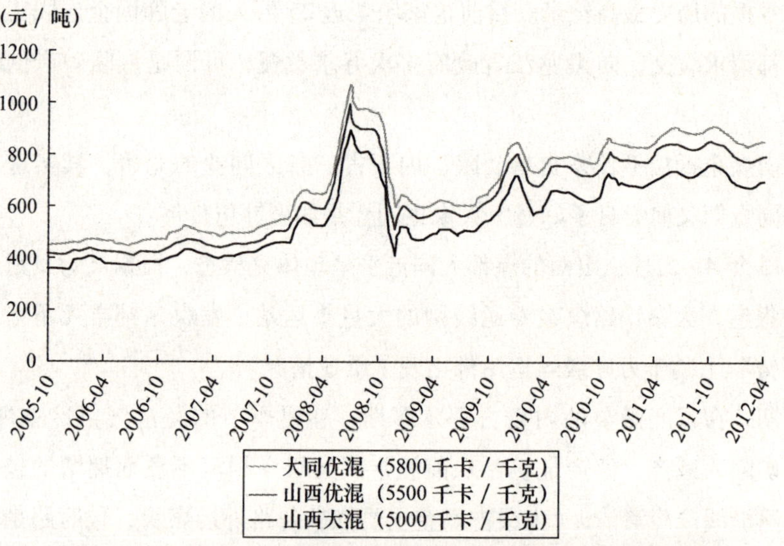

图 7－1　2005 年 10 月到 2012 年 4 月秦皇岛动力煤价格走势图

2013 年 4 月，河南省的煤炭企业甚至联合起来向本省政府“求救”，希望省政府出手要求省内电力企业优先使用省产煤炭、消除“三西”外省煤炭的冲击、稳定省内煤价、签订煤电合同以及暂缓资源税改革等措施，以结束河南省内煤价不断下跌的局面。

河南煤企向该省政府提出上述的“煤电互保”方案，这是 2013 年国家实行电煤市场化改革（根据 2012 年 12 月 25 日出台的《国务院办公厅关于深化电煤市场化改革的指导意见》实施）以后第一次出现的国内煤炭企业向政府公开“搬救兵”的事情。河南的各大煤企声称，它们在 2008 年以来煤炭供需紧张的情况下，曾经为稳定本省煤价、保证省内电力供应立过汗马功劳。现在煤炭不好卖了，本省电力企业自 2012 年以来大量采购省外电煤，大幅缩减省内采购量，从而导致本省煤企销售陷入异常困难的境地。而且，“在目前情况下，省内市场电煤价格已明显低于去年国家重点电煤价格，但电厂仍在恶意打压。”

老工业基地东北的煤企也扛不住了。东北最大煤企黑龙江龙煤矿业控股集团有限责任公司已经连续两年巨亏，2014 年一季度又惨亏 16.22 亿元，创下单季亏损的历史最高纪录。目前这家职工近25万人的老牌国企连职工养老保险金都请求缓交，向黑龙江省政府多次寻求救援，可谓是濒临破产倒闭的边缘。

河南煤企抵挡不住来自晋、陕、内蒙古三省区同业的竞争，其实这三个省区的同行们又何尝日子好过？大家也同样是如坐针毡！

2013年4~5月，山西的煤都大同近乎呈现休克状态，根据《每日财经新闻》的报道，大秦铁路煤炭专运线网的大量集运站、发煤站都半死不活，这条“煤链”上的千万吨级煤运站都出现了歇业情况。

同期，在富产黑金的内蒙古鄂尔多斯，盛夏季节的经济气氛冷如冰窖。大量煤矿陷入减产、停产危机，从前经常因运煤车川流不息而拥堵的包头—府谷公路沿线冷冷清清，（内蒙古煤企主要依靠公路外运煤炭，包府路是鄂尔多斯煤炭运输的主干道。）某年产值十多个亿的大型煤矿在手的订单只有区区数千吨，大部分小矿每销售一吨煤的利润只有二三十元。

至于另一个产煤大省陕西，陕北神木因为煤价下跌而狂躁不安的情况我们在前面就已经知道了。

不仅生产煤炭的坐卧不宁，关联行业同样因城门失火殃及池鱼而一片狼藉。之前大量贷款给煤企的银行操心自己的贷款安全，和煤炭物流相关的行业更是狼狈不堪。在大同、鄂尔多斯和陕北，大批依赖于煤炭外输的物流公司和运输户关张或转行，没跑一两年的运输卡车被主人两折甩卖转手。比起民营为主的公路物流，国有体系的地方铁路系统一样日子难过，因为煤炭库存高、卖不动，全国电煤运输下降导致铁路货运量大幅下滑，这不仅让相关地方铁路局紧张，连国家发改委经济运行局也因为全国煤电油运能力的宽松过剩状态而困惑。以2013年5月为例，全国铁路货运量下降到3.2亿吨，同比降幅为5.8%，比起4月份的-6.5%还算是有所好转了。其中运输煤炭1.8亿吨，粮食773万吨，化肥及农药621万吨，分别比上年同期下降8.84%、7.87%、14.5%。

各路人马都围绕着黑不溜秋的煤炭而心潮澎湃，关键原因就在于2012年下半年到2013年上半年之间，国内煤炭价格接连深幅下挫。事实上，直到目前也看不到煤价止跌企稳的明显态势（见图7-2、图7-3）。

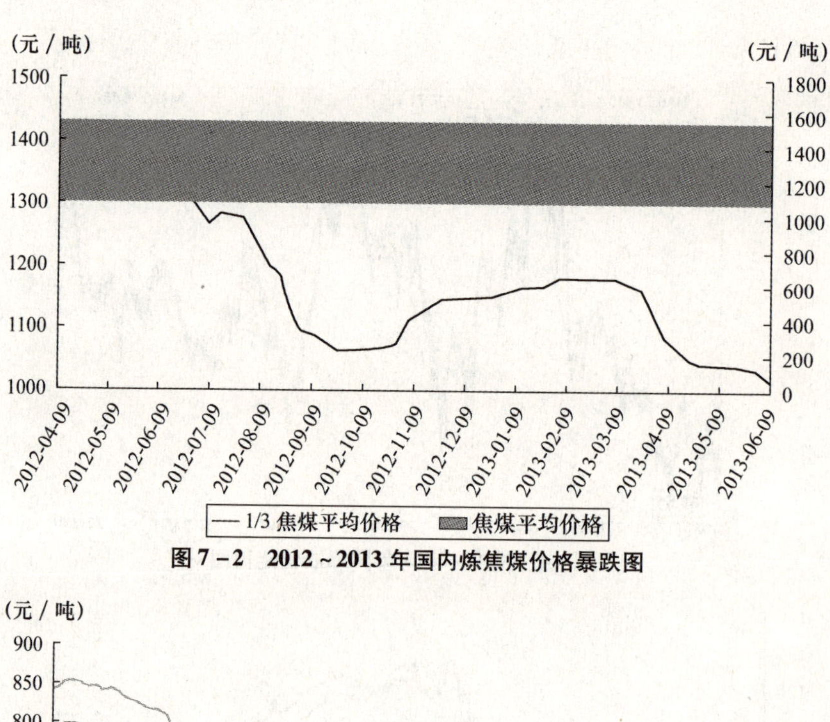

图 7－2　2012～2013 年国内炼焦煤价格暴跌图

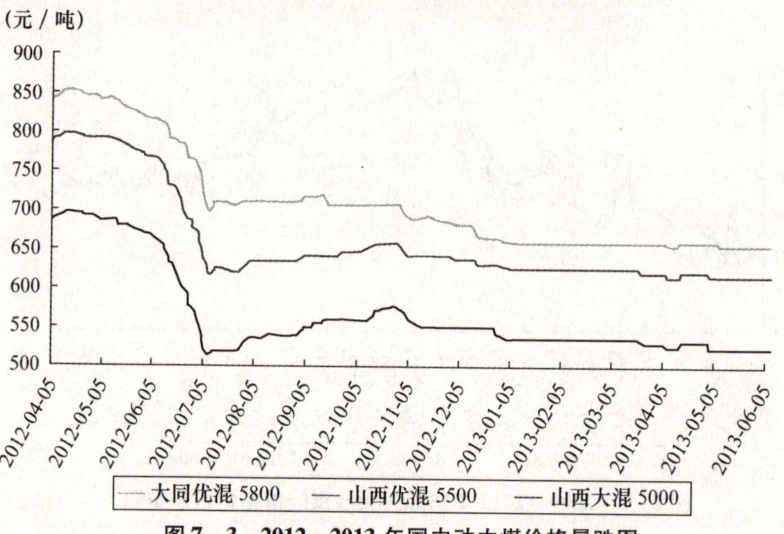

图 7－3　2012～2013 年国内动力煤价格暴跌图

话说煤炭属于穷国的能源主食，但中国煤炭行业遭遇的寒流却是发源于欧美发达国家。2011 年秋，国际油价下跌压迫着国际市场的动力煤价格也一路走低，入冬后国际油价因各国取暖需求而反弹，但是煤炭价格却因为美国方面出现供大于求的情况而使得动力煤价格继续低迷，澳大利亚纽卡斯尔、南非理查兹和欧洲 ARA 三港的动力煤价持续下跌到 2011 年底（见图 7－4、

图 7 –5)。

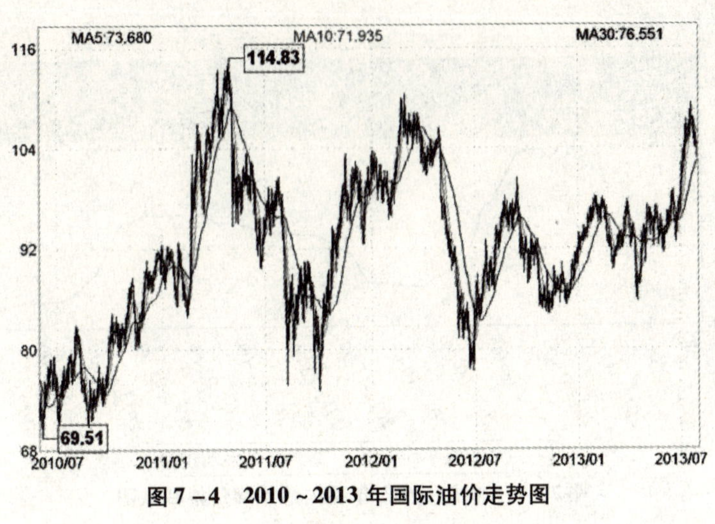

图 7 –4　2010 ~ 2013 年国际油价走势图

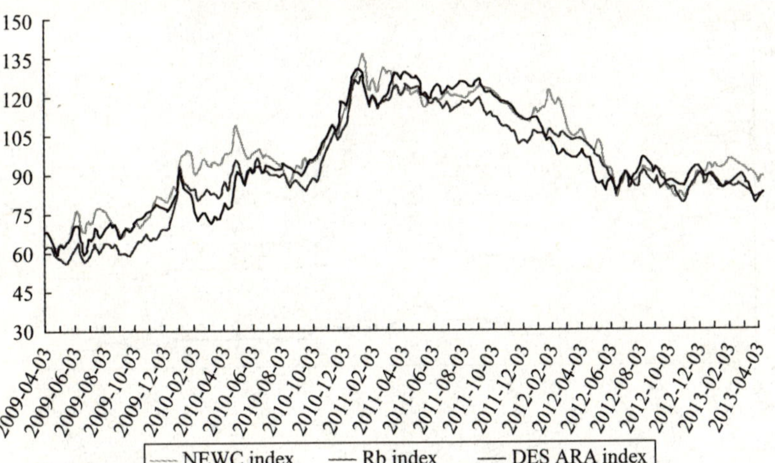

图 7 –5　2009 ~ 2013 年国际三大港煤炭价格指数走势图

面对这一时期国际煤价的下跌不已，国内煤价却依然坚挺，走出了与国际煤市疲软相反的独立行情。进入 2012 年，国际煤价在年初平缓了不足三月后，又因为美国方面的供大于求而在二季度沉重下挫①，国内煤炭价这次扛不

① 当年 5 月 9 日，美国能源署表示 2012 年的美国煤炭消耗量预期将下降至 25 年来的最低水平，全年消耗煤炭量在 8.76 亿吨左右，而仅美国本土当年的煤炭生产量就接近 10 亿吨。

住了，也自6月初开始跳水之旅（见图7-6）。

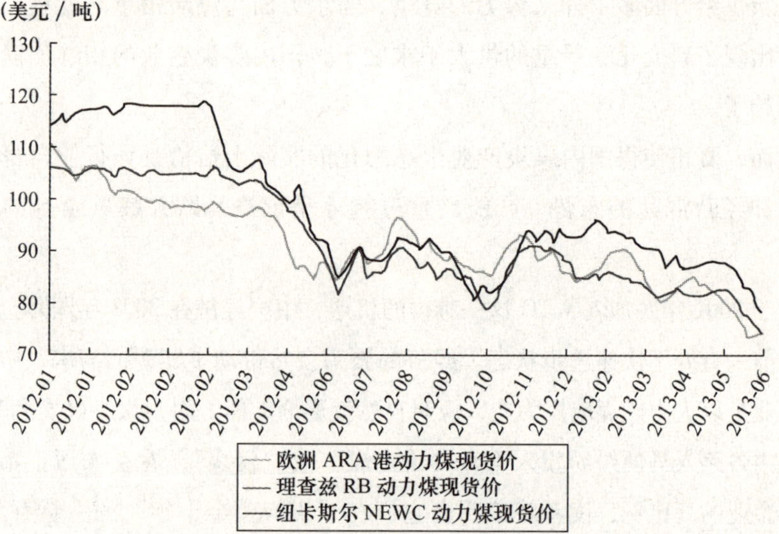
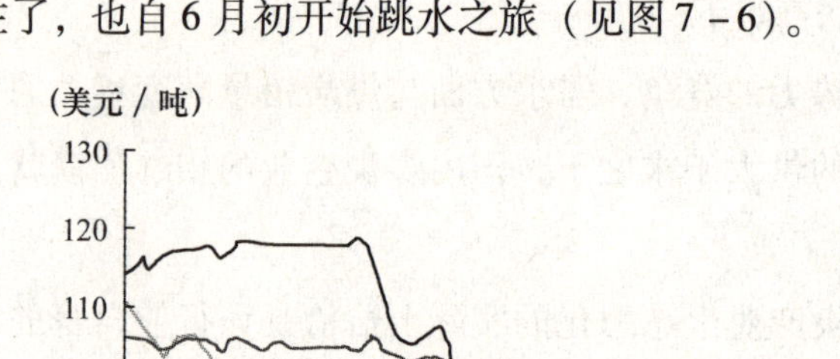

图7-6　2012年1月至2013年6月国际动力煤价格走势图

当时撬松国内煤价并使之走熊的直接诱因有两大因素：

一是国内外明显的煤价差异使得煤炭进口量大增，国际煤商纷纷抢滩登陆中国，导致煤价内外倒挂的情形难以为继，尤其是沿海煤炭市场的价格在进口低价煤炭冲击下必然将滑落。

二是以各大电厂为主的煤炭库存持续走高，不仅自身需求低迷，还影响到沿海其他煤炭消费企业的购煤热情，促使煤炭行业的拐点来临。2012年4月，直供电厂库存天数攀升至23天，这是2009年初以来的最高值；进入5月份，电煤库存进一步创下三年来最高值。而电厂煤炭库存高企的原因更有微妙的内涵，最关键的因素就是从2012年初开始，中国宏观经济已经呈现下滑的大势，使得国内发电行业的颓势难以避免；同时还有两个技术性因素在起作用，首先是冬季过后电厂不需要为满足供热取暖的需求而全力生产，其次是开春后水电产能的迅速回升（冬季是枯水期）部分替代了火电的生产。三项因素共振之下，2012年4月的火电发电量同比下降0.4%①，而电煤库存却

① 这是2009年5月以来第二次月度产电量下滑，那次下滑部分原因在于为应付国际碳减排压力而拉闸限电。

攀升到近三年新高水平而且居高难下。

煤炭供给方面多了外来势力的竞争，需求方面与煤炭销量高度相关的发电行业出现了新变化，严重的供大于求之下，国内煤炭企业的相继崩溃就是大势所趋了。

然而，真正使得国内煤炭产业生态恶化的实际上恰恰是该行业自身的无度扩张和经营混乱的态势，产能严重过剩才是价格暴跌并疲软至今的关键所在。

由于2001年底加入WTO这一难得的机遇，中国经济在2008年国际金融危机爆发前一直处于快速进步状态。经济的繁荣自然带动了能源的需求，中国的电力工业是以火力燃煤电厂为主，煤炭自然就逐渐走俏。因为煤炭好卖利润高，所以国内各路人马便纷纷投入重金去“搞煤”或“傍煤”，看看A股上市公司里涉煤企业的高比例，读者就该明白它们在“煤炭黄金十年”的生意有多火，真正是所谓的“煤价在高位，只要安全将煤挖出来就能赚钱。”比如，京东方这家上市公司只不过是个倒爷，并非正经产煤的企业，然而在获得地方政府“配送”的煤炭后，一转手就获利三十多亿元，业绩奇迹般地扭亏为盈。

根据中国煤炭经济研究会秘书长牛克洪针对煤炭产能过剩的分析文章，2002年以来，全国有16个行业跨行进军煤炭领域，投资兴办煤矿。其中，仅五大电力集团和华润集团这六家非煤企业集团，2009年产煤1.28亿吨，2010年达到3.2亿吨，2015年产能预期可达到7.1亿吨。

2012年一季度，三大产煤省区山西、内蒙古、陕西的煤炭产能就分别增长18.5%、20.1%和10.3%。

根据行业资料，我国在“十五”期间（2001~2005年）煤炭采选业累计完成固定资产投资2253亿元，平均每年投资450.6亿元；而“十一五”期间（2006~2010年）煤炭采选业累计固定资产投资总额达到了1.25万亿元，平均每年投资2497.94亿元，其中2010年煤炭采选业固定资产投资额高达3770亿元。

“十一五”时期的煤炭投资额是“十五”的5.54倍，相当于1950~2000年国家煤炭投资总和的2.8倍。而在煤炭即将进入漫漫熊市前的2011年，还有约4700亿元的投资进入了煤炭业，同比增长幅度高达16%。

“自2001年以来，在市场利好形势的刺激与国家政策导向下，煤炭企业强控煤炭资源，快速扩张建新矿、建大矿；多行业涉足煤炭产业，促使对煤炭采选业的投资持续升高；电力企业凭借强大经济实力、产业关联优势和国家政策的支持，大举进入煤炭行业，强占资源开发，建设新煤矿；民营企业凭借灵活的机制也积极介入煤炭产业开发煤矿等。”牛克洪在其2012年发表的文章中如此总结我国煤炭产业的疯狂扩张景象。

然而，各路神仙对煤炭的倾力投资也就造成了行业产能的急遽扩大并最终形成了产能过剩。根据牛克洪的观点，“2006～2011年，煤炭采选业固定资产累计投资超过1.6万亿元，加上建井技术、开采技术及装备水平的革新与提升，增加产能约20亿吨，其中仅在‘十二五’期间（2011～2015年）就要释放15亿吨”。而另一份行业报告认为“十二五”期间的煤炭净增产能将达到16亿吨。

趋利的资本力量在近年来对煤炭领域的大规模固定资产投资形成了巨大的产能储备，各主要产煤省区经资源整合与技术改造的矿井也陆续进入投产期，产能同样大幅增加。所以，整个国内煤炭市场就出现了明显的产能过剩，煤价自然难以经得起风吹草动的打击。

目前，煤炭行业的亏损面已经超过了80%。而2013年上半年时的亏损面尚为1/3。在2014年4月11日刚落幕的第十二届中国国际煤炭大会上，来自中外各地的诸多参会企业代表都承认中国和全球市场均面临着煤炭生产过剩的严峻压力，而我国作为全球第一煤炭消费大国，今后的市场竞争会尤其激烈。

中煤能源集团高管宫清超表示，由于缺少有效的退出机制，国内的煤炭产能过剩正加快向产量过剩转变，去产能是长期且艰难的。而在山西同煤集团董事长看来，未来煤炭市场的竞争将是场考验企业生存能力的持久战。

美国Xcoal Energy & Resources公司的副总裁马特·瑞思在大会发言时表示，他们花了很多时间关注中国市场，未来会继续深入开发这个市场，希望能够给亚洲用户提供性价比较高的煤炭产品。

普氏能源资讯的与会代表认为，中国国内的煤炭价格是否会继续下跌将取决于大型煤炭企业的市场策略，然而无论大型煤炭企业是否会采取降价措施，市场低迷都会长时间存在。

事实上，煤炭行业的前景恐怕真的相当不乐观，而不止是低迷，尤其是国内的煤企须对企业生存做好足够的心理准备。

煤炭本就属于“过时的能源原料”，在发达国家的应用范围已经比较有限了。而美国崛起的页岩油气革命又有改变世界能源格局的势头，油价长期看都难以抬头而不得不走低，何况是更陈旧的煤炭？

其他的新能源同样会逐渐压制全球煤炭产业的存在空间。包括水能、风能、太阳能、生物质能、地热能、海洋能以及核能、氢能、可燃冰等的新能源的开发利用技术正在全球范围不断探索和拓展，就是我们中国也选择了以太阳能、风能和核能为突破口来积极发展新能源，取代采选时污染水体与土壤、燃烧时污染大气的煤炭。尤其是近些年来，风电的产能在我国正以几何级数在持续增长，预计到2015年我国的风电装机容量可达到1亿千瓦，占到电力装机总容量的7%左右，2020年时大致要提高到9%～10%的水平。太阳能按照我国能源发展规划虽然在进展速度上不及风电，但2015年实现的太阳能发电装机容量也将达到200万千瓦，2020年的目标是2000万千瓦，同样也是政府支持的重点。按照牛克洪的测算，2020年中国新能源发电装机容量至少为2.9亿千瓦，这种新能源发电规模折算下来约为7亿吨煤炭的发电量。

蒙古是目前世界上屈指可数的煤炭生产大国，该国目前已经启动的铁路基础实施网络建设同样在长远对国内煤价构成沉重压力，因为蒙古煤炭的综合成本低于国内大多数煤企，而且还是以我国企业为主要供应对象。根据蒙古国财政部长乌兰的说法，目前阶段蒙古100%的煤炭、90%的铁矿石和70%的铜出口都是面向中国的。该国能源部门计划，在未来20年内向中国出口煤炭10亿吨，平均每年出口可达5000万吨。

更大的威胁来自国内资源税的调整。我国现行税政体系的一个很不合理的弊端就是资源税不充分，国内煤炭企业基本是以极低的成本占有属于全体国民的煤炭资源，很多国企甚至是无偿占有的。一国的自然矿产资源属于全体国民所有，开矿、选矿者必须向资源主人支付足够的对价而不是自己独享相关利益，这是全世界任何一个正常国家的通行法则。实际上，由于采矿业存在污染环境和潜在地质危害的特点，发达国家一般都征收较高的资源税以限制本土采矿业的发展，鼓励相关企业到饥不择食的海外落后国家去采矿，鼓励本国消费进口初级矿产品，而将本国的地下资源作为战略储备留给子孙，让后人以更安全、环保和经济的方式去开发利用。像我国这些年来那样对本土资源进行掠夺式的野蛮经营，在正常国家是非常罕见的。所以，下一步国家进行财税改革，势必要提高资源税的水平，尽管目前包括煤炭业在内的国内矿产企业希望政府放过一马，但以增收资源税会拖垮整个煤炭产业为借口是于情于理都说不过去的。相反，农业、制造业和商业才是真正需要降低税负水平以鼓励发展和激活潜能的。

所以，煤炭产业实属真正的夕阳产业，且不论国内相关领域肮脏、落后的一面。目前，大小煤企面临的困境系由宏观经济疲软、外部竞争冲击、自身产能过剩和新能源挤占四大因素交合作用造成，它们是败于市场规律，属于不可救药或者说是救无可救。

可以预见的是，随着煤价的持续低迷甚至进一步下跌，那些成本和销售无优势的企业将逐渐退出，煤价每下一个台阶就会“死掉”一批煤企，直到达成新的市场供求平衡。像行业巨头中国神华之类的大型煤炭集团还能够应付市场萎靡的疲态，技术、成本和销售处于劣势的中小煤企大多数前途惨淡。

对于这些前景渺茫的待倒闭企业，真正的出路在于另谋生路，事实上也只有没出息的土豪们才只会趴在简单开采资源上不思进取。部分在管理上还有潜力可挖的企业或许能通过强化成本控制来继续保持存在，但第一产业的基本特点是靠天吃饭，就不同煤炭企业而言是各自的地域、地质条件、储量、劳动生产率和运输条件是否支持其有效与人竞争，这点千万要看清楚，以免耽搁了自己的“钱程”！

钢铁是怎样炼不成的

煤炭业因产能过剩而气若游丝，因污染环境而被压抑，中国钢铁业也患了同样的病症而伊人憔悴。

2014 年 4 月末，中国钢铁工业协会发布了一季度的行业数据。根据中钢协的信息，一季度全行业处于严重亏损状态，累计亏损面 45.45%，同比增加 14.77 个百分点，是进入 21 世纪以来最困难的一季度。

一季度累计产粗钢 2.03 亿吨，同比增长 2.37%，增幅比上一年回落 6.73 个百分点，平均日产粗钢 225.22 万吨，相当于年产 8.22 亿吨的水平。产量占到当期世界总产量的 49.97%，同比下降 0.03%。3 月末 CSPI（国内钢材综合价格指数）为 94.83，在去年同比下降 11.66% 的基础上，又同比下跌 11.28%；环比则下降 1.69%，连续第七个月下跌。

3 月末中钢协会员的钢材库存约 1542 万吨，较之年初上升 32.3%，较之去年同期增长 12.5%。

因为前期的投资正在源源不断转化为产能，预计全年的粗钢产量仍会保持大约 2% ~3% 的增长。

针对亏损严重的惨况，中钢协解释原因在于一季度国民经济增速放缓，钢材消费淡季，钢材市场供大于求造成钢材价格持续下滑。因为在库存大幅上升的背景下，未来产能还在增加，故而判断钢材价格还将持续下跌，供大于求形势严峻。

中钢协副会长兼秘书长张长富在新闻发布会上专门指出："现在的困难绝对不是暂时性的，而是阶段性的，没有三五年或者更长时间，（钢铁业）结构都调不好的。"

会后，中钢协副秘书长屈秀丽表示，钢铁企业遭遇最困难的时期，主要原因在于国家经济增速下滑导致失去了高增长的大环境，从企业经营方面看是今年出现了资金问题。

中钢协的分析着意强调，由于银行加大对产能过剩行业的贷款控制，使得钢铁企业普遍面临资金紧张、融资成本走高的问题。

针对当前钢铁行业的萎靡景况，卓创资讯钢铁分析师刘新伟认为，一季度整个钢铁企业利润下降，可能一个很重要的原因就是铁矿石价格高点刚好遇到了钢材价格的低点。他还表示，随着国际铁矿石和焦炭的价格下行，未来国内钢企的利润情况或将有好转。

更多的分析师对中国钢铁业的未来形势普遍持悲观预期，认为产能过剩、产业集中度低、国外铁矿石供应商处于垄断地位等不利因素使得钢铁企业难以摆脱经营困境。

在我们看来，国内钢企确实要为若干年的苦日子早作准备。

第一，国家严控债务增长，未来又将实现利率市场化，必然导致今后的银行贷款收紧，融资成本上行。实际上，一季度钢铁行业的全行业财务费用同比增长 22.17%（2013 年时则是下降 2.99%），原因就应该是受市场利率中枢上行的影响。而且，之前的钢贸融资情形混乱，导致银行和影子银行体系都对钢企的融资活动产生了警惕，所以很多钢企的资金链紧张问题难免更加恶化。

第二，中国 2005 年以来过度发展的房地产业眼看行将熄火，下一步深化改革的转变政府职能又使得多年来盛行的政府投资将逐渐成为过去式，在此背景下建筑用钢材的市场在较长时期不但难以回升，还将继续萎缩。作为产品结构有限、同质化竞争激烈的国内钢企失去了上述两大倚重度最大的非理性市场需求后，今后的供大于求情形更趋严重，这对相关企业意味着什么是不言自明的。

第三，中央政府加大节能减排与环境污染治理的力度，也将对中国钢企这一污染大户形成沉重压力。钢厂的环保成本在逐渐完善的监管下将被迫抬升，进一步压低盈利。

第四，一季度的数据显示，我国共出口钢材 1833 万吨，同比增加 390 万吨，增幅高达 27.0%。然而，目前犹在高位运行的我国钢材出口未来势必将面临更多的贸易摩擦，中美小国危地马拉正在组织的调查中国钢材倾销案就是个例子（调查对象包括钢卷、钢条等一系列钢铁镀锌产品），尤其是美欧等国设计的国际贸易新规则对国有企业设置了专门的限制，今后世界各国必循此原则为基准，而我国相当比例的钢企都属于国企性质，所以难免被动陷入纠纷。从长远看，想要继续长期维持高增长态势是非常困难的。

唯一在未来可以帮助到国内钢企的，是国际铁矿石市场因中国经济收缩影响而转入熊市，包括焦炭的价格也同步逐渐下跌，可以降低冶炼成本。另外就是一批体质不佳的钢企被市场逐渐淘汰后，为剩余下来的兄弟们腾出了部分生存空间。

实际上，中国钢铁产业的危机早在2012年时就已经爆发了。这一年，全国钢铁行业虽然有16亿元的账面利润，但如果扣除投资收益和少提折旧等，至少有百亿以上的亏损。

钢铁上市公司年报显示，2012年亏损超过30亿元的钢铁企业就有ST鞍钢、华菱钢铁、马钢股份和安阳钢铁等几家大户，其中的鞍钢股份和韶钢松山更是因为连续两年亏损而被迫戴帽。全年累计亏损企业23户，同比增加15户，亏损面达28.75%，亏损企业亏损额289.24亿元，同比增长7.39倍。

当年的80家重点大中型钢企累计实现利润15.8亿元，同比下降98.2%，销售利润率仅为接近于零的0.04%。原工信部部长李毅中看到几乎占世界一半产量的中国钢铁业的销售利润情况后，感慨“看了以后简直要掉泪”。

经营情况如此惨淡的原因何在？根本问题还是产能过剩！

根据冶金工业规划研究院院长李新创的数据，截至2012年底，中国已建成粗钢产能约9.7亿吨，另有在建项目产能约2200万吨。有关专家认为，钢铁过剩产能总体来看高达2亿多吨。

2013年一季度，中钢协的数据显示，全行业3月份亏损面已经达到35%。86家大中型钢铁企业中虽然有56户盈利，但利润总额仅为区区约25亿元而已，收入利润率为0.9%。要知道，86户钢企的期末总资产为43092亿元，这点微不足道的利润只能表明大家都在盈亏临界点上危险挣扎。上市钢企的情形略微好一点，34家上市钢企净利润合计22.6亿元，较2012年同期的亏损19.5亿元算是有了较大改观，但仍有7家亏损，占比达21%。而当时86家重点钢企的负债已经高达3万亿元，总资产负债率接近70%，从财物安全角度考核已进入高风险区域。从具体的资产负债结构来分析，短期借款增加，说明钢厂资金捉襟见肘；应收账款剧增，显示市场行情不好且坏账风险凸现；管理、财务和销售三项费用大幅上升，代表经营状况恶化，成本上扬；各项财务数据无不表明我国钢铁行业的总体运营情势岌岌可危。

2013年是我国政府换届之年，国内钢企包括其他很多习惯了依赖政府大规模投资基础设施以讨生活的人们还以为能像从前那样每逢换届必基建扩张，指望着新一届政府再来个类似“2008年4万亿”那样的“救市政策”好继续高速增长，然而大规模刺激经济的政策没有盼来，钢企却在7月迎来了中央削减化解过剩产能的兜头冷水。新的中央决策层很清楚通货膨胀、债务风险、过剩产能这些“经济反物质”的破坏性，面对各种狂躁的喧嚣不为所动，通过整顿银行体系和限制产能来慢慢调理迷狂的中国经济。包括国家发改委在2012年四季度突击批复的7万亿地方投资项目，也多数因2013年银行在信贷上的慎重态度而无法落地，原本以为能吃上这口热饭的各家钢企是看得到眼里却吃不进嘴中。

事实上，2013年的流动性表面上看也并未完全收紧，全国广义货币M2全年增长了约13.6%，超过了年初设定的全年增长13%的目标；当年的新增社会融资规模也创出了历史新高。然而，钢铁企业却没能等来预期中的政府投资和房地产开发项目的开工上马，因为这个时候中毒的中国经济已经毒性发作了，很多人马近两年都是在玩借新债还旧债的庞氏借贷游戏，包括地方政府融资平台借托的项目，大量的资金根本就没有真正投入到实体经济里面去！失算了的钢铁企业自己也是有苦说不出！

归根到底，陷入困境的中国钢铁行业还是栽倒在了产能过剩上面，而产能过剩的原因还是在于大家作茧自缚。

我们回头来历数中国钢铁业的成长历程，可以很清楚地看明白钢铁过剩产能是如何来的。下面我们以粗钢生产情况为代表，由统计数据表来看看自1999~2013年这15年间我国钢铁行业的迅猛发展情况（见表7-1）。

表7-1　　1999年到2013年我国钢铁行业的发展情况

年　份	粗钢产量（万吨）	产能增量（万吨）	年增长率（%）
1999	12426	867	7.5
2000	12850	424	3.4
2001	15163	2313	18.0
2002	18237	3074	20.3

续表

年　份	粗钢产量（万吨）	产能增量（万吨）	年增长率（%）
2003	22234	3997	21.9
2004	28291	6057	27.2
2005	35310	7019	24.8
2006	42266	6956	19.7
2007	48966	6700	15.9
2008	50091	1125	2.3
2009	56800	6709	13.4
2010	62665	5865	10.3
2011	68327	5662	9.0
2012	71654	3327	4.8
2013	77904	6250	8.7

大家可以看到，进入21世纪以来，中国钢铁业始终在以近乎马不停蹄的速度连年高速扩张，包括其他有色金属以及水泥、玻璃等建材行业也基本上是以类似的热度在积极扩张，因为这一时期不仅有固定资产投资和基础设施扩容升级产生的巨大需求，还有房地产大跃进派发的额外景气红利。

2003年时，房地产业才被中央政府圈定为支柱产业而全面升温，次年我国的钢铁产量就以27.2%的增幅创下历史最高纪录，同时带动当年世界钢产量首次突破了10亿吨。只有在2008年金融风暴来袭的当年，钢铁行业的前进步伐被严峻的形势“拖了后腿”，而2009年在“4万亿”刺激下，又以近5年来最强劲的音调高歌猛进了。

2008年，我国粗钢产量刚好突破5亿吨，相当于日本的4倍、美国的5倍、德国的11倍，当然品类和质量不能与三强国相比；而1980年时，我国的粗钢产量仅为3712万吨，分别相当于日本的1/3、美国的1/3略强。

截至2012年，中国的粗钢产量已经达到7.16亿吨，生产了全球半数的钢材，仅河北一省的钢产量就达到了1.64亿吨，与当年欧盟27国的产量总和相当，比全球钢产量第二的日本只少5000万吨，是美国钢产量的1.8倍，印度的2.1倍，俄罗斯的2.33倍，德国的3.85倍。这一年，我国有4个省区的钢铁产量超过德国，有 14 个省区的钢产量超过法国，19 个省区的钢产量超过英国，论数量不计质量是名副其实的全球巨无霸（见图 7－7）。

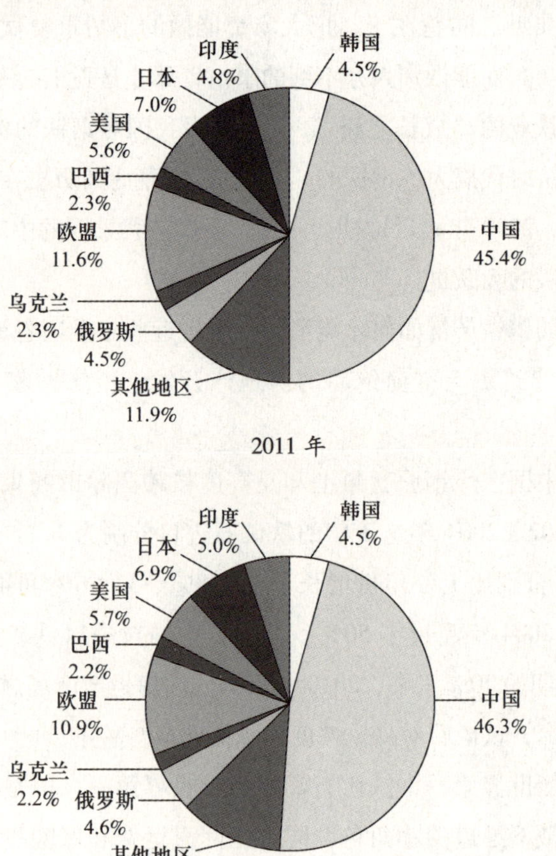

图 7－7　中国钢铁产量占世界钢铁产量比重示意图

改革开放 30 年，我国钢铁工业成长了 20 倍有余，而日本和美国的产能依然与 1980 年基本持平，不过欧、美、日三家钢铁产品的种类与质量却比 30 年前有极大进步。而中国钢铁业虽然体量增长惊人，质量却进步有限，产品结构以低端的建筑钢材为主，高端民用钢材、军用钢材及特种钢材与国外钢铁同行根本不敢相比！钢铁号称是现代工业的粮食，然而中国的“工业粮食”却至今单一又乏味，种庄稼的农民们只会常年耕种粗口味的高粱大豆，而不是像发达国家的现代农业公司那样小麦、大米以及各种经济作物品类齐全。

低水平重复建设，冒进贪大却做不强、做不精，中国钢铁业可谓国内产业粗放式发展的典型。问题在于，把大家都能做的事情重复做一千遍，最多也就是个熟能生巧；而能做别人办不到的事情，那才是真正的大器之才！

纵观中国钢铁业的“成长之路”，真让人为我国对钢铁的痴迷哭笑不得！毛泽东在计划经济时代搞大炼钢铁的“大跃进”，荒唐的历史在国外被写入教科书来警示世人；2000 年之后，社会主义市场经济背景下的中国钢铁业腾飞，又何尝不是升级版的大跃进！

中国如此大的钢铁产量如何才能消化？看看近些年全国各地的在建工地，尤其是号称世界建筑史上空前绝后的房地产开发，相信大家自能得出正确答案！

悲哀的是，中国在炼钢原材料上却是高度依赖国际市场供应的。以铁矿石为例，我国 2002～2004 年这 3 年的铁矿石进口分别为 1.11 亿吨、1.48 亿吨和 2.08 亿吨，分别比上一年份增长了 20.28%、32.86% 和 40.45%，铁矿石对外依赖度在 2004 年超过了 50%。其后，中国对进口铁矿石的依赖度在 2009 年达到巅峰期的 70% 水平，2010 年后因国内房地产市场虚火下降而引发钢材消费市场萎靡，铁矿石对外依赖度才降低到 60% 左右。

中国钢铁产能世界第一，铁矿石消耗也是世界第一，但是在铁矿石的国际定价权上却是微不足道的小角色，同时国际海运费和保险费也不是中国人能说上话的。国内的钢铁企业为了在眼看着热腾起来的房地产大跃进和基建投资进军中大捞一把，好不容易把摊子铺开、锅灶支好，却在等米下锅的时候被国际铁矿石贸易巨头们强行按住头、掐住脖子，要求必须涨价，还得年年涨价，这就是大家都知道的铁矿石涨价风波，是中国人在国际市场上买啥都涨价、卖啥就不值钱的一个经典样本。巴西淡水河谷、澳大利亚必和必拓和英国力拓这三家矿业巨头确实是不仗义，凭借其占据的 80% 世界铁矿石交易份额可劲地在合同谈判中欺负中国人，但我国钢铁企业没本钱和人叫板，否则原先扩建改建投下的巨资就全泡汤了，于是皱着眉头、捏着鼻子，也不得不吞服下年年涨价的进口铁矿石这副苦药，这样它们生产出的产品价格当然也难低下来，毕竟做企业的不想当雷锋同志！

这么些年来，由于政府的支持和银行的帮助，钢铁企业得以成功大幅扩张，但也种下了过剩产能的隐患。当今天整个中国债台高筑而不得不偿还积债的时候，政府无力继续提供援助，银行为降低风险而限制贷款，钢铁业的烂摊子就逐步显现给国人了。然而，这次不会再有四万亿了，今后也不会再有了！党的十八届三中全会确定了深化改革的全面目标，其中一个要点就是转变政府职能，摆正政府与社会和市场的关系，不再对微观经济事务进行干预。中国钢铁业的产能过剩与经营困境，可以说是从前的投资甚至是投机失败的结果，失败的投资总是要由市场来清算的。长痛不如短痛，晚痛不如早痛，自己犯下的错误要自己疗伤，中国钢铁的出路在于真正按照市场经济的规则去经营，依赖政府和银行救援只是耽搁病情，把危机往后推，而且不良后果可能愈发严重。

收不住脚的地方债

在美国纽约曼哈顿的街头，行人能在 1133 大道的德斯特大楼外墙上看到一个醒目的大型数字计数器，上面实时更新着美国的公共债务总额数据，并折算成每个美国家庭平均承担的数额。这就是著名的美国国债钟（National Debt Clock）。

国债钟最初安装于 1989 年，由纽约房地产商西摩尔·德斯特赞助，西摩尔 1995 年过世后，其子道格拉斯·德斯特至今仍维持着国债钟的运转。

美国人用这种公开透明的方式警示政府和国民，以免坠入无可挽回的债务陷阱而追悔莫及。

2013 年 10 月 1 日，全世界都在传播着一则要闻，美国联邦政府的非核心部门暂时关门了，相关人员临时回家“待业”。

美国政府关门（US Government Shutdown）是因为白宫提出的追加国债上限的预算案当时因两党权斗而未得到国会的一致批准，执政的民主党占上风的参议院与在野党势力把持的众议院围绕政府预算与奥巴马医改案的争执互不相让。掌握预算拨款大权的国会不通过相关预算案，就意味着财政部不能借来钱，联邦政府要经办的公共事业和承担的雇员薪酬就通通受到制约，于是只能临时歇业。

实际上，美国政府纵然手里有钱，也不允许随便想怎么用就怎么用！包括我们都可以随便进入美国政府的官网，调出每个财年的政府预算和决算报告，上面的每一项开支总额都列得清清楚楚，包括一些公众关注的细目。

为什么美国政府要把自己搞得这么难受？为什么美国民众不赋予国家行政机关自由借钱和花钱的权力？包括其他的西方国家也都是如此行事。原因很简单，因为西方社会普遍信仰这样的公共财政原则：

> The budget should be balanced; the treasury should be refilled; public debt should be reduced; and the arrogance of public officials should be controlled.
>
> ——Cicero

上面这段话的中文意思是：“预算要平衡；国库要充盈；国债要减少；公务员的倨傲自大要收敛。”这是古罗马先贤马库斯·图留斯·西塞罗留下的至理名言！

现代西方国家要求公共开支必须透明、节制，而我们中国政府在花钱上的做法多年来却是让人雾里看花，尤其是时下引起世人广泛关注的地方政府债，可以说是神秘到吊诡，以致频繁引起各种猜测！

早在2010年时，中国地方债问题就成为国内财经界关注的焦点，专业人士对地方债的评价褒贬不一，对地方债总额也是纯粹猜测，从6万亿元到14万亿元，各种算法和说法都有。

由于担心地方债的负面作用，审计署于2010年出面摸底盘查全国各地的地方债，迄今为止，已经完成三次大规模的摸底行动。

2011年6月，审计署首度公布了地方债账单，官方评估的地方债总规模截至2010年底为10.7万亿元。这次摸底审计的对象包括31个省、自治区、直辖市和5个计划单列市本级及所属392个市本级、2779个县级政府的全部政府性债务情况，涉及2.55万个政府部门和机构、6576家融资平台公司和

5.4 万个其他单位，共审计了 37.38 万个项目和 187.36 万笔债务，审核基本原则为“见账、见人、见物、逐项”。可谓兴师动众，全面盘查！

2013 年 6 月，审计署公布了第二次抽查审计结果《36 个地方政府本级政府性债务审计结果公告》。这份报告的数据显示，截至 2012 年末，被审计的 36 个地方政府本级政府性债务余额为 38475.81 亿元，（政府负有偿还责任的债务 18437.10 亿元、政府负有担保责任的债务 9079.02 亿元、其他相关债务 10959.69 亿元。）比 2010 年增加 4409.81 亿元，债务增长率为 12.94%。有 16 个地区的债务率超过 100%，占到审计总样本量的 44.44%，债务率最高达 219%。通过这次审计，有 817 亿元的违规债务担保问题浮出水面。

2013 年 12 月底，审计署公布了全国公共债务审计报告。截至 2013 年 6 月底，全国各级政府负有偿还责任的债务总额为 206988.65 亿元；负有担保责任的债务为 29256.49 亿元；可能承担一定救助责任的债务为 66504.56 亿元；总计 30.27 万亿元。地方政府负有偿还责任的债务规模为 108859.17 亿元，中央政府负有偿还责任的债务规模为 98129.48 亿元。与 2012 年底相比，全国政府负有偿还责任的债务上升幅度为 8.57%，其中地方债部分增长 13.06%，中央债升幅为 3.98%。中国各级政府的债务负担水平为 113.41%。

这份公告还附列了 6 个数据表以说明情况，其中 5 个都聚焦于地方债，我们在此抄录两份附表来感受下地方债的情形（见表 7－2、表 7－3）。

表 7－2　2013 年 6 月底地方各级政府性债务规模情况　单位：亿元

政府层级	政府负有偿还责任的债务	政府或有债务	
		政府负有担保责任的债务	政府可能承担一定救助责任的债务
省级	17780.84	15627.58	18531.33
市级	48434.61	7424.13	17043.70
县级	39573.60	3488.04	7357.54
乡镇	3070.12	116.02	461.15
合计	108859.17	26655.77	43393.72

表7－3　2013年6月底地方政府性债务余额举债主体情况　单位：亿元

举债主体类别	政府负有偿还责任的债务	政府或有债务	
		政府负有担保责任的债务	政府可能承担一定救助责任的债务
融资平台公司	40755.54	8832.51	20116.37
政府部门和机构	30913.38	9684.20	0
经费补助事业单位	17761.87	1031.71	5157.10
国有独资或控股公司	11562.54	5754.14	14039.26
自收自支事业单位	3462.91	377.92	2184.63
其他单位	3162.64	831.42	0
公用事业单位	1240.29	143.87	1896.36
合计	108859.17	26655.77	43393.72

审计署相关报表的财务内涵是很值得研究分析的，其中信息可以折射出当前中国经济某些领域的纷繁乱象，不过这些不属于本书的主题。

关键的问题在于，中国政府债务的规模到底有多大、债务是否合理、风险状况如何以及如何偿还债务这些要害问题，审计署的报告反映得并不充分。

以IMF的观点为例，国际货币基金组织在2014年初发表的相关报告中就警示中国财政风险，IMF指出中国的财政状况比官方数据显示的更糟糕。他们估测的中国财政债务（主要是地方债）在2012年时已经相当于GDP的45%，是年我国官方公布的GDP为51.9万亿元，折算下来的公共债务规模为23.35万亿人民币。IMF官员还特意提醒，财政债务升高表明地方政府财政面临根本性挑战，由此引起诸多附加风险，值得关注的是如何减少地方政府对卖地还债的依赖性。

国内参与全国地方债彻查的专家也指出了审计署的清查方式放过了某些死角，或者说根本查不到有些地方政府巧妙转移或藏着掖着的隐性债务。

相关调研显示，除了与地方政府直接关联的地方政府融资平台（LGFV），各地都存在很多不规范或绕圈子走的LGFV机构，尤其是地市级及以下级别的政府。一般的手法是由地方政府的国有资产投资基金公司下设子孙级公司，经过多番变化递延后衍生出更多的N代后的次级LGFV。地方政府直接把土地或其他经济资源拨到这样的企业里，由相关企业出面和银行合作发行理财产品或者信托产品，而融到的资金又转给了地方政府来用。这样的运作方式就绕开了审计署的监督，因为按照现有审计办法是不用上报的。

这些隐蔽的地方债更为危险。因为相关企业是按照《公司法》成立运作的，可以按照《公司法》宣布破产，如此在必要时就撇清了地方政府融资的责任。

实际上，审计署公布的报告同样显示了盘查的局限性。比如2012年36个地方政府的债务审计报告就显示，从债务资金来源看，银行贷款和发行债券分别占到2012年底地方债余额的78.07%和12.06%，大量通过LGFV进行的融资活动规模明显被低估了。

这么多人关注中国政府的债务负担情况，其实主要都是担心政府相关债务的违约风险，因为在现代金融体系下债务违约会造成一系列的连锁反应，政府还不起钱或赖账会影响到整个中国经济。

在西方国家，政府举债主要是维持公共事业开支和支付本身运营费用，我国政府比他们多了项主要开支，就是多年来所谓的公共基础设施建设。

在经济生活中，经济单位借用财务杠杆是非常正常的（注意，政府可不属于经济单位，所以在各国都不会直接从事任何微观经济活动）。然而，借债者举债通常是出于三种经典情形：一是为了事业的发展，一般是企业扩张；二是短期维持经营必须的资金流，属于应付一般的头寸紧张；三是借钱为了还债，说明财务状况非常糟糕，往往是因为长期财务指标恶化导致的庞氏借贷。

而大家担心的就是地方政府的偿债能力风险，而且有很多迹象显示部分地方债项目已经进入庞氏借贷阶段。

审计署的相关报告表明除了很多地方政府债台高筑外，有相当一批地方政府已经资不抵债。

同时，更突出的问题是地方债的发展速度过快，且没有停止的迹象。地方政府融资的核心抵押工具是土地，还债也主要靠卖地收入，然而卖地财政长期看是根本不可持续的，照现在这样卖下去也会造成严重的社会问题，只是问题的爆发时间、地点和危害性还有很多不确定性而已。按照专业审计人士的看法，中国当前的地方债已经失控！好在，新一届中央决策层已经充分认识到了地方债的潜在风险（见图 7－8）。

融资平台的贷款包含于地方政府债务，并占近50%比例。2010年末，融资平台贷款同比增长500%

中国审计界一名高层人士表示，地方政府债务已经失控！

图 7－8　地方债务失控漫话

资料来源：凤凰网。

而且，地方各级政府在资金使用上也存在相当混乱的情况，审计署历年的审查都反映出不少问题，比如 2010 年度地方债涉及的违规资金规模超过 5000 亿元，其中的 351 亿元债务资金被投向资本市场、房地产和“两高一剩”项目（指高能耗、高污染、产能过剩）；2012 年查出有 387 亿元地方债资金被违法挪用。

唐山市曹妃甸开发区的债务问题就属于比较典型的案例，负债率过高，资金使用不规范，暴露出诸多问题。

就目前的中国经济而言，国内外学者普遍认为存在三个危险的导火索对中国的金融安全构成潜在威胁，一是房地产，二是地方债，三是影子银行，三个导火索都可能会出大问题。

我国当下的实体经济情况可以说很不理想，三大迅速泛起而且已经做大的泡沫供奉着一个有病态的实体经济，有所闪失就极可能随之引发局部性或结构性的金融危机，而金融危机的威力我们已经从 2008 年欧美各国的狼狈相中领教到了。

按照官方的统计，截至 2013 年 6 月底，各种地方债总额已经增加到 17.9

万亿元，而2010年时的地方债规模为10.7万亿元，两年半时间暴增了67.28%。

加上我国家庭和企业的负债，2013年中国债务达到了GDP的210%左右，也有些国际机构测算的规模为230%，大大高于欧美爆发金融危机前的社会负债水平。从现代世界经济史的教训来看，信贷过度繁荣之后往往要靠一场经济衰退乃至经济危机来收场，我国债务水平在2008年之后激增，就属于典型的金融指标长期恶化的结果。一季度中国经济明显放缓了，国外经济界目前一个很热的争论话题就围绕着这个时景。这代表着中国经济最终触底？还是中国金融体系正在走向崩溃的征兆？众人的评议是仁者见仁，智者见智。

从我国政府投资的历史来分析，情况同样很不乐观，未来由于政府投资失误而引发金融风险的概率很大。

对中国现代经济史熟悉的人们应该都知道中国政府投资的成绩。在管理相对规范、态度相对谨慎严肃的20世纪80、90年代，我国中央及地方政府从事项目投资的结果是著名的“三三三现象”，即1/3的项目达成良好的预期目标，1/3建成效益还过得去，1/3的项目因失败而投资打了水漂。当年在审批和实施都相当严格的众多项目尚且有三成变成了交学费，2008年4万亿积极刺激政策出台后胡乱上马开工的良莠不齐的地方政府投资项目会是个什么样的情况？我们都不敢猜测相关结果。

中国的情况如此，国外的政府项目同样是普遍建设运营效率远不如私营资本的投资。原因其实也很简单，政府是治理社会的公权机构而并非司职经济事务的单位，它亲自出马来搞经济太不专业了，只有职业化的活动才可能有良好的回报！这也正是中央决定在下一步深化改革过程中政府转型、全面退出微观经济领域活动的根本原因。

所以，才有那么多的国外专业机构和学者替我国经济“杞人忧天”，他们对截至2013年6月的由省、市政府及相关国企进行的规模超过3万亿美元水平的各种投资项目很不看好，多数项目呈现出效率低下的状况是难以避免的。当项目缺乏健康的经济回报时，地方政府拿什么来还钱？即使只出现局部的违约也同样会搅动整个国内金融市场，因为系统的运行机制决定了必然引起连锁反应。

再从微观来看待相关问题：

我国地方债的主要运作手法是通过 LGFV 即地方政府融资平台来融资。LGFV 最早兴起于 1998 ~ 1999 年，由于之前我国法律不支持地方政府发行债券，它们办事又确实缺钱，为保证地方财政平衡，各地的地方政府体系就成立了开发投资公司、城投公司、交通公司等融资平台好与银行打交道。实际上，在更早的 1994 ~ 1997 年，也有类似的机构存在，一般叫做“开发建设领导小组”，但关系上与政府还没脱钩，所以不能视为真正的 LGFV。不过，一直到 2007 年，各地的 LGFV 是数量有限的。然而，2008 年以来，各地的 LGFV 如春风荒草一样全面疯狂壮大起来，背景是上届政府执行的太过宽松的货币政策和鼓励地方政府加速投资的过激财政政策。到了 2010 年年末，全国申报在案的 LGFV 就达到了 1 万家规模，相比 2008 年中时增加了 233%，而融资规模更是增长了将近 500%。地方政府需要 LGFV 出面圈钱，交付给融资平台以充资本金的资产也五花八门、良莠不齐（实际上多用名义拨转形式）。财政资金、划拨土地、国有股权甚至是学校都被用来充数（见图 7 – 9）。

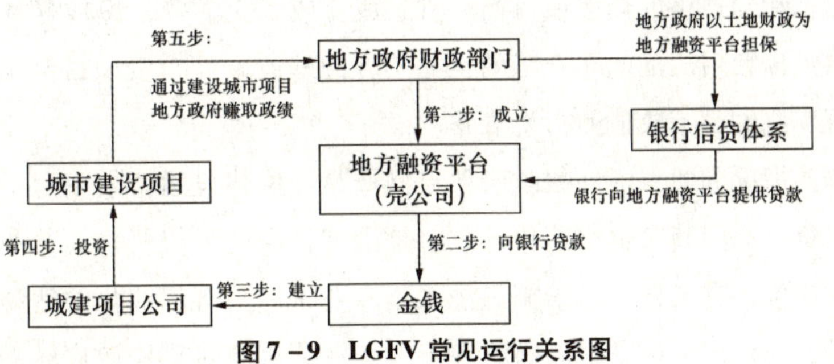

图 7 – 9　LGFV 常见运行关系图

资料来源：凤凰网。

上述庞大的 LGFV，还有其他不规范的 LGFV，论运作历史不过区区数年，论资产质量则形式胜于实有，却在数年间就借下了大约 10 万亿元的债务（审计署报告中反映的很有限，这里取市场人士普遍估测的债务规模），如何又能说服大家对它们的业务完全放心。

再看地方政府承担的利息成本，尽管很多人认为地方政府与国企属于对利率都丧失了敏感的特殊材料铸成的组织。目前的行情是，地方政府五年期 AA 级债券（这是 LGFV 最常见的信用风险评级）的收益率在 2014 年 1 月份达到了创纪录的 8.07% 水平（年化收益率，1 月 20 日录得）。稍后有所回落，但随着国内利率中枢的上行，长期看还是将呈现上升趋势。这还是最正规的地方政府债形式，而变相的地方债以及短期债的利率成本要至少高出去 3 个百分点。这种利息负担水平，连正经做生意的经济单位都需要小心驾驭方可保无风险之虞。

地方政府重点投入的项目主要有两类，一类是本地的基础设施建设，另一类是扶持当地骨干企业“积极扩张”。前一类项目从一般财务管理角度看都属于投资回报需要长期阶段才能体现的情况，这是公共设施建设的基本规律，除非地方政府变着花样用各种行政性收费来补充收益。而下一步改革是将全面清理、限制和取消行政收费的，因为世界上其他国家都无这个规矩，政府的收入只能来自税收和发债。政府支持的企业扩张，就项目而言一般理论上都是能够较短时间就进入回报期的，但是实际的情形是造成了严重的产能过剩矛盾，因为很多地方新上的项目都是针对房地产大跃进和政府大规模投资而配套的，目前需要压产和去产能化的钢铁、冶金、建材就属于 2008 年以来各地骨干企业扩张的重头戏。

还存在一些更危险的因素。在地方债这个大篮子中，有一部分资金实际上是曲径通幽流向了房地产，这里既有 LGFV 直接动用融来资金支持开发商的，也有国企在前两年廉价信贷泛滥时期通过委托贷款方式转贷给开发商们的。后者说白了就是高利贷，很多国企当起了银行信贷资源的二房东，这已经是公开的秘密！现在，房地产市场呈现摇摇欲坠之势，陷入其中的地方债想要轻易脱身，在大家看来可并不是件很容易办到的事情。

2014 年全国地方债就会在下半年迎来一波偿还高峰期，按照国际机构的普遍估测，全年需偿还的地方债大约为 4000 亿美元。而目前明显现金缺乏的中国地方政府将如何来应对还债问题？这是国际社会很感兴趣且密切关注的问题。假如处理不当，不排除人民币和中国主权债的信用都被降级甚至看扁的可能性。

以直辖市天津为例，2014~2017年，天津地方债的偿付额分别为3.57万亿元、2.78万亿元和1.94万亿元①，而天津市政府的官方数据，2012年全年地方财政收入为1760.02亿元，2013年全年的公共财政收入为2078亿元。按照目前的财政收入水平，天津市政府一年到头不吃不喝也需要40年才能还清其欠下的地方债，比房奴还要悲惨！除了债务展期这条变相违约甚至是赖账的途径，目前真没看出还有什么其他好的解决办法！天津市的经济实力在国内是较强的，它的情况都如此不堪，其他地方的偿债能力可想而知，尤其是地市级及县级的政府。

也有不少专司给大家宽心的国内“专家”就地方债这件事表达乐观的见解。

比较典型的一个说法就是：中国的政府债属于内债，不是举的外债。所以，不会发生严重的债务危机，形势不会像20世纪的墨西哥、阿根廷、泰国、俄罗斯或者是目前的印度尼西亚那样在债务风险冲击下狼狈不堪。

是的，中国政府确实是自己向自己借钱，但这也同样存在偿还能力的问题，地方政府偿还能力不足肯定会一样坏菜。远的不比，就说我们的邻居日本，日本至今都是世界第一大债权国，很多人都欠他家的钱，但日本政府的公共债务规模同样在西方国家中最为刺眼。日本在20世纪90年代初泡沫经济破碎后，经济从此失去了战后持续多年的快速增长势头，进入了我国专家送给他们的所谓“失去的20年”缓慢发展阶段，其中很重要的原因就是过度的公共债务与私人债务。

理论上解释起来也非常简单，债务规模庞大到超过安全界限时，每年要支付相当数量的利息，哪怕这个利息还是在国内分配，千万别忘了经济单位都是彼此独立核算的。于是，那些资不抵债的企业就会破产倒闭，它们代表的产能就会短期瘫痪甚至是永久性地失去，等于宏观上这个国家就产生经济损失了；而那些受益于债务利益分配的经济单位能否将个体财富扩大为社会财富也是说不好的事情。经济实力说到底是要以产出能力而非货币符号来代

① 数据取自渤海证券研究所的报告《天津地方债何去何从？——债务周期研究专题报告》。

表的。

还有不少人相信，由于债务违约将引起不良的连锁反应，所以政府会暗中采取措施以不使问题暴露。这些人的经验来自于从前的现象，即政府习惯于将得到自己支持的疲软企业和私营企业区别对待，会允许后者违约而尽量维护前者。

然而，有句话很有哲理性，“人总是死于经验。”新一届政府在驾驭经济与上一任班子存在很大的不同，对待债务控制问题尤其严肃，早在 2013 年的中央经济工作会议上就强调过相关部署，而且很多近期就“流动性不足”的处置和表态都说明中央决策层更注重经济结构性改革而非裱糊粉饰不佳的形势。所以，指望“财政兜底”的人们恐怕最终要失望，就像期盼新 4 万亿以及曾憧憬城镇化 40 万亿拉动经济美梦的人们那样。

还有一些人强调地方政府虽然现金短缺，可是手里有资产，即很值钱的土地，将维系地方债泡沫的希望寄托在居高不下的地价上。

很不幸，这些朋友在未来也可能会眼镜碎一地的。因为未来的地价也有极大概率发生变化。最简单的道理是，土地的价值主要取决于在其上进行经营活动的利润水平。在古代社会，地租的差异完全在于土地的肥沃贫瘠的等次，一年农事的产出决定了地块的身价。当代中国，农用地不值钱，是因为它每年的产出价值有限，这些年来城市土地价格节节蹿升，那是因为房地产的井喷式抽风拉动的，其次是地方政府在卖地时玩弄了些小伎俩以推高地价。目前，房地产已经处于朝不保夕的状态，中央政府的态度是冷处理，换句话就是让它自生自灭随造化。地产界的一些高层人士自己透露，目前在参加土地竞拍时大家都普遍谨慎，只有来路不明的两三家“拍客”像要打架似的不断举牌把价格朝高里拱，明眼人一看都明白是怎么个局，只当是看猴戏而不入彀。所以，持地价可以保证还债观点的这部分人请少安毋躁，继续看两年就知道地价还能不能继续爬高了，毕竟伎俩可以骗得了一时而骗不了一世。相反，楼市继续减温连带地价低迷，倒是发生的概率颇高。

2008 年以来的地方债膨胀在很多地区造成了工业产能过剩和基础设施重复建设的结果，这在摩根士丹利看来属于典型的过度投资恶果。为什么地方政府热衷于举债干这些事情呢？说来答案也不难见。部分地方官员的动机无非出于这些因素，搞大规模投资可以凸显政绩，经办过程中能够借机腐败，可以安插自己的亲信进入经营平台，为自己退休后留条到相关企业做高参高管的退路。

治理危险的地方债，目前可选择的只有两个方案：一是小打小闹、小修小补的债务裱糊，结果是推延危机发作的时间，但金融体系和经济将缓慢流血而死亡；二是实施结构性改革，如此能真正提高金融效率和生产效率，属于短期借债人不舒服但长期利国利民的标本兼治之策。

幸运的是，目前中央在走的是后一条正大之路！

剪不断理还乱——影子信贷

影子信贷和地方债可以说是一对难兄难弟。

所谓影子信贷是指通过影子银行体系发生的资金借贷关系及其对应的债务。而影子银行对应的则是游离于国家金融监管之外的从事借贷活动的各种机构乃至个人，因它们不像银行、保险公司那样业务活动要受到银监会、保监会等国家监管机构的相关约束，故有此称。也就是说，大家在街头经常看到招牌的那些小额贷款公司、担保公司、金融中介公司、投资公司、典当行、金融租赁机构以及活动更隐秘的私募、信托等都属于影子银行体系。它们的活动方式可谓琳琅满目，担保、中介、金融租赁、典当、贸易融资、组合融资、融资咨询、投资咨询等都属于常见的形式，此类投融资活动即属于影子信贷。

国内影子银行机构的主要业务活动说白了就是高利贷，因为它们进行放贷或融入资金的利息都远高于正规金融机构执行的利率，近两年各地普遍的高利贷都在年化利率16%~22%的水平，夸张的可达到30%~60%，最高的还有接近和突破100%的。现实中，很多影子银行机构扮演的是金融掮客的角色，与正规商业银行体系往往存在复杂隐秘的勾连关系；一部分地方债其实就是以影子信贷方式体现的。所以，很多专业人士都认为，中国的影子银行及影子信贷非常复杂，而且目前阶段的能量也太过活跃。

传统银行在我国是政府的政策工具，被全权委托支持政府的投资方案，比如基础建设。而影子银行则填补了私人经济领域当中新借贷需求的很大一块。汇丰银行首席执行官 Stuart Gulliver 在 2014 年 3 月 27 日说，“（中国）影子银行本身是对由监管存款和借贷利率造成的金融压制做出的反应。”

我国影子银行系统的增长非常显著。在 2000 年，80% 的信贷是由传统商业银行提供的，影子银行只占到 20% 左右。而到了 2013 年，传统银行和影子银行的比例大约是各 50%，我国的债务与 GDP 比例也随之快速上升。

前中国人民银行副行长吴晓灵今年 5 月 11 日在首届清华五道口全球金融论坛所做的《中国金融政策报告 2014》（主题报告即为《影子银行与中国金融结构》）中指出，根据中国社会科学院金融所的相关研究，我国影子银行规模目前已经超过了 GDP 的 40%。吴晓灵认为，中国影子银行体系大致分为两类：体系内影子银行和体制外影子银行，前者包括了信托在内的有牌照、监管不足的机构与业务，这是中国影子银行的主体。而中国以商业银行为主导的金融体系的结构性问题是影子银行发展的内在原因。该报告还显示，截至 2013 年末，中国体系内影子银行规模达 51651 亿元，与 2012 年末的 3 万多亿规模相比，增速显著。

《环球邮报》在 5 月 3 日报道说，中国的大部分信贷扩张是由于影子银行的爆炸。中国影子银行体系由信托公司、租赁公司、保险公司和其他类型的非银行金融机构组成。2008 年全球金融危机爆发后，中国影子银行井喷式增长。随着北京启动一个庞大的刺激方案，信贷需求爆炸，达到泡沫的状态。

国际机构最为关注的中国影子信贷活动主要聚焦于信托产品，因为这一领域不仅体量大，也相对容易观察其活动情况，不像规模小而细碎的其他民间私贷那样完全让大家摸不着头脑。

信托是中国影子银行体系的最大组成部分，包括了一系列从券商到路边高利贷的非银行贷款者。截至 2014 年 3 月底，信托资产余额约为 11.7 万亿元，较之 2010 年增加了 3 倍多。不像银行，信托通常会在用于吸引投资者的营销材料中，披露借款人的身份，还有资金将如何运用的一些细节。而且，

2014 年也是国内信托产品集中到期的一年，按照一些大机构的估测差不多有 4200 亿美元的规模需要偿付。所以，信托贷款给关心中国债务问题的国内外各方提供了一个有用的窥视窗口，尤其是老外们对是否会出现信托违约以及违约的规模最为感兴趣，将其视为今年中国金融大考的一个重要环节，包括国内很多市场人士也担心负债累累的公司没有现金来偿还投资者。

目前阶段，国内的信托公司普遍是这样的操作模式：从富有的个人和公司筹得约 1/4 的资金，其余的部分来自银行即所谓的“银信合作”，银行通过向储户销售理财产品来帮助与之合作的信托机构获得资金。而中国信托业的主要业务是代表银行放贷，这些贷款可以不反映在银行的资产负债表上，也就是走表外。然而，这种不透明性令银行系统的信托产品风险敞口规模存在很大的不确定性，不仅牵连到中国债务的质量，更会影响到上市银行的股票估值。

近年来，信托产品实质上构成了我国一个迅速增长的贷款来源，其业务投向主要迎合那些无法或难以从传统银行以及股票市场获得资金的借款人，尤其是其中相当比重的资金都投向了房地产业和煤矿。信托业的繁荣正值我国企业和地方政府债台高筑之际，而目前我国的总体债务水平又明显处于危险领域，所以金融分析师们普遍担忧信托产品这块可能属于大量风险债务隐藏的地方。

国际著名的专业商务金融资讯服务商汤森路透公司（Thomson Reuters）近期的一项分析报告非常清晰地揭示了我国不透明的影子银行体系下信托产品领域的潜在危机。

汤森路透认为，没有什么地方比中国影子银行体系的潜在危机更明显了，这个非银行的融资渠道一直在以惊人的速度向中国经济注入信贷。信托公司向中国储户出售投资产品并利用获得的资金放贷或购买其他类型资产的公司，已经创造了最快的增速。汤森路透在此引用了标普的数据，2013 年中国整体负债水平为 GDP 的 213%，而 2007 年仅为 140%。

按照汤森路透的内部数据，2012 年发行的信托贷款大约略低于半数用于给当前经济活动提供融资支持，比如说新的投资项目或增加现有工厂的产能，而另一半贷款可能已经被用于偿还支持过去项目的旧债。按照国际金融界的普遍认识，后一部分贷款实际上不会再对经济增长作出贡献。

这些数据提供了一个针对焦点问题的可能解释，即为什么中国信贷和经济增长脱节得越来越厉害了。对中国经济增长中所谓的“信贷密度”（credit intensity）不断上升，国内外有很多分析师都表示关切。也就是说，中国经济为了获得相同规模的产出，需要依赖于越来越多的借款。尤其是 2008 年我国推出信贷盛宴驱动的 4 万亿刺激经济计划以后，不断上升的信贷密度正在不断加剧国内金融体系的负债规模。

这些资金大部分流入了基础建设、房地产和新的制造业产能。汤森路透发现，地方政府、房地产开发商和受困于产能过剩的制造业，加起来一共占了 2012 年授予的信托贷款的约 70%。

现在，中国经济虽然不大可能出现核弹爆炸原理一样的连锁式债务违约，亦即雷曼时刻那样的场景，但汤森路透认为有可能发生另一种同样令人忧心的结果——缓慢的衰退式萎缩。这种萎缩通常是大规模借新债还旧债以避免出现大规模违约事件所必须承担的代价。即便通过大规模债务展期来化解直接的违约风险，中国也因为创造了一批长期存在的“僵尸借款人”而可能重蹈日本“失去的二十年”的覆辙，因为相关借款人几乎没有希望重拾盈利，而只能依靠不断注入新信贷来维持生存。这种持续的无奈再融资，虽然通过维持工厂运转和工人继续受雇以及基础建设工地的施工来避免短期的经济痛苦，但从长期来说，这些“僵尸”将不断吸取经济中的活力。

汤森路透总共分析了价值 2340 亿元的中国信托贷款，大约占其估计的 2012 年发行的 3 万亿元信托贷款的 8% 左右。进而指出，在融入资金环节这些信托产品向投资者提供 9% ~12% 的年收益率，大大高于银行出售的理财产品——一般提供 5% ~7% 的年收益率。而在放贷环节，在信托公司收取费用前——通常为信托贷款金额的 1% ~2%，地方政府或企业可能要为一笔一到两年期的贷款支付高达 15% 的利率，几乎是类似银行贷款约 7% 利率的两倍。高企的利率水平使借款者更难降低它们的负债水平，同时播下了未来违约包括展期这种隐性违约的种子。

汤森路透还发现，只有占总价值4%的信托贷款明确表示用于再融资，而37%的信托贷款只使用“运营资本”、“流动资金”和类似笼统的词汇，但专家们表示这些听起来就是用于展期，另有8%的信托贷款根本没有表明资金用途的具体细节。

通过汤森路透的这份报告，明眼人能够看出：因为监管者就银行贷款的诸多限制，同时银行也希望减低风险，所以很多“借新还旧”的贷款活动都绕道信托渠道来实现。但问题是，信托贷款的成本过高，使很多企业在债务黑洞里越陷越深。

对中国而言，这是尤其严重的问题。因为不仅正规银行信贷优先照顾地方政府的投资项目和大中型国企的融资活动，影子银行体系的主力也是为上述群体在服务，而中国的民营中小企业占了GDP产出的60%以上，并雇佣了约75%的新增劳动力，但它们却长期需要为获取信贷支持在挣扎。

2014年一季度只有6940亿元的信托产品到期，就出现了一些很不好的征兆。元月份，信托产品“诚至金开1号”在违约的最后关头被神秘力量救助（实际是某地方政府出手救助），创造了很不好的开局；稍后，吉信松花江77号（山西福裕能源项目收益权集合资金信托计划）无力兑付利息，出现技术性违约；接下来，上海超日太阳能科技公司和徐州中森通浩新型板材有限公司都发生了债券违约，浙江兴润房地产公司则在未能偿还巨额债务后彻底崩溃。二季度将面临更大的到期债务量的挑战，5月份开始将迎来偿付高峰。三季度则最为密集，届时将有1万亿人民币的信托产品到期。

尽管中央明确要求金融系统和地方政府要守住发生系统性和区域性金融风险的底线，相关环节可能或将通过展期、表外转表内等方式来实现多数到期债务的过渡，同时预计地方政府也会动用其一切资源来寻求为其LGFV托底，但市场分析人士还是普遍认为，很多未达标准的类似信托产品都可能在今后兑付期到来时出现违约，在信贷环境收缩时尤其如此，因为大环境难以支持长期拆东墙补西墙式的借新还旧了。

北京一家信托公司的高管为此曾表示，地方政府一直有办法掩盖新贷款用于偿还旧贷款的事实，“当你进行尽职调查，就能发现这个事实，但没人会明确说出来。”但债务链条的紧绷是有极限的，正如我们在前文探讨地方债时已经分析过的情况。特别是债务问题突出的涉房地产债务，如果今年接下来的时间房地产销售量持续低迷，那么相当部分的开发商将面临较大的现金流中断问题，给它们放贷的信托产品也就将沦为被殃及的池鱼。

天津目前的情况很可能是说明信托风险的标准样本，天津滨海新区是国家支持的重点项目，但现在看似已经把天津拉入了债务的无底洞。

从 2009 年开始，天津已经投资了超过 1600 亿元来努力建设一个金融中心，希望它将来成为中国的曼哈顿，相关投资规模几乎是从前三峡工程费用支出的三倍，当然从前的人民币要比现在的币值强大很多。然而目前已有 47 座摩天大楼拔地而起的于家堡金融区，却有可能被证明是中国最大的烂尾项目之一。实际上很多国外金融人士都想不清楚，为什么已经进驻北京的大型金融机构还需要在近在咫尺的天津大规模地开展业务。而根据天津政府的披露显示，在 2012 年初，天津支持基础建设项目的主要 LGFV 当年就要面对 560 亿元的债务清偿，而且至少从 2008 年开始，天津的 LGFV 每年都受困于负的现金流，包括 2011 年现金净流出 280 亿元。

从全国范围来看，截至 2013 年底可统计的影子银行体系资产总规模约为 10.9 万亿元（主要是信托产品），2014 年一季度结束时，信托资产余额上升到了约 11.7 万亿元。相关体系的稳定性毫无疑问将对整个中国金融系统造成潜在冲击。

截至 2013 年底，中国四大行（工商、建设、农业和中国银行）出售的非保本理财产品总值约为 2.8 万亿元，相当于它们出售的此类产品结存总额的 30% 左右。而国内近年来的理财产品主要覆盖对地方政府扶持企业和房地产公司的投资和贷款是行业内的通识，因为银行自己并不愿意将这些含有不确定性风险的“信贷活动”纳入其表内业务，这样可能会导致不良贷款率显著上升。这些银行理财产品因处于监管范围外也属于典型的影子信贷，工行自己的负责人也承认，违约的可能性是存在的。据银监会称，截至 2013 年底，国内银行理财产品的结存总额比 2012 年增长 44%，增至 10.21 万亿元。假如银行任由其代理发行的理财产品违约，那么依赖于这些产品来融资的房地产公司和其他公司就会全面陷入财务困境，这又将牵涉到银行的利益。

面对影子银行体系近些年积聚的债务风险，管理层也非常头痛。

银监会出于主要担忧银行系统被债务风险连带或内部调整引发不利的连锁反应，呼吁下属的商业银行避免一刀切式停贷抽贷，以免造成企业资金链断裂。但迫于形势所逼，也强调严防房地产领域的信贷风险。

央行需要考虑的是整个金融安全，而且认识到了目前在部分行业、领域和地区积累的债务风险，所以在上年度金融稳定报告中称，要允许一些高风险的投资产品有序违约。

中央政府的态度最为关键，从目前的相关措施来看是下决心启动我国的去杠杆化程序了，也就是美国和欧洲前些年已经在做的事情，实践证明人家当初的选择是优于我们的加杠杆操作的。同时，针对影子银行体系的混乱，中央希望通过金融改革引导其中活跃且相对有实力的部分逐渐纳入监管体系，所以就有了放开银行业、允许民资进入的新政策。

去杠杆化会让中国很多企业都感到痛苦，因为太多的企业都习惯了信贷泡沫的环境。但是，中国需要一场创造性的破坏来提高经济效率，而这意味着很多僵尸企业将要破产，这也是为了系统健康必须承受的牺牲。话说回来了，僵尸企业就该入土下葬，包括部分僵尸项目，否则僵尸企业会感染更多的健康者，僵尸型经济组织大规模蔓延，那就成了僵尸经济，而经济僵尸化显然是一种必须避免的高度危险处境。

迷乱的中国投资

投资是与财富增长关系比较密切的一项经济活动，然而我国在投资领域的表现却往往让人哭笑不得，尤其是进入20世纪之后的头10年。

由于计划经济时代经济发展模式的浸毒，我国政府和企业长期喜欢依赖投资方式来拉动经济增长。

在改革开放的前20年，国家投资管理还相对严肃规范，对投资泡沫持有必要的警惕态度，那个年代当全国投资扩张呈现较快态势时，官方媒体经常会提醒社会注意投资过热，中央政府也会适时泼冷水。

然而，进入20世纪后，政府和社会在经济投资领域的表现愈来愈狂躁，以至于不少西方经济学家都觉得中国人是不是患有投资强迫症这种古怪的毛病。

2014年5月，一则关于我国拟大规模投资建设国际高速铁路网的新闻又招致了来自内外舆论的围观和嘲笑。

中铁隧道集团有限公司副总工程师王梦恕在接受京华时报记者专访时，向记者介绍了我国雄心勃勃的国际高铁建设规划，尤其是重点渲染了国内设想与俄、加、美三国合作的“中俄加美高铁”，宣称中国人有望乘高铁去美国。（见图7－10）。

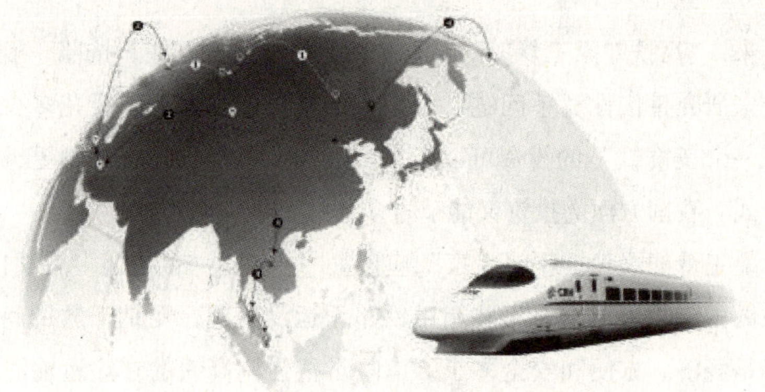

图7－10 中国拟想中的国际高速铁路网

王梦恕介绍，这条铁路将从我国东北出发，经西伯利亚抵达白令海峡，以修建隧道的方式穿过太平洋后抵达美国阿拉斯加，再从阿拉斯加去往加拿大，穿越加拿大最终抵达美国。王梦恕估算这一线路约1.3万公里，如果建成，中国旅客到美国将可以不再必须乘坐飞机，乘坐高铁有望不到两天即可抵达美国，还可以观看沿途多国风光。

大概是披露相关报道内容的“China Daily”也觉得王专家的说法听上去不很靠谱，所以在报道中列出了三条难点，巨额建设费的筹措、跨国运营和技术难题。而国外媒体的评论就更不堪了，高铁技术全球领先的德国人认为这个计划太疯狂，至少在可预见的未来几乎没有实现的可能性；美国著名媒体认为王梦恕院士披露的想法不可思议！

众所周知，远程旅行乘坐飞机要在效率、安全性、舒适性和费用等各项上都优于陆路交通工具，如此条件下会有多少去美国的人考虑国际高铁？尤其是冬季，沿线全是冰天雪地的高纬地区，有可能连车窗上都覆盖了一层厚实的雪层，不知道王院士准备让乘客看什么好风景？又怎么去看？

王专家在出语惊人前最好先认真算笔细账：

修建通往美国的跨国高铁要花多少钱？准备多少年回收投资？潜在的乘客和货运资源如何？平摊到货物和乘客上的收费水平大致怎样？这条高铁是准备一年四季都通车还是只在夏天跑？万一天气寒冷的时候根本没乘客怎么办？

接下来，“高铁专家王梦恕”需要把视野放得更开阔些，按照一般的项目评估范式来研究替代性竞争问题。大家买一张机票飞到美国要花多少钱？建设“东亚—北美高铁”的投资可以买来多少架大飞机？假如是以更经济实惠的租赁方式，我国方面的投资又能节省多少？

实际上王梦恕这种“项目专家”应该去一一考虑的事情还多着呐！比如，针对潜在的国际货运需求，集装箱由铁路派运没问题，要是干散货运输那人家海运可是经济、方便和安全多了。王院士很强调高铁的在途运输时间短暂的优势，可你能快得过人家航空运输吗？1990 年代后，西方国家兴起了商品微缩化、高附加值化的浪潮，空运成本对此类货物而言可以说是微不足道，而且空运更能保障安全，货损程度普遍小于陆运，加拿大和美国都是发达国家，返程的高铁都准备从人家那里往国内运输什么货物？论大宗商品你竞争不过海轮，论高附加值商品又败给了空运，这种高铁货运的市场何在？

还有一个最大的问题，拟建中的泛亚高铁、欧亚高铁和中俄加美高铁都需要花费天文数字般的建设投资，谁来出钱？老外们已经表态了，没钱！按照“China Daily”的说法，即便沿线国家愿意为欧亚高铁提供部分资金，也无法满足资金需求。根据王专家披露的信息，这些跨国高速铁路的建设资金、技术和设备全部都由我方来承担，准备用修建高铁来置换相关国家的资源，比如中亚和欧洲的油、气资源（欧洲应该指的是俄罗斯，因为欧盟国家自己的油气还都需要进口），缅甸的钾矿，以保障我国资源的使用，据说这叫做“用高铁技术置换资源”的合作方式，原先铁道部没被撤销时就曾就相关问题为采访的《南方周末》如此解释：“中国为别国建高铁，有钱拿钱，没钱拿别的东西交换，这是一种公平的贸易方式。”

可惜“铁道部”的相关负责人和王梦恕院士看来对国际贸易都是一窍不通。所谓公平贸易的“高铁技术置换资源”不就是易货贸易（Barter Trade）这种原始、过时的贸易方式嘛！且不论经济上是否可行，试问针对不值钱的农产品和初级矿产品这些散货，对方谁来备货、备货是否充足及时以及怎样装运这些具体环节我们究竟认真考虑过没有？还不说如何作价的问题。而且，缅甸现在政局已经发生了极大的变化，中国的投资近年来一直被排斥，2013 年我国已经从之前缅甸最大的外来投资国地位下滑到了前十名之外，对缅投资进而还不如泰国和越南，更无法与美国和日本相提并论，请问如何保证今后缅甸人的态度就一定会转变？国际上也不乏和暂时缺钱的国家开展经济技术合作与拓展贸易的办法，简单来说主要是提供出口信贷，与我国铁路建设部门想法比较接近的办法叫做卖方信贷（Credit granted by supplier），但出口卖方信贷是有严格而缜密的操作程序的，与我国“高铁专家”设想的路子根本就不是一个层次的事情！

事实上，我国确实应该积极修建铁路，包括高速铁路网。根据我国新调整后的《中长期铁路网规划》，到 2020 年时铁路运营里程计划达到 12.9 万公里，路网密度为 134.38 公里/万平方公里，这与以穷困落后而著名的印度在 1950 年的路网密度相比还落后了一大截（印度当时的水平是 180 公里/万平方公里），尽管印度的铁路属于陈旧过时的古董。所以，中国铁路的欠账很大很多，尽管从前每次宣扬国内建设成就时铁道部总是被吹得功勋显著。我们今后真正当优先建设的是国内的高铁系统，自己家还那么多的地方没有通车，急着跑到外面去逞什么能啊！

有专家可能会跳出来说光顾自己建铁路缺乏战略眼光，还可能列举从前帝国主义时代列强在中国以及殖民地大肆修建铁路的历史来说事。可是大家别忘了那时候的国际环境和今天根本不同！沙俄当年在我国东北修建了全长1481公里的中东铁路干线（又称东清铁路）和987公里的中东铁路支线，日俄战争后得势的日本侵略者又积极改造南满铁路，包括二战胜利后斯大林控制了中长铁路，他们都是为了方便侵略中国、掠夺我国经济资源以及利用铁路控制权对我国政府施加政治压力，试问今天的中国有当年沙俄帝国、日本帝国以及斯大林的实力吗？何况是这种迷梦早已过时！

隧道专家王梦恕以前就早已出名了，这位河南温县籍的老人家之前曾说过2011年温州动车追尾事件或系由驾驶员疲劳驾驶所致，还在“两会”上放言高铁的票价并不贵，俨然一副除了修建隧道还什么都精通的“高铁专家”派头！难怪国内外舆论都认为中国的铁路专家最擅长的就是满嘴跑火车。

中国社会喜欢投资几乎到了口口声声不离投资的地步，官方背景的投资有失章法，民间投资或社会投资也经常像无头苍蝇一样。

2013年国际金价大跌，“中国大妈”却积极挑战华尔街，大肆抢购黄金，动作之大令世界瞩目。根据我国的统计数字，2013年中国的私人黄金需求量创下1132吨的最高纪录，超过印度成为全球最大的金饰消费国，中国连续第七年成为全球最大产金国。一年过去了，现在的结局普遍是“中国大妈”被套，国内中小金矿大面积停产（很多国内小金矿都是在2010年后因国际金价劲爆而趁热投产的），让境外职业金融机构纷纷围观“愚蠢的中国人”！

这些年国人最爱的投资方式是买房炒房。2012年开始，由于移民热兴起和部分先知先觉的人们转战境外房产市场，西方媒体用中国（富）人像网购那样简单地在海外购房来形容国人的狂热和草率。

根据迪拜公布的数据，2012年，中国个人投资者在迪拜购置土地、住宅和办公房产的金额为4.86亿迪拉姆（1美元约合3.67迪拉姆），2013年这一来自中国的投资达到13亿迪拉姆，大约有接近1000名中国买家。迪拜声称中国投资者是当地房地产市场增长最快的买家之一。另据总部设在伦敦的莱坊房地产经纪公司的数据，2013年迪拜针对中国大中型企业的优质商用地产市场涨幅为5%～7%，2014年预测相关房价涨幅约为10%。

英国萨维尔咨询公司的数据显示，2013年中国人在海外房地产项目投入了135亿美元，高于2012年的63亿美元。该机构评论部分中国人海外买房的动机是为自己的资金寻找避风港。

纽约科科伦不动产集团的CEO帕梅拉·利伯曼对媒体说：“单纯从数字上看，在（美国）市场的每一个环节，中国人的消费都超过了俄罗斯人。”

仲量联行（Jones Lang LaSalle）认为，2013年伦敦市中心新建公寓大约6%是被中国大陆买家买走的，2014年一季度，这一数字已上升到接近10%。借力于我国富人们的炒买热情，伦敦2013年房价上涨了12%，英国王储查尔斯王子为此批评说：“伦敦的高房价可能吓跑很多有才干的年轻人。”英国也专门出台了针对空置房进行处罚的法案以限制炒房投机。欧洲央行行长德拉吉也为此就欧元区的房地产泡沫发出了提前警告。

我国企业界的海外投资也让外人“刮目相看”，中国企业近年来最喜好的是在国外收购矿山、农场和土地之类的资源，对非洲的投资热甚至被西方媒体抹黑为“新殖民主义”的风格。

我国目前是全球经济开放度极高的国家，以对外经济交流量来考核绝对是数一数二的外向型经济大国。但是中国迄今为止还是个跛足的外向型经济大国，来华外资以企业形式居多，我们只能出去产品和外汇资本。由于缺乏运营人才，无法购买国外企业来自己经营，而只能做比较简单的活，购买到的资源类企业，还基本上都是别人挑肥拣瘦后丢弃的剩骨头。或者是充当金主，与人合作，由别人来经营自己名下的资产（海外入股企业）。金融业出海是我们的一项战略部署，但一样是只能做最简单的投融资业务，一牵涉风险投资或金融市场投机交易势必大败亏输，因为相关企业和“人才”在国内练就的拳法只能窝里横，出门后无法与高手过招！

为什么中国投资会这么乱？这个问题我们必须反思，从而在未来提高自己的水平，经济大国总是跛足瘸腿可不好看（见图7－11）！

答案说来也并不难于发现：我国社会由于向现代模式转变起步晚，所以残留了很多过时的农业社会鄙俗，目前尚处于后农业社会状态而非一个真正的现代国家。所以，中国的投资基本体现为静态的财富占有思维，有钱就投向土地、矿产、黄金、基础设施等看得见、摸得着的领域，而西方社会的投

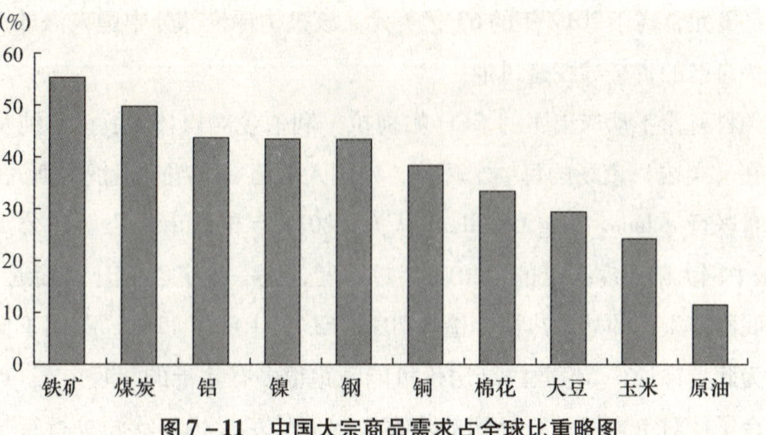

图 7－11　中国大宗商品需求占全球比重略图

资概念更偏向于财富创造范畴，科技与技术才是欧美人喜欢追逐的对象，因为他们秉承的是工商社会人的基本经济逻辑，所以更注重财富获取能力的动态考量。

按照一种比较偏激的说法，中国的头头们基本都是农民出身，喜欢感情用事，脾气也不好，在外被人坑就成了家常便饭。而欧美国家的领导者通常都是精明的商人、律师、学者等背景，干起事情来当然要比东亚农民的能力强了。

事实上我们目前的富裕群体中确实很多人难脱暴发户的底色。一部分人是利用国家在管理上的混乱靠坑蒙拐骗发家的，另一部分人则索性是勾兑权力才快速致富的。根据坊间的统计，有相当比例的中国富翁都是 1980、1990 年代走出土地的前农民，甚至还有不少是从前坐过牢的人，因为放得开反而在中国财富场上如鱼得水。这些财富大佬们最擅长的并非现代企业管理和经营，多数人基本不懂外语，国外的社会规则也理解不来，当然无法成功走出国门！很多国外财经评论都指出，中国的众多企业要到第二代甚至第三代受过良好教育的企业家阶层崛起掌舵时才真正有可能融入现代国际经济贸易体系，目前对外投资的屡屡失败是在所难免的，包括所谓的强大国企。

再有，我们的投资管理制度或者是投资氛围也存在明显的缺陷。中国的富人其实很多人都是靠借银行债维持的，直到 20 世纪末时拥有的财富还很单薄，进入 21 世纪后才由于资产泡沫和贫富差距加速而野鸡变凤凰。所以，相当比例的企业家在投资时不像西方企业家那样精打细算，因为大家不怕，他们觉得出现麻烦了国家会管，好似蹦极有绳子保护一样。这种情形无论是在国内投资还是对外投资领域确实长期存在，同样导致乱象纷呈。真正能够像发达国家企业家那样在海外做事业的，目前来看只有像海尔公司老板张瑞敏那样的屈指可数的人等。堂堂中国目前没有几个叫得响的国际消费品牌，进入全球 500 强的企业大多是大而不强的状态，这种让人尴尬的局面是我们今后必须想办法超越的。

京华雾霾

北京的雾霾在近两年来受到了国内外舆论的密切关注，中国首都因此还有了个新的绰号——“灰京”。包括天津、上海等地的雾霾也让居民非常不安，外媒甚至评论说中国北京和上海上空的雾霾已趋于失控。

根据最新的空气质量监测数据，被纳入调查范围的国内 74 座城市中只有拉萨、海口和舟山的居民能呼吸到良好的空气。由此可见全国各地大气污染的情形已经到了必须认真治理的时候了，而空气污染仅仅是自然环境污染的一个子项，包括水体污染、土壤污染以及附带造成的食品污染都是中国目前及未来相当长阶段必须面对的民生问题。

在 2014 年 3 月做政府工作报告时，总理李克强誓言：“要像对贫穷宣战一样，坚决向污染宣战。”中央之所以就治污和环保问题表现出前所未有的决心，事实上就在于这件大事再也不能耽搁了。

我们先来看看风口浪尖上的中国雾霾。

在雾霾困扰最为严重的京津冀地区，2013 年的空气污染天数超过 60%。该地区的 PM2. 5 平均值为 106 微克/立方米，大大高于国际卫生组织设定的安全上限。

有国外研究机构指出，在北京生活一天，相当于吸下了 21 根香烟。京津冀上空的空气污染使得光照减少，影响植物的光合作用，导致植物生长速度减缓，生长不良植物大增，对农业生产构成直接危害。

2012 年以来，空气净化器在雾霾严重的北京和上海地区热卖，相关进口产品纷纷涨价，国产净化器也以各种噱头来争夺正在井喷式增长的市场；平安保险公司与携程网联手推出了世界独一无二的污染保险——“雾霾险”；连当前中国的美容行业都以抗污染为旗号来招徕客户，因为这一新概念最为时尚、最有市场号召力！

中国的雾霾也让外国感到不安。2014 年 4 月 29 日，在韩国大邱举行的第 16 届韩中日环境部长会议上，三国商定的重点内容就是共同防控 PM2.5 污染。甚至连远在太平洋彼岸的美国也有可能被中国空气污染间接影响到了。美国一个气象科研小组在利用计算机模型研究了云团和空气微粒悬浮物的关系时发现，来自亚洲的空气污染——主要中国大陆造成，正在加强气旋的剧烈程度、加大降雨量并导致太平洋中部地区更多的温暖空气移向北极，由此可能干扰北美地区的气候模式。英国气候物理学家所做的独立研究也证实美国方面的研究结论可以成立，按照预定路径跨越太平洋并移向美国西海岸的中纬度气旋由于颗粒物成分的增多而将在云团密度、气旋强烈程度和降雨量上变得更为有危险性。

相对于已经被世人严重关注的中国雾霾问题，或许我国的水环境退化与水体污染情况更不利于国家的长治久安。

水利部副部长胡四一在 2012 年指出，2010 年全国废污水的排放总量达到 750 亿吨，河流水质的未达标率接近 40%。2/3 的中国城市缺水，近 3 亿农村人口饮水不安全。据估计，中国约有 405 万公顷的土地在用污水灌溉，对农作物产量和粮食安全构成严重威胁，水污染还会引发多种疾病。

水利部 2013 年公布过一项全国水利普查结果，流域面积在 100 公里及以上的河流目前约有 2.3 万条，比 20 世纪 90 年代的统计减少了 2.7 万多条。

国家监察部的统计显示，中国水污染事故近些年来每年都在 1700 起以上，污染的最显著原因是迅速而无控制的工业化，小型农业和畜牧业厂家也造成了小部分的污染。环境保护法规执行不力属于重要原因，企业普遍存在违章偷排的情形。

2014年春，沸沸扬扬的兰州自来水苯污染事件为所有中国城市敲响了公共饮水安全的警钟。

美国国家情报委员会在题为《全球趋势2030：不同的世界》报告中指出，在中国，“气候变化、城镇化趋势和中产阶级生活方式将产生巨大的水需求，到2030年将可能出现粮食短缺问题”。由此，中国水荒问题在全世界广泛传播。

客观来说，我国确实面临着水荒的危机，尽管中国南方是全球水资源最为丰富的地区之一。

林业部在2014年初发布的新闻称，我国的湿地自2003年以来已经缩减近9%，大约3.4万平方公里的湿地面积相继消失，加剧了水资源短缺。林业部分析认为，造成湿地消失的原因在于国家的湿地保护法存在体系漏洞，围垦、基建以及气候变化等多种因素导致事态不利变化。随着城镇化的推进，很可能不少地方将指望在湿地上种植更多粮食，这将进一步引起破坏。此外，林业部专家还专门指出，我国规划中的煤电厂有51%设在水资源短缺的地区，而煤电项目在其生产环节属于严重耗水的大户。

南方河湖区也在呈现水环境退化的凶险征兆。2010年云南省发生了非常严重的旱灾，其后的3年也基本上未走出持续大旱的阴影，而云南本是世界上水资源最富庶且降水也最丰富的地区。通常只在干旱地区才出现的沙漠化也在侵蚀着我国的南方，洞庭湖干涸、鄱阳湖告急已经不再是新闻了。根据国家林业局2009年的监测数据，福建、江西、浙江、湖南和湖北等12个南方省区的河湖区沙化面积已经达到8800平方公里。沙化的主要原因在于水位普遍下降，露出水面的沙土随风被吹散到周边。洞庭湖自古被誉为鱼米之乡，目前却大有演化为湘北草原之势，在旱情最糟糕的年份里，曾经烟波浩渺的洞庭湖心居然可以让当地老百姓的牛羊在其上自由游荡！

我国的近岸海域同样污染严重，2011年发生的渤海被康菲公司漏油污染事件是公众比较熟悉的，而《2013中国国土资源公告》显示，我国有15%的近岸海域水质劣于第四类海水水质标准，这一标准在国际上是适用于海洋港口水域和海洋开发作业区的，由此可窥中国海洋污染情况的一斑。

中国的土地也不再让人放心。

国家环保部和国土资源部刚完成了一项长达 8 年的土壤污染调查报告。相关数据显示，全国土壤的点位超标率为 16.1%，耕地更是高达 19.4%，这一组数据与之前研究人员估计的保守值比较吻合，但一些专家认为真实的污染可能要比本次公布数据所代表的情况更为严重。这项调查还表明，无机污染物超标点位数占到全部超标点位的约 83%，点位超标率较高的无机污染物有镉、汞、砷、铜、铅等，工业污染和使用化肥过度应该是主要污染源。相关污染情况让人看了后触目惊心，然而这一调查在很多国内外专家看来还是非常粗疏的。

水环境和耕地污染又引起了另一个严重的次级问题——食品安全，尽管我国的食品不安全因素还有很大的原因在于生产加工环节的混乱，包括政府监管缺位对相关混乱状态的实质性纵容。

2014 年 1 月公布的胡润研究院调查报告认为，目前有 64% 的中国富人（财富超过 160 万美元即 1000 万元人民币为标准），要么已经移民国外，要么正在准备移民，高于 2012 年 60% 水平的调查结果。一般意见认为，安全和财富保障是驱使中国富人移民的第一要素，而污染和食品安全被普遍排在第二重要的位置。京沪两地的一些富豪直言不讳是为了躲避雾霾而远走他国，家庭是为了孩子的健康才做出了“逃离祖国”的艰难决定，因为很多“出逃者”都表示他们仍然愿意在国内进行投资或事业的根基还在国内。

我国的人口规模约占世界人口比重 20%，耕地面积只相当于全球耕地总规模的 9%，属于粮食供应安全存在隐患的国家。长期以来，我国耕地本就遭受干旱与沙漠化之苦，目前的耕地资源更是因污染以及被房地产开发挤兑而窘困，世界银行前不久还呼吁中国政府要控制和减少征占土地的行为。于是，这两年来就有很多瞄准农业商机的国内企业在海外买地种田，活动足迹遍及美国、巴西、俄罗斯、乌克兰、澳大利亚、保加利亚与智利等，尽管其中部分企业的相关活动可能还是基于投资地产赚钱的土豪思路。鉴于很多国家禁止向外国人出售土地，故而中国资本方有时会与海外的种植企业结成合作伙伴关系以曲线救国。比如，联想集团控股的沃佳公司就在国外种植水果，澳大利亚丘比公司的占地20万英亩的棉花种植园据信也是和我国资本合作的，而中粮集团在2014年则取得了荷兰尼德拉集团51%的股份，因为该企业对南美农业拥有重要的影响力。

为了食品安全而不得不在外攻城略地的国内食品企业也不少。最著名的收购案就是万洲国际（即更名后的双汇国际）对美国食品业巨头史密斯菲尔德公司的并购。我国是世界上最大的猪肉消费国，每年生产猪肉超过5300万吨，也是世界上最大的肉类生产国之一。万洲作为目前全球最大的肉类生产商，每年屠宰1500万头猪，生产猪肉大约270万吨。然而国内的生猪质量难以满足万洲国际针对国内高端消费人群以及海外市场顾客的“挑剔口味”，所以才不惜斥巨资在去年9月购买了占美国猪肉市场25%份额的史密斯菲尔德，年底时又积极竞购西班牙的肉制品巨头。为充实资本，万洲国际还计划于香港上市（目前计划已经搁浅，因为香港股市表现不佳，投资者对股票兴趣低迷）。假如将来顺利上市，这将是全球食品行业史上的第二大IPO，只有2001年美国卡夫公司的IPO募股规模超过了万洲国际。

“双汇”在行动，其他的国内食品大腕们也因为食品安全、品牌拓展等因素而积极向外出击。光明乳业在2012年收购英国著名早餐食品品牌维多麦，新希望公司则如愿将澳大利亚第四大牛肉加工商Kilcoy收入旗下。

美国多年来一直是全球第一大农业投资国，英国、韩国、马来西亚、沙特、阿联酋和新加坡的相关投资也都高于中国或与中国相当。然而，根据我国商务部的数据，截至2012年底，我国在农业部门（农林牧渔）的FDI接近50亿美元，较之2010年增加了一倍，说明中国资本正在加速在境外农业资源领域的扩张。除去资本需要更广阔的发展空间外，另一个不太引人注目的因素就在于大家对作为食品原料的国内农副产品质量存在隐忧，而外国人因对中国食品、食材安全因素不达标而藐视的态度更是一点都不加以掩饰，欧洲少数对食品安全要求严格的国家甚至直接限制原产中国或者是与中国食材有关联的食品在市场上的营销活动。

水体、空气、土壤、植被、食品等污染会对经济、公共健康和社会稳定都带来很大的不利影响。目前阶段我国大气、水体和土地都存在严重污染也是无可置疑的，彻底下决心予以有效治理是我国政府以及整个中国社会的应有之义。

而要治理和控制污染，首要的问题是弄清楚污染的原因和污染的源头，比如西瓜爆炸和镉大米就都是施肥过度的结果，水体污染主要是因为工业废液、废水排放和生活垃圾造成的。弄清楚了症结所在，才能对症下药。

在思想上，我们要清楚地认识到，污染与环保是工业社会才出现的新课题。因为工业的快速发展导致对资源与环境的过量攫取和破坏，使得工业区的生态资源退化乃至完全恶化。再有，就是现代工业造就的全新生活模式与农业生产新方式，也让相关污染成为必须严肃对待的问题。

农业社会也有污染，但污染的规模与现代工业不可同日而语，所以生态环境凭借自然的调节就可以实现恢复和再平衡。而工业社会的污染则必须立足于人类有意识的控制、消除和逆向平衡才能得到有效治理。中国从前一直是农业社会，根本不明白现代污染的严重危害性和可怕威力，所谓的学习西方先污染后治理的思维也是难当推敲的，因为西方百年前的工业活动规模与今天中国的工业化进程产生的污染程度比起来是小巫见大巫，甚至可以说是天壤之别。

所以，我们今天更要重视排污控制和生态平衡。发达国家治理环境污染的经验表明，关键要在控制和治理污染源头、完善环保法规和从严处理公共污染事件这些重要环节着手。

遗憾的是，尽管中央高度重视污染治理问题，但某些相关部门却有时就确定污染源头和控制污染排放不愿意正视真正的问题或者说是立场暧昧。

就以闹得沸沸扬扬的雾霾为例。针对京津冀地区的严重空气污染，国内一些“权威机构”或者是所谓的专家将主要原因归罪于这一地区的老旧工厂排放、燃煤活动和大规模建设，甚至认为农民烧秸秆、家庭使用的低效率灶具和街头烧烤都要承担部分责任，但对我国油品质量不佳问题却刻意回避。诚然，水泥厂、钢厂、燃煤电厂等污染大户要对空气污染承担相当的责任，煤炭燃烧不充分或不恰当地燃烧也确实会制造大量的微小颗粒物，但汽车尾气排放和油品质量恐怕要承担更大的责任。

老旧工厂大多存在了很多年，北方地区发电和取暖也一直在使用煤炭，京津沪等空气污染重灾区近些年最大的变量是汽车数量以前所未有的速度逐年递增，有关部门在调查雾霾原因时忽略这一因素的影响显然态度上首先就很不严肃。

此外，一些外国科学家已经通过研究指出，汽车尾气排放是北京雾霾的真正元凶。在静风环境下，汽车排放的碳氢化合物和氮氧化物在阳光中紫外线的作用下发生化学反应，产生二次污染物，形成化学烟雾，即中国目前遭受的雾霾。1943 年美国洛杉矶第一次遭受大面积严重雾霾，7 年后，环保部门确定 85% 的雾霾来自汽车尾气。控制汽车尾气的危害需要提高油品质量和发动机的燃烧技术，安装专门的尾气净化器也是有效之法。洛杉矶当年就强制安装汽车尾气净化器，不仅成功治理了雾霾，还为美国打造了一批目前掌握世界领先技术的汽车尾气净化器制造厂商。

包括北京市环保局做的调查分析也很能说明问题。北京市环保局局长陈添今年 4 月表示，北京的 PM2. 5 来源中，约 28% 到 36% 来自周边省区，如河北；北京自己产生的雾霾中，31% 来自机动车，22. 4% 来自燃煤，18. 1% 来自工业。汽车尾气对北京雾霾的“贡献值”是最大的。

中国油品质量低劣是很多人早已注意到的问题，国内生产和组装的机动车在发动机燃烧技术上逊色于国外原装车也是很多人都知道的，而有关部门对这两项因素轻描淡写，难免让人怀疑他们存在厚此薄彼、偏袒中石油、中石化和国内车企的不厚道之处。

所以，为治理雾霾、净化空气质量，关停老旧工厂、要求重污染工业企业限产减产、使用清洁能源都是正确的积极办法。但应该再加上两条关键的措施，敦促中石油和中石化提高它们的成品油品质，别只忙着自己赚到钵满盆满却贻害民众和国家，要求车企为产品加装汽车尾气净化器，这上面的成本省不得。如果为了减少汽车尾气排放仅仅是限制车辆出行，那么石化炼油企业和车企的社会责任又如何体现，岂不又成了柿子捡软的捏！

北京治理雾霾也不用病急乱投医。像某些人建议的在空中喷洒化学物质（主要是液氨）来消除雾霾的做法就要慎重，因为这样显然会引起新的土地污染，属于按住了葫芦又起瓢的做法。北京“下放”污染企业到外地去发展也属于以邻为壑、应付差事的裱糊匠做法，那些企业搬到外地后难道就自动不再污染了？

减少雾霾危害的其他技术途径其实还是很多的，只是有些经济成本较高，有些长期才能见效，远水解不了近渴。比如，使用循环流化床锅炉可以确保锅炉中的煤粒全部充分燃烧，由此污染将大大减少；发展酒精燃料汽车，发动机排出的废弃物将是水，而电动车甚至可以实现零碳排放；装备先进除尘去污设施的环保工厂对环境的危害也可以限制到较小范围。假如觉得上述做法在成本上承受不起或者不现实，也可以通过在燃料中掺入降排物质来减少燃煤产生的温室效应，大范围推广集中供热以共享来提高燃煤效率和减少污染排放也属于可行之策，将煤设法气化或液化再使用技术和经济都可行，更简单的办法是多使用油气以直接减少燃煤需求。

作为一般性的思路和手段，发展清洁能源是净化空气质量最有效的手段，不仅仅是针对雾霾；家庭防范不良空气的有效办法是使用空气净化器。总之，消除雾霾要依靠全社会的努力，中石油、中石化要生产质量过关的成品油，汽车制造商要改善尾气排放控制技术，一般企业要加强本单位环保装备的建设，老百姓要追求低碳生活，政府要强化对排污的监管，大家多使用清洁能源和可再生能源。

受污染的水对中国人健康的威胁大于肮脏的空气，水污染和水短缺的范围更大，而且污染还往往不像大城市和沿海繁华地区暴露的雾霾那么醒目。所以，对待净化中国水环境、改善中国水生态这一问题，我们今后面临的任务更重更迫切。

污染水源的不只是工矿企业，农业、牧业、养殖业活动和生活垃圾也会对水环境安全构成威胁；污染水源的行业并不像燃煤发电厂那样集中在某些地方，而是分散在各地；受污染的水不仅比空气污染更难以评定，而且净化水源要比消除空气污染更棘手，尤其是地下水一旦被污染，治理成本会极高。

所以，我们治理水污染要从基础做起，大处须着眼，小处也不可忽视。就以兰州自来水污染事件为例，除了大家谴责的那些负面因素外，其实还有一个不太起眼的问题却被国人忽视了。我国的供水管道目前阶段基本还都用的是易腐蚀、耐久性差的球墨铸铁管，而这种管子在西方国家早就淘汰很长时间了，用于居民供水的管道一般都是性能远为优越的不锈钢管道。所以，如何应用成熟又经济的技术办法来防范和控制水体污染很重要，在国内尤其需要普及，包括使用喷灌、滴灌技术来提高农业用水效率和减少污染环节。

很多专家都建议我国政府应该将重点放在通过更合理地使用、有限地供给来降低用水量和控制污染上，这些意见其实非常中肯。像南水北调工程那样预期耗资 620 亿美元的大项目不一定比得上花小钱但实实在在地做些事情在效果上来得更好。

最难处理的其实是土壤污染治理。土壤污染是积年累月形成的，消除起来成本很高，耗时也会很长，远没有治理流动性很强的空气和水那么简单。如何着手来部署这一领域的相关工作，目前看还需要从长计议。

作为共性的问题，我国政府今后要全力加强污染监管工作，对造成公共污染的企业和个人必须重罚才能够真正起到警示效果。我国环保法规定了很多内容，很多企业也装备了污控设备，但为了降低经营成本根本不启用或很少主动启用，只是在应付检查时装装样子；企业偷排的情况也非常普遍；而很多情况下，受贿的监管人员根本不认真检查排污企业。如此便使得环保法规成了聋子的耳朵——摆设！这一长期存在的有法不依问题，相关部门要好好反思，政府也要调整部署以保证法律的切实落实。

最后还要补充一点，其实治污本身也可以形成有经济价值的产业，并非就是个只花钱而无经济收益的纯公益事业。我国形成的环保经验与相关产品及装备，在未来至少可以向落后国家推广和销售。

第8章

都是房价惹的祸

房地产在我国是一个随时可以让万众痴迷的话题。

事实上，中国目前阶段的经济困局也主要是拜走火入魔了的“房地产大跃进”所赐。

债务危机是因为癫狂状态的中国房地产是个吸金黑洞；钢铁、有色、水泥等行业的严重产能过剩是大家不假思索地紧跟房地产业突飞猛进的步伐而盲目扩张造成的恶果；实业空心化是因为科技含量低的房地产都可以躺着挣钱，大家还何苦费心劳神地去做实业；房地产业的盛极而衰则造成了短期经济下行的压力。

人在囧途

公平来说，房地产业的发展路线最初是正确的，只是由于2003年之后发生了些重要的变化，最终走火入魔而形成了巨大的泡沫，相关历程也演化为一场财富内战。

众所周知，在计划时代和改革开放的前15年，我国是没有商品房的，那时各单位都是搞的福利分房。

1994年7月18日，国务院颁发了国发〔1994〕43号文件《国务院关于深化城镇住房制度改革的决定》，由此启动了我国住宅商品化改革，这份改革文件在中国房地产业发展史上具有里程碑式的意义。万科公司和大连万达就是在1988年之后才介入房地产领域并借着商品房改革而走向壮大之路的。

毫无疑问，住宅商品化改革是应该肯定的。因为年龄超过40岁的中国人都知道，在改革之前我国的居住水平是非常窘迫的，也没有住宅市场的存在，而安居乐业自古就是我们中国人对美好生活的向往，在农业社会背景下，安居更是被放在比乐业更显著的位置上。

而有了商品房和住宅市场后，中国人多年落后的居住条件逐渐得到了改善：年轻恋人再也不用盼着单位领导给批一间单独的居室才能结婚安家了，简易楼、筒子楼成为历史名词，城市中的高楼大厦逐渐普及起来，人们搬出了破旧平淡的老式家属院而住进了环境优美、服务满意的高尚社区。

让大家住的更舒适，工作起来更安心，社会更稳定，这当是中国房改的最初出发点；商家在造福社会、合法经营、公平竞争的基础上多赚些钱也是无可厚非的。然而，中国房地产2005年以后的发展轨迹和目前现状却不得不让人严厉批判，因为事情逐渐变味了。

2003年时，中央出台了国发〔2003〕18号文件。根据这份又一座里程碑式的文件精神，房地产被选中为国家的支柱产业，由此进入了快速发展轨道。经过两年光景的酝酿，楼市快速在全国升温，房价以上海、北京、深圳、大连等城市为龙头开始发飙。到了2007年时，楼市泡沫已经相当明显，“唱空三剑客”的声音这时已经成为一个热点话题。

2008年金融风暴横扫全球，中国各地楼市面临重大考验。本来我国可以借势调整过热的房地产开发与投机活动，然而4万亿经济刺激计划的出台却不仅拯救了开发商和投机客，而且将楼市与房价推升到了更为危险的虚空幻境。严肃的经济学者谢国忠因其看空房地产的论调而成了世人的“笑柄”，堪比演艺明星的房地产开发商“任大炮”反倒成了大众膜拜的“预言大师”。在亿万国人的瞩目下，楼市2009年后不再假摔，掉头奋力上攻，房价如同脱缰野马般放足奔驰，上届中央政府出台的各种房价调控措施统统成为浮云！

接下来的事情是我们大家都经历过的，不需要我赘述，大家都知道房地产一家独大风光无限，炒房者欢呼雀跃财富暴增，上下游关联行业拼命扩张产能，地方政府卖地收入逐年水涨船高，银行账面利润滚滚而来。然而，在房地产盛宴使得得利者们意气风发的同时，乐极生悲的囧剧也一步一步逼近了中国经济，社会债务水平急剧上扬，银行风险越攒越大，相关行业产能严重过剩，实体经济逐年萎靡，住宅销售日益疲软而库存量直线上升，各地空置房规模也异常可观，尚不计各地层出不穷的拆迁悲剧和涉房群体事件的频繁曝光。

2008 年金融危机来袭后楼市和房价逐渐变质，根本原因就在于投机炒房力量得到了来自政府的奖励而非市场本要予之的打击，于是日渐嚣张的投机资本使得中国房地产业彻底走火入魔，也为中国经济注入了魔性，无视市场规律而颠倒众生。然而市场规律最终是不可抗拒的，只不过是晚来了数年而已，房地产和中国经济积蓄的魔性越大，其将遭到的反噬也越可悲。

房子的基本功能是满足人们的居住需求，住宅本身又具有资产属性，属于不动产的典型项目。一个国家的房地产市场由此而可能出现三种情状：第一，主要满足真实的居住需求；第二，市场上很多人买房子是为了生活，也有很多人视房产为理想的资产而投资；第三，市场上房产投机的力量完全占上风。当事情进入第三阶段时，楼市的氛围与房价就势必要变质变味。

正常的商品市场，其价格是由供需关系来决定的。一般情况下，无论是买方还是卖方都不希望价格波动过于剧烈，因为这种情况发生时会严重影响到经济损益的变化，尤其是在生产领域，这属于最基本的常识。比如，大家在做企业时，一定会希望与大客户签订一份价格稳定的长期合同，与供货方也同样最好建立起长期稳定的合作关系，这样才能放手组织生产。假如产品的价格或者原材料的进货价格三天两头地变脸，无疑会给相关各方都带来麻烦，最显著的是财务核算的基本变量出现了很大的不确定性，于是根本无法看清未来的损益情况，从而在生产、定价和营销各方面无所适从！日常生活也同样如此，超市里的价签是不会频繁变动的，假如超市和商场的理货员一年当中频繁更换商品的标价签，那一定是这个国家的经济出现大问题了。

但是，虚拟经济的价格变化规律是与一般商品大为不同的。因为金融资本的介入，价格的波动就变得相当频繁，因为价格保持相对稳定的话，相关金融资本就无法从价格起伏中获取投机利润。所以，虚拟商品的价格走势完全是由相关投机资本的彼此博弈来决定的，受供求关系的影响成为很次要的因素。

房地产交易属于通过市场以消费者为直接销售对象的模式来进行，按说有别于一般虚拟商品的数字化集中交易模式。但是，在我国特定的社会氛围与交易环境下，房地产的金融属性却在2008年以后大大压倒了它的商品属性，成为典型的投机市场，于是价格就完全不能按照常规商品的运行逻辑去套用，这也是经济学基础过硬的谢国忠失手而对经济学可能一窍不通的任志强春风得意的主要原因。之所以说中国房地产业走火入魔了，也就是因为市场的参与者主要是以价格投机者为主力，而自主和商用的成分逐渐退到了角落里。所谓的供求关系、刚需，全部都是忽悠无知者的眼罩子，相关数据也毫无任何统计学意义。

比如，2010年国电公司做过用电调查，当时全国有6540万套电表连续6个月读数为零，这意味着房屋空置，假定每套住3.5人，这些空置房可以容纳2.2亿人！据说，前央行货币委员会委员——清华大学金融经管学院系主任李稻葵也认为中国的空置房数量至少已超过了5000万套。大量房产空置，且不讨论其经济浪费的负面因素，直接就说明了房产的过剩与投机的炽热。

国外经济学家早已发现，在真实经济中存在一些反供求关系的商品。一般的商品会随着价格降低而需求增强，当价格高企时将抑制需求，从而实现价格的负反馈，实现相对稳定的供求关系，即均衡状态。然而，少数“特殊的商品”，在其他要素不改变的情况下，当其价格上升时需求反而会增加，价格下跌时需求也同步减少，价格呈现出正反馈状态。西方学者将这类商品称之为吉芬商品（Giffen Goods），因为这一现象是19世纪英国经济学家罗伯特·吉芬在研究爱尔兰的土豆销售情况发现的。因为当年爱尔兰出现了严重的通货膨胀，穷人购买不起像样的食物，而土豆最为便宜，所以尽管土豆价格也上涨了，人们还是大量购买土豆做食物，这样才能用有限的收入让一家人勉强填饱肚皮。

吉芬商品的价格悖论属于100多年来现代经济学的44个著名困惑与悖论之一。学者们进而发掘出其之所以与众不同的原因就在于吉芬商品身上体现了标准的虚拟商品特性（非针对当年的土豆）。现代经济学认为，当某类商品的价格远脱离了其生产成本和使用价值，仅与进入该商品的资金密切关联的时候，就成为虚拟商品。虚拟商品的市场价格由商品的使用价值和虚拟价格两部分构成，在交投火爆时价格走势完全取决于虚拟价值部分的定价，亦即前述的由投机资本的博弈来说了算。

我国的房地产在2009年时就已经演化为标准的吉芬商品，而稍微了解现代系统论和控制论的人们都知道一个最简单的常识，任何一个正反馈系统一定是会自激的，也就是最终将必然崩溃而无法维系。

长安射天郎老师很好地解释过中国房地产的价格之谜，并进而推断出我国房地产面临的可怕结局，我这里转述给大家。

一般商品的价格因为由供求关系决定，所以价格需求弹性表现相对充分；而金融属性突出的商品由于投机力量的强大影响力，价格主要取决于货币资本的意志，价格需求弹性也随之被扭曲。所以，价格上涨时由于预期唤起的做多冲动会助推价格继续上涨直到发酵为价格泡沫，而价格下跌时也因为预期和追涨杀跌因素的作用难以像一般商品那样激发需求。如此，当房价走牛时会让围观者跌破眼镜不断地冲刺新的高度，而楼市转熊后也势必是一地鸡毛而难以收拾！由于金融杠杆在我国房地产交易中应用的很普遍，泡沫形成的上涨阶段与泡沫破灭后的奔溃力量更是将让相关人等触目惊心。

这一房价解释理论的前半程我们其实都已经亲眼目睹了，今后中国房地产的下半场会如何演绎，大家可以翘首以待。我国的特殊之处在于政府出于维护金融安全和经济稳定的因素，可能会出手干预楼市下跌的进程，以设法缓解房价“跌跌不休”的危害性，不过我个人还是相信长安射天郎老师对大势的总体判断。

我国之所以将房地产投机的魔性放大到了今天对经济构成严重威胁的地步，在我看来主要是和我国社会发展状态的落后有很大关系。

前面的章节介绍过了，我国目前实际尚处于后农业社会状态，国人普遍习惯于通过占有财富而非创造财富的思维来夺得财富增长。在革命的时候表现为打土豪分田地，在21世纪的房地产热潮中则表现为疯狂的投机，所以外国人认为中国人的赌性太强，我们将这种现象评价为财富内战。

国人热衷于属于旧时代的掠夺经营术和投机取巧在很多方面都体现充分。比如，最早的不正当经营术就是在20世纪80年代末至90年代初的乡镇企业大发展时期兴起的，农民企业家和乡镇企业的各方面条件都不如当年的国企系统，正面竞争非常被动，要生存怎么办？就只有依靠农民式的“经营技巧”和胆大妄为来险中求生！回扣、偷工减料乃至造假贩假都是乡镇企业家的发明创造，那个时代的乡镇企业产品基本就是质量低劣的代名词，尽管国家当年积极发展乡镇企业的战略无疑是正确的，没有道理束缚蕴藏于城市经济外的中国经济潜力，更没有道理剥夺农民和农村的经济发展权，而且乡镇企业的成长壮大也缔造了后来的经济繁荣。韩国人将其现代工业巨子郑周永先生（韩国现代的创始人，享有“韩国汽车之父”的美誉）视为民族英雄，我国家喻户晓的李嘉诚先生的拿手戏是经营房地产而非现代科技产业，由此管中窥豹，可见受农业文化长期熏陶的现代中国人在财富观念上与已经进化为工商社会人的邻居的差异。

因为我国的社会流动性差，加上农业人最依为根本的财富就是土地，包括附着于土地上的财产，所以热炒房地产在中国很有群众基础。而西方国家的人口流动性很强，尤其是青年人，所以人家普遍更习惯租房住，没必要在哪个地方工作就要在那里置业安家，因为没准过两年就会换个新城市去发展事业，到时候出手卖房子挺麻烦的（房产是公认流动性很差的资产）。而且到那里去租住房子时，房东连家具电器都给自己准备好了，何乐而不为！所以，在西方普遍是生活已经安定的中年人群体是买房置业的主力，而我国却是年轻人宁可啃老甚至透支一家三代的财力也要按揭购房，中国的房产自有率也是全球最高的。

农耕时代留给了中国法治不昌和人情社会的落后遗产，于是银行业的发展也就不健康，进而助长了房地产大跃进的各种乱象，使得中国房贷领域暴露出极多的问题。最为突出的就是金融行业配合开发商搞假按揭，等于是开发商将房子卖给银行套出了现金，没有申贷资格的人们也能轻松获得贷款，有关风控规定在操作环节形同虚设。

国人普遍缺乏现代经济常识，金融素养低，于是就很容易被设陷做局的房地产利益集团忽悠到。

如国内无良的所谓经济学家们为了给房地产商摇旗呐喊就发明了“刚需”这个只有中国存在的房地产经济名词。殊不知经济学中的“需求”（Demand）对应的是有支付能力的消费意愿，没有支付能力的只能叫做“需要”（Need），而且中国的“刚需”和经济学中的“价格刚性”或“需求弹性”概念也八竿子打不着。

再如某些别有用心的人炮制了“美国老太太年轻时按揭供房，老来以房养老”的神话，怂恿不了解国外情况的闭塞国人往高负债买房的火坑里跳，然而美国人真正的养老支柱是退休后的年金，包括国家支付的养老金、企业返还的养老年金和个人投资的商业养老金项目的收益，普通人若是依靠出租房产，以美国目前各个城市的房租水平，老人们是根本过不上优哉游哉的夕阳生活的。也没有任何财务专家向按揭购房者仔细揭示为此需要承担的沉重利息压力，包括个人理财应注意的资产债务平衡问题及透支过度的风险。

事实上，很多国内按揭购房者的日常生活品质都由于倾其所有（包括目前未有而未来可能会有的）。购买房屋而不得不降低水准，经济大势不好时更是担忧失业的折磨，用最简单的道理来解释，就是有所得必有所失，而理性的人们在大额消费时通常都是要考虑机会成本的。

还有，统计部门连年累月地发布房价高歌猛进的数据；目前明显是多个城市房价在下跌，可是你看到的统计结果还是在微涨。实际上统计学是一门科学，关于取样和数据处理办法在西方国家要遵循严格的规范，中国的所谓房价数据基本就没有任何统计学意义，可是被它误导的购房者可能是数不胜数！

连国外的投行也被用来做忽悠可怜中国老百姓的工具，电视上某专家惊呼高盛公司在布局中国沿海大城市的房产，报纸上暗示大家外国投资者在华大笔吃进物业。实际上，房地产的流动性极差对国外职业金融人士来说属于基本常识，而且各方面条件都不利于投机做局。不仅时间周期会拖得很长，更关键的是房地产假如被选为投机对象也属于个性非标产品而非标准金融商品，每个地域的基本条件不同，每个楼盘和其他楼盘的情况不一样，每个交易对手也不同，所以操作起来麻烦而且风险不易把控。国际金融市场上更为理想的投机对象有的是，黄金、外汇、原油、股指甚至是粮食，哪个都比房产强！而且职业金融圈都习惯使用高倍率金融杠杆，得手时在很短的时间里就能取得极高的利润。所以，根本就不可能有任何国外投行甚至是职业资金会愚蠢到去碰中国房地产的。他们购买与房地产相关的债券倒是很正常的，因为债券尚可随时在债市上出手转卖，流动性远高于房地产本身。

实际上，所谓的国外金融机构青睐中国房地产，充其量是买了国内的某些物业做其在华的办公机构使用。就好比在斯里兰卡办厂或在肯尼亚开矿的我国企业可能在科伦坡和内罗毕买个房产做办公室一样，尽管科伦坡风景不错，生活也舒适，内罗毕的房地产升值潜力巨大，但是除非脑子抽筋了，是不会有企业家指望赚那点升值钱的，更不会有在那里居住的欲望，且不论语言和生活习俗的绝大差异。

在后农业社会氛围下，地方政府官员的任命和升迁与老百姓无关，与本地经济的真实发展情形也关系不大。上级部门考核政绩在以前是唯GDP论，看谁能折腾，看谁折腾的动静最像模像样。农业思维意识浓厚的各级官员无能力引导本地经济健康发展，更缺乏打造强大工业基础的耐心，而猛力发展房地产既能迅速做大GDP还能增加卖地收入，包括私人也能创造和利用更多的设租寻租机会，里子和面子都赚到了。所以多年来地方政府在积极发展房地产这件事情上热情极大，这也是今天多地出现了所谓的“鬼城”的根本原因。表面上是所谓的“土地财政”在作祟，根子上何尝不是官员们的农民意识的大释放！

至于中国社会在农业遗俗影响下存在的长期社会管理混乱以至于房地产发展相关环节出现了形形色色的不规范甚至是商业欺诈行为，更是数不胜数。

在和长安射天郎老师就相关问题的交流中，他还特别强调了我国中央政府在发展房地产事业上出现了技术性差错。

长安先生认为，我国在2003年时出台国发〔2003〕18号文件在很大程度上是羡慕美国与英国当年房地产业带来的经济繁荣，由此而决意将房地产作为中国的一个支柱产业来发展，但当年的决策者们却并没弄懂美国人的经济逻辑。

很多人都知道凯恩斯主义崛起于美国，但鲜有人了解美国人的凯恩斯主义有多样的玩法。最初的做法是“罗斯福新政”，二战后美国还长期实行“军事凯恩斯主义”，即政府通过强化防务开支来刺激美国经济发展，（实际是有利于美国的军工、重工产业。）这类传统思路在要领上是遵循联邦政府采取增加公共赤字的政策来刺激需求增加。到了90年代后半期至21世纪初，美联储主席格林斯潘又创造了被称为“股市凯恩斯主义”或者“资产价格凯恩斯主义”的战略来刺激美国经济。

有别于传统凯恩斯主义的政策要领，格林斯潘的做法在本质上是借助于公司和富裕家庭增加私人预算赤字，从而使其支出大于其挣得收入的方式来刺激需求的扩大。90年代的特点是制造红火的美国股市，公司和个人手中积累的股票价值因此账面财富增加，由此鼓励人们赤字消费。股市在21世纪初难以为继后，房地产取而代之，这项资产价值的逐年攀升又接着刺激人们超前消费。最后的结果我们都知道，就是次贷危机和随之而来的美国经济大调整。

美国是全球第一经济大国，影响力巨大，我们中国人在经济建设上就经常下意识地模仿美国。美国是车轮上的国家，好处很多很明显，于是我们就把汽车产业确定为支柱产业来发展。美国的房地产在90年代末和21世纪初风光旖旎，我们在艳羡之余也把房地产确定为国家支柱产业。美国第三产业发达，国内就有很多学经济的都主张我国也该大力发展服务业。美国把金融玩的让人眼花缭乱，我们不管自己有没有那个本事，也有样学样地操练。

问题在于，我们因为水平有限，往往在学习和模仿美国时是知其然，不知其所以然，于是就失为笨拙。此外，我们更没有美国人玩各种花式的本钱和技巧，于是就把自己玩进去了！比如，我们的汽车工业目前已经做得很大，但中国的汽车制造技术却依旧薄弱不堪；我们的金融21世纪以来在以极快的速度发展，论起内涵和监管却距离美国相差很远；房地产也是同样的结果，美国因为动作太大都酿出了次贷悲剧，我们则索性演化为“债务通胀型经济模式”。

美国在“二战”后曾经长期奉行“军事凯恩斯主义”，那是因为美国拥有强大的科技、工业基础和强盛的综合国力，所以这种模式对多数国家都未必合适。

格林斯潘搞“股市凯恩斯主义”和“资产凯恩斯主义”，那是因为美国是全球金融霸主，美元是世界货币，它可以从全世界“吸血”，即设法引诱海外美元回流来滋补自己。美国房价上涨可以靠全球投资者来推举而不用多发美元，我们要让房价一路上扬就必须不断投放天量人民币来支撑，人民币不是国际硬通货，流通域几乎完全在国内，货币发行过头了就成了流动性泛滥的恶局。此外，美国的金融监管和市场监管要比中国规范和严格得多，我国在这点上根本没法和人比，于是开发商搞出了各种各样的鬼名堂，金融系统也乱象丛生，连从西方国家引入住房预售制和按揭交易这些有利于推动房地产业与金融业现代化经营的正常手段也走了样。

总之，之所以出现“橘生淮北为枳”的结果，是因为我们对经济的理解远未到位。

长安射天郎先生还指出，“支柱产业”这个概念也是值得商榷的。中国是个大国，大国须追求经济的丰富性与均衡，百花齐放、全线发展才是正道，不宜像瑞士、新加坡那样的小国依赖于少数产业作为国家经济的核心，而且新加坡和瑞士的产业其实也是很丰富的。

所以说，由于我国尚处于后农业社会形态这一现实条件，人们的观念、意识以及社会管理手段都滞后于发达国家，房地产的发展在我国就囧相百出，在目前阶段给中国经济带来了很大的危害。

只手遮天，炙手可热

我国积极发展房地产在理论上是利国利民的，但由于经济意识落后和社会管理不善，现实中的房地产却沦为了相关利益集团搜刮民脂民膏、截流百业血流的聚敛工具，效果上造成了贫富严重分化、实业萎靡疲软、关联产业畸态发展而产能严重过剩、债务水平节节攀升、社会不和谐等诸多糟糕结果，犹如国家爆发了一场经济内战。

尤其是2008年年底推出的4万亿经济刺激计划，在强力刺激了房地产的疯狂扩张外，几乎将其他所有的事情搞成了一团乱麻！

2003年时，上海市的房价不过为大致5000元/平方米的水平，2007年底时上海市商品住宅的均价刚刚突破万元关口（10320元/平方米），而2009年开始大发神威，到2012年底时全市房产均价就达到了26000元/平方米的水准，市中心以及一般区域的高端住宅价格在巅峰时普遍达到每平方米4万~5万元的高度（见图8-1）。

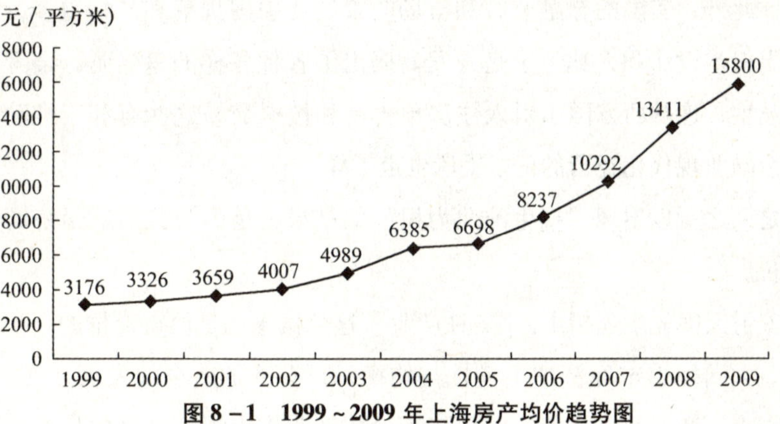

图8-1　1999~2009年上海房产均价趋势图

英国智库认为，我国房地产业目前已经增长到占GDP大约13%的庞大规模，相当于美国次贷危机前房地产泡沫峰值时的两倍，加上关联产业，这个比例接近了16%，广义的房地产行业约占到中国固定资产投资的1/3。日本野村证券（Nomura Securities）对我国房地产业及相关产业规模的评估也确定它们的比重占到了中国GDP的16%略高，而国内有些分析人士认为涉房经济至少占到了中国当前经济活动的20%左右。

由上述情形我们可以得出结论，房价在2003~2012年的爆发可用炙手可热来形容（2013 年开始各地楼市已经从亢奋掉头进入萎靡状态），而房地产及对相关行业和中国经济的影响力绝对当得上只手遮天的评论。

然而，如果我们仔细打量一家独大的中国房地产，却能在现实中发现很多阴翳和丑陋，包括各种复杂又危险的并发症。

2014 年 4 月底，央视财经报道了一则地产新闻，海南省以建设开发为名被征用的土地中，闲置部分的规模超过了 13 万亩，大概相当于海南省两年的整个供地量的总和，其中 7 万多亩闲置时间超过了 10 年，最长闲置时间可追溯到 20 世纪海南房地产泡沫时期的 1993 年。为什么征用了土地却长期撂荒晒太阳，原因在于很多拿地企业根本不是着眼于开发，而是指望地皮不断升值赚大钱，也就是俗称的炒地皮。据报道，当地很多开发项目经营惨淡，相关项目运营基本赚不到钱，但是倒卖地皮却获利水平惊人。三亚某高尔夫球场的港资仅靠转手内部股权就获取了约 60 倍于投资的毛利，央视称之为“2 千万拿地，啥也不干挣了 12 亿”。新浪地产分析师指出，在海南以开发为名圈占倒卖土地的相关企业可能至少有七成以上，为了掩盖炒卖土地的意图，相关交易通常都伪装成出售境外股权、股权变更，或是权益变性等形式，如此不仅能够顺利获利还能大量避税。根据海南省国土环境资源厅最新公布的信息，近 80% 以上的闲置土地为房地产企业所占，闲置时间从 2 年到 10 年以上的都有，其中不乏国内知名房企及国企。按照我国规定，因企业自身原因两年内未开发的将由政府无偿收回，但当地政府并未采取积极行动而任由相关土地成为因政府原因而闲置的土地。

海南部分开发商做到了躺着也能赚大钱，当然各路资本就削尖脑袋也要玩房地产了。由此便造成了房地产的严重过剩，虽然目前泡沫破灭的危机苗头才刚刚露出水面。而目前煤炭和钢铁业因为房地产带动的经济泡沫危在旦夕被率先推上了法场已经是人尽皆知的事实，它们因为之前被房地产畸形繁荣带来的虚假市场景气误导而进行无度扩张，目前宏观经济下行和房地产疲软，新形势下属于最先暴露出产能严重过剩死穴的行业。

再来看河北唐山市的情况，这座被誉为北方钢城的老工业城市 2008 年以来的房地产开发也很有特色。

唐山市的人口总量约为750万人左右，其中市区人口将近420万，该市盛产钢材、水泥和其他建材，土地资源也不缺，所以开发房地产的先天条件不错。为了改变当地经济结构单一的缺陷，唐山市政府大致始于2006年，积极在辖区内部署房地产开发，其后相继提出了“建设曹妃甸生态城、凤凰新城、南湖生态城和空港城四大城市功能区，构筑唐山市新型城镇化发展格局”的口号，就在全国房地产业已经颓势明显的2013年夏，唐山市政府又启动了“谢家集区唐山次中心城区建设”的规划项目，意欲在6.27平方公里的规划区域大兴土木。

根据公开资料，2010~2011年，唐山的土地供应面积分别为385.7万平方米和496.3万平方米，2012年唐山的土地供应面积激增至突破1000万平方米。2013年唐山政府再上层楼，共计推出土地出让项目数量300多宗，总招拍挂土地面积1485万平方米，挂牌出让金额约为139亿元，而唐山全市当年的公共财政预算收入为318.4亿元。按照上海易居房地产研究院的一份研究报告，唐山市的经济总量、人口数量和2011年的商品房成交量分别相当于北京市的17%、38%和18%，但近4年平均土地出让面积相当于北京的93%。

尽管唐山市的人口规模无法与各地中心城市媲美，居民收入水平也有限，但当地政府供地慷慨，还有那么多的大钢厂、水泥厂可以在建筑材料供给上大力支持开发商，低价购买、合作开发甚至是赊购等大家好商量，所以国内各路有实力的房地产开发商没有道理不去支援大唐山的宏伟建设。万科、万达、华润、绿地等著名房企都开入唐山发展事业，恒大地产也赶着末班车于2013年杀进唐山市场，本地的中小房企甚至是本与房地产业不相干的非专业力量当然也不能眼看着让外来者将家门口的肉吃光了，好事情要利益均沾。所以在唐山这个巨大的工地城市，随处可见在建的工地和在售的高楼，目前有多达上千家房地产企业和建筑企业战斗在唐山。

当地政府大力扶持，各方人马踊跃入驻，眼见着一场局部的房地产大跃进真实发生了，唐山的房价也就走出了很妖的轨迹。据当地一建筑企业反映，2002年时唐山市区还有每平方米不到1000元的房子，2006年时商品房的价格普遍也不到2000元/平方米，而到了2009年房价已经噌噌噌地蹿到每平方米六七千元。就在其间全球金融危机来势汹汹之际，各地房价都进入调整期而唐山照样往上涨。那时，唐山市房价因其独特的表现而被外界誉为“传说中最抗跌的城市”。然而，唐山房地产市场在2009年短暂火过一把后就见顶改走下坡路了。2009年唐山房产均价攀上6000元/平方米的高位之后，到了2014年4月，唐山的房产均价还徘徊在6234元/平方米，三年都没长个！

唐山楼市如此有个性，内中玄机不难勘破。2006年以前表现平庸，那是因为当地政府尚未发力；2007～2009年高歌猛进，那是因为有了唐山政府和各路开发人马的两大推手共同缔造；2010年就提前于其他城市而早泄了，那是因为身子骨不结实，伟哥的药劲纵然很猛却无福消受，当地的购买力水平在那里明摆着！

海南省有大片“撂荒的地皮”长期晒太阳，唐山的楼市在2010年就让大小开发商们如坐针毡了。但是，这些不利于房地产业的“负面消息”，从前我们大家是从媒体上根本看不到的，充其量是一些“唱空中国房地产”的人们在互联网上兴风作浪。相反，大家被国内媒体灌输的一定是楼市很火很强大，房价会再涨几十年，诸如此类振奋人心的好消息。通常负责任的媒体还会“有图有真相”，以图文并茂的美文美图暗示大家抓紧时间抢房吧，否则小心后悔一万年！

有心的人自己去市场调查，难免也会被大家购房的火热激情感染：看楼的开发商通勤车上趟趟都有好多同行的看房者，售楼处里也总是客流不断；明明看穿着听口音绝非城市人的一些小年轻或乡村大婶和售楼小姐在那里谈价值数十万甚至上百万的生意比真正的商场老板还神态轻松；毫无疑问是个新开的楼盘，居然已经大面积告罄了，只剩下楼层、坐向不好的房型随你爱买不买；更夸张的是，偶尔还有像春运时民工排长队买回乡车票那样的场景，在某个知名楼盘的开盘日，门前竟然让人瞠目结舌地排起了追捧者的长龙队，媒体还会披露其中某些人是提前在天没亮的凌晨就开始排队了（见图8－2、图8－3）。

没错，这些匪夷所思的场景都是我们在前些年亲身经历、亲眼目睹的。但是，耳听为虚，眼见也未必为实！在当代中国商业环境和法治氛围混乱的背景

图 8-2　热闹非凡的开盘现场

图 8-3　“业主们”在踊跃选房

下，你看到的、听到的其实都是开发商们希望你得到的信息。日光盘也罢，排队抢购也罢，抑或是开盘告罄，通通不过是障眼法！换个斯文点的说法叫做“饥饿营销术”，一种小伎俩而已（见图 8-4）。

在欧美等现代国家里，开发商玩弄捂盘和散布虚假信息等把戏是要受到监管乃至法律惩罚的，包括配合他们愚弄世人的媒体和无良专家，因为这些

图 8－4　开盘告罄

做法全部涉嫌商业欺诈。但是问题又出在了我国管理层的农业社会意识上，官员们根本认识不到开发商的这些践踏商业规则和有违道德良知的欺人伎俩带给社会利益的严重损害，或者是感觉到事情不太对劲却认为加强监管乃至司法介入属于小题大做。

违规违法的人们不受惩罚还大赚其钱，自然其他人就群起效尤了。

事实上，官方在很多事情上自己就做得极差。如相关统计部门发布不负责任的荒谬数据，宣传部门编造事实来为房价上涨造势，也许他们这么做的主要目的是为了粉饰国内的经济形势，也就不好责怪媒体和专家们有奶就是娘了！作为媒体，只有刊登有关房地产广告信息属于正常的业务。

作为一方父母的地方政府也一样热捧房地产，开发商卖“面包”，地方政府卖“面粉”，大家好就是真的好，土地财政由不得相关部门考虑消费者和社会的经济损失。而且，现如今的反腐风暴也证明，因涉及房地产开发及相关交易而被查处的贪腐官员比例奇高，涉房腐败是重灾区。

所以，假如说饥饿营销还算是能上台面的伎俩，那上不了台面的下三烂招数这些年就更是五花八门了。实际上，很多人都认为，中国房地产 2008 年以来的各种表演，只有疯狂的传销活动方可与之媲美。

房地产大跃进的一个极糟糕的影响就是导致我国实体经济的退化。道理很简单，房企可以躺着挣钱，盈利仅次于垄断性的石油天然气行业，那么做企业的自然乐于都去炒房赚快钱，本来全球经济衰退的背景就已经让国内中小实体型企业的经营状况走下坡路了。

而挖坑盖楼说白了不过是个粗活，没太多的技术含量，不然也不会各地都雨后春笋般地涌现出那么多的开发商来。炒楼、炒房、炒地也是一学就会的简单营生，只要房价神话不败，只要有能耐、有胆量弄来资金，就能妥妥地大把赚钱。

这种情势下，哪里还有人坚持苦巴巴地经营原先的本业，搞科技研发和现代管理的都是傻瓜！

然而，大家都去炒房、炒地，中国经济就成了全球罕见的傻瓜经济！

近年来发布的胡润中国富豪榜上，排名靠前的民资大富豪主要都是房地产大亨以及与房地产相关的暴发户，难道他们真的就比其他行业的企业家都优秀很多？个人财富爆炸式增长又何尝是依靠个人的聪明才智和辛勤劳动？时势造英雄而已！世界十大最贵房价的城市中国占据多席，这些已经足够说明问题了！

大批外行窜入房地产开发这个能轻松赚钱的领域，自然就更使得行业经营与管理情况混乱。

新入行的对这个行道的很多细节并不懂，边走边看，且干且学，从同行“挖人”，这些是老板们普遍的思路。而学到的很少是“真经”，一般中小房地产企业也学不来行业巨头们的模式。挖来的行业能人传授的基本都是“坑爹”的伎俩，加上后来者们的自学自创，大家伙一起玩了个胡天胡地。

“海砂房”，使用不合规的钢筋和水泥，以及各种偷工减料行为，只要去查，保证基本是后入行的中小开发商干的。开盘时雇人排队假装抢购，在售楼部安排房托，“捂房”，利用媒体和专家隔空喊话忽悠老百姓，这些发明创造也无不折射出“中国农民式的诡计”，目的是扭曲世人对楼市的判断和房价的预期。

实际上，从前以各地正规建筑商为主力时，我国房屋建设质量也因为行业管理混乱而存在问题。2014 年的热门房地产新闻“浙江奉化楼房倒塌事件”的开发商就是个典型，坍塌的楼宇就是 20 世纪 90 年代竣工的。

很重要的问题在于，房地产业利润高出中国经济增长的差额部分，一定是有人买单的。买单的是谁？显然是房地产行业之外的系统。

所谓“一花独秀不是春”。中国经济好比一个大家庭，你一个人吃相难看地养得肥头大耳，其他人就只能喝剩汤了。一个大胖子和一群营养不良的人，这一家人全都有病！

很多朋友喜欢将中国房地产比作肿瘤细胞，这个比喻很形象，不断扩张的肿瘤会要了生命体的活力才会自己罢休的！

困扰我国经济发展的一个醒目缺陷是内需乏力。国民消费力低下的原因除了分配上政府和企业拿走的份额超标外，中国房地产也是重要的消费力杀手，强化了两极分化。很多普通家庭钱都去买房了，甚至不少是把今后很多年的收入也都以透支负债的形式变成了房子，哪还有很多余钱去消费别的！消费萎靡，对外出口再受压，一般企业的经营环境怎么能不步履维艰！

国内传统商业体系是身受房地产侵害的典型。高房价、高房租以及由此造成的高人工成本大幅度地推升了一般商业企业的经营成本，尤其是吸纳了很多劳动力的普通店面。近些年来国内互联网巨头们又搭建起了众多的电商平台，前后夹击之下，做普通商品的传统商家苦不堪言！电商们经营时不需要为昂贵的实体空间掏冤枉钱，充其量在租金便宜的地方设个库房而已，租赁的虚拟空间花费有限，自然可以用低廉的价格让利于消费者，与实体商家争抢有限的客户资源。世界上没有放着电商便宜东西不买偏去实体商场挨宰的道理，所以败下阵来的传统商家怨天尤人甚至向政府呼救都不管用。人们不会因为顾忌牛车和黄包车没生意了而放弃乘坐现代交通工具，受害者要怪也只能责怪坑爹的房价与租金。实际上，发烧的房地产一日不回归正常，很多实体商家就注定要不断关张倒闭。只有与电商没有直接冲突的纯服务领域，比如歌厅、美容院、餐饮业等，包括时效性要求高的水果、蔬菜、海鲜之流，尚有缓冲的余地。

高房价、高房租不仅压迫了传统商业的生存空间，同样戏剧性地恶化了普通人的居住水平，尤其是在房价与房租迭创新高的北京与上海表现最为明显。

众所周知，鉴于我国所有最优良的资源都集中在国内中心城市，特别是京、沪等一线城市凭借其就业、教育、医疗、治安、交通和人文等多方面的优势吸引了大量的外来人口。如此便客观形成了各大城市人居资源相对供不应求的关系，房价与房租多年来便呈现水涨船高态势。

由于房价和房租让外来者可望而不可即，便有不少“北漂”和“沪漂”近年来萌生退意而离开京、沪。但同样有很多无房无车无户口的京漂没有被高房价逼走，反而选择坚守在北京。然而，坚守北京的“小强”们也不得不一年一年地远离京都，从租住市中心退却到三环、四环，再从三、四环转徙到五环、六环，甚至现在很多追梦的年轻人已经租住河北的近京地区，为了上班每天奔忙于京城和居住所在的两地之间，步步高升的京城房租将大家逼退到了谋生城市的边缘。

对北京熟悉的人都知道，中国首都的格局颇似一块硕大无比的环状水泥大饼，或者说像个箭靶，二环路以内是分值最高的红心，三环次之，四环更次，到了六环以外基本可算是脱靶了。这些年，很多租房的京漂朋友们犹如一个个孤独的箭镞，从箭靶的红心向外面扩散迁移，直至脱靶成为“北京逃兵”。

北京目前的房租水平是三环以内的一居室，只要不是20世纪80年代前的破旧老房子，基本要5000元的样子，租住中关村一套一居室当下行情是每月6000元起步。纵然按照官方的乐观数据，根据近期发布的《青年蓝皮书：中国青年发展报告》的相关内容，2014年北京青年人群中有五成以上租房居住，平均月租金为1993.4元。然而这一不到2000元的房租，很多租房客指出其实反映的是人们搭伙租房住的成本。上海方面的情况同样是不遑多让。

依目前京、沪谋生的普通打工仔们的税后收入水平，在先满足吃饭穿衣并省下少量储蓄以备异日看病求医或其他大额开支项目外，哪里有足够的资本在市区租住称心如意的房子！这些不得不搬到城郊甚至是外省租金便宜地方去住的北京人和上海人，要付出每天忍受租住地相对落后的配套服务设施和恶劣交通条件的代价，将大量时间浪费在地铁公交上，最近两年还多了市区的龌龊空气——雾霾。但是承受痛苦的人们谁也没辙，毕竟条件好的用人单位基本都在市中心区域，上班的公司企业永远不会挪窝，只好人来挪了，好在老话说过，“人挪活，树挪死”。

尚未潜逃者多选择群居，十几个人挤在京城圈内的一个小套房内，上海在清理整顿群租房之前也出现了类似的情形。我们知道，昆虫总是习惯于成群拥挤于阴暗潮湿的巢穴里，老北京话里所谓的“人虫”一说在今天有了新的含义，旧时的“人虫”是指那些成不了龙但却精明如“虫儿”的某一行当的行家里手，而今则对应群租一族。

这些被高房租从城市中心驱赶到边缘，被迫群租、拼租的“京、沪人虫”的居住环境如何？据北京的房产中介透露：“大概5年前开始，租房市场开始进入火热期，很多地方的地下室都住满了人，而大户型出租房也被打上隔断以增加房租收益。我见过一个客厅被打成3个隔断和将厨房也改装后出租的房东。”上海方面的情形是，某媒体记者现场看过一套面积约160平方米的公寓，这套三室两厅两卫的公寓从宽大的客厅到最小的“保姆间”都明显有隔断过的痕迹，地板上留下了摆放过多张床的印记。更有知悉内情的中介表示，实际上最狠的是“二房东”（指整租下房子再改建为群租房转租牟利的职业食租客）。相比大房东将一间客厅打成三四个隔断，那只算作小意思，甚至可以说简直太人道主义啦！

鉴于群租存在明显的安全隐患，北京市政府在2013年7月出台了限制群租的管理规定，申城上海也在2014年春跟进了北京的做法。北京市的政策规定，出租房屋人均居住面积不得低于5平方米，每个房间居住的人数不得超过2人，不得改变房屋内部结构分割出租，厨房、卫生间、阳台和地下储藏室等禁止被用于“卧室”用途。上海人做事更仔细，政府十家部门联合发布了《关于加强本市住宅小区出租房屋综合管理的实施意见》，定义了五类群租行为，针对包括房主、二房东、中介、租客等不同主体的违规者都有相应处罚措施。

北漂、沪漂中的很多人选择拼租、群租，本属于为应对过高房租以减少居住成本而出现的客观现象，政府出于自身考虑出手清理整治群租，而房租目前还没看到下跌甚至是减缓上涨的明显迹象，于是京、沪群居一族就更纠结了。响应政府号召，鄙视群租而在市区正经租个地方住，可惜囊中羞涩租住不起，现实的应对之策就只能有两个选择了，一是在不被政府排查的情况下尽量合租，二是向更偏远的地方“流窜”。事实上，要在市区内继续偷偷合租已经不容易实现，精明的上海中介的反应最有代表性，多数房地产经纪机构都弃做这种业务而对群租敬而远之。原因再简单不过了，群租房安全风险大，操作流程复杂，所得佣金有限，一旦被政府部门查到更被动，所以做群租不划算。

但是需要“廉租房”来安身的人们的切实诉求如何来保障？目前暂时看不到眉目！京城也罢，大上海也罢，目前的房价水平让普通人望洋兴叹，加上严格限制购房的政策，未来有资格买房的外来人口势必会越来越少。但是来京、沪讨生活的外地人却可能继续源源不断，这样北京和上海就仿佛成了两座只租不卖的大客栈，租户的各色人等都齐活了。工作在繁华的市区，居住在“乡下”，相关人等每天涌进首都和申城，然后再当天撤出来，京、沪两城大概就是传说中的房产公园啦。

话说回来，政府严查群租也可能有好处。有中介人员坦言：“群租查得紧了，二手房租售市场的泡沫肯定要被挤出来。”更有知情人士偷偷透露，查禁群租后很多房东很着急，委托经纪商“急售”房屋。如果这招在未来真能将房价和房租水平逐渐降下来，也算是“都市逃兵”们的长远福音！

而经济界人士最焦虑的是，2008 年以来快速膨胀的房地产泡沫积蓄了巨大的金融风险，而且对我国金融安全的破坏性威胁是多重的。

发展房地产别看技术含量很低，却属于金融密集或者说货币资本密集的行业，开发商囤地建房需要花费大量金钱，房价不断走高更是消耗货币流动性。货币相当于经济体系的血液，楼市像资金黑洞一样吸走了多数的血液，就导致整个体系血脉紊乱了。

有一个很形象的“水库理论”可充分说明因房地产乱象引发的高危金融情势。

央行就好比是江河的源头，国家投放的货币是江河中的水流。江河流过的地方有了村落和城市，各种水里和陆地上的生物都需要依靠水的活力才能生存繁衍。房地产如同利益集团在上游修建的大水库，这个水库里养了太多贪婪的“恶鱼”，有奸商鱼（大小开发商）、赌徒鱼（投机炒房者）、贪腐鱼（贪官污吏）、食利鱼（房东）等，这些年来水越来越深，“恶鱼”们也越养越肥大，消耗水的能力越来越强。因为水库截留的水量越来越多，下游的水就越来越少，以至于水库之外地方的各种动植物就越来越生活艰难，村庄和城市逐渐失去活力。为了缓解下游的缺水干旱情况，国家就只好在源头不断加大供水量。然而尽管央行屡屡放水，但每次都被水库截留了主要新增水量，能够流到下游的水有限，达不到救援下游的效果。而且，水库截留的水量越多，本身的风险也就不断累积加大，因为堤坝并不安全，上面有很多的空心砖（金融杠杆），大坝的承压能力也是有极限的，堰塞湖一旦决堤的后果大家都明白。

面对下游的严重缺水，政府和央行非常为难。不放水，下游出现大旱，最后国将不国。继续盲目放水，结果是水库风险更大，下游依然无水。最后水库还将崩溃，洪水肆虐后，水库里的肥大恶鱼们要干死，下游也将再承受洪涝之苦。

这种水库，因为其中的“恶鱼”太多太大而完全破坏了正常的经济生态循环。水库里的“恶鱼”们时常会因为缺氧大喊放水救命，下游长期缺水的村庄与城市中的鱼虾和动物也因为旱情而大喊救命放水。

要想让生态恢复正常，就只有下狠心对水库进行改造，同时疏通上下游的水道，这就是结构性改革。要引导资金流向实体经济，就相当于从霸占了主要水资源的房地产水库中分流，撬开不安全的空心砖泄流，就相当于去杠杆。这样，水库的水位大降，里面的鱼就要死一大批。但是，下游的鱼虾青蛙们就有活路了，动植物也获得了活命之水，村庄和城市才能再度恢复生机。这就是目前中央在准备做的事情，控制央行供给水流的力道，在金融结构性改革上做文章，也就是李克强总理再三强调的盘活存量、用好增量。清除水库里的贪腐鱼，就是反腐风暴。开辟能绕过水坝的途径直接放水给下游的某些河道，就是限制涉房贷款和定向微刺激。在降低水库坝压的同时，还需要清理衍生的次级蓄水坝，也就是理财产品等影子信贷。等到把当下的险情处理的差不多了，就能彻底重新建构整个水循环系统，也就是全面的金融改革。

不改革而继续放水，堤坝崩溃的危险将来自于恶性通货膨胀。长期的通货膨胀得不到遏制，唯一结果就是加剧两极分化，加上高房价本身的财富洗牌效应，不仅会导致经济进入死局，还会有引发社会动荡、政治危机的风险。

另一个显著的风险在于房地产酿造的债务危机。

开发商从银行贷款，地方政府借钱上项目，还有家庭按揭购房，包括很多企业融资，基本上多是以地产、房产为抵押物。房地产贷款目前占到商业银行贷款的1/5左右，在商业银行的贷款总额中，至少2/5是以房地产作为担保的。在房价、地价上行的时候，银行对风险不敏感，但是当房地产价格涨不动甚或是进入下跌通道时，银行的风险就凸显出来了，当初的抵押物和相关贷款都成为毒药资产。当代中国经济史表明，我们可是一个喜欢内部违约的国度，企业间三角债爆发过数次，银行体系也曾经濒临破产过。假如房地产继续发高烧，那么银行业命系债务人，而债务人命系资产价格水平，资产价格的泡沫又随时可能被刺破，金融系统的风险就势必一定爆发。

此外，近两年国内的不少大中型房企为了维持资金链，还从境外金融市场拆借来了很多资金，包括通过虚假的出口贸易从境外融资。目前由于人民币汇率的连年升值不仅成了强弩之末，而且已经开始走软下行了。如此，相关企业要偿付的债务负担加重，经营风险更大，它们一旦出现违约，不仅感染到国内的其他企业、个人和银行，也将使得宏观经济受牵连而恶化，包括中国企业的国际信用以及人民币汇率也同样要遭受波折考验，国内外主体对中国金融体系的信心可能进一步下降。

房价与人民币汇率的双双高位还引起了严重的资本出逃隐患。国内很多城市高企的房价已经与境外房地产形成了倒挂的价差，尤其是京、沪等城市的房价与欧美大城市相比明显夸张。加上人民币汇率也虚高，所以懂行的人一般都会考虑抛掉高价的中国资产，换成性价比更优的境外资产，很简单的资产置换套利操作。包括2010年兴起的新移民潮，很多外迁家庭也在无意识中这么去做了，如此就导致中国资金的外流，尤其是外汇储备的外溢，后果是国内流动性显著降低。

事实上，即便那些不打算移民的人，京、沪房价泡沫也给有心人提供了极好的经济套利机会。比如说，一对住在北京西城区的 60 岁老夫妻，其房子按照所谓的学区房的价格能值 500 万，假定按 85 岁的卒年，他们每天的住房耗费简单平均下来为 540 元（不算复利），还要呼吸着雾霾空气！对那些无子女需要继承房产的老头、老太，其实最理想的经济方案是卖掉北京的高价房，搬到一个自己喜欢的环境优良、房价低的城市，比如说云南的大理市，这样晚年的生活品质要比留住京城高出很多的！

2008 年以后各地愈演愈烈的造城运动还制造了很多社会不和谐因素。大家最熟悉的就是强行拆迁中出现的各种悲剧了，因为暴力强拆置受害者于死地的恶性事件近年来被媒体公开报道的就有不少起，而网络上的相关曝光资料可谓数不胜数。国人迷恋房地产带来的财富幻觉也让有识之士为国家的经济前途忧心忡忡，“一流国家拼科技，二流国家拼福利，二货国家拼房地”，这句经典评价就代表了相当一批青年人对我国经济现状的极度失望！

古人说“养虎遗患”，纵观 2008 年以来中国房地产泡沫造成的各种混乱与险象，我们在房地产大跃进这件事上真可谓是“养房为患”！

风声鹤唳

2013 年 8 月末，一则重磅财经新闻震动了中国投资界。华人首富李嘉诚于出售其旗下两大核心企业——和记黄埔和长江实业在香港的多宗业务和资产后，开始抛售在中国大陆的物业，出售对象包括上海陆家嘴的“东方汇经 OFC”和广州西城都荟广场。2014 年 1 月，李嘉诚家族在连续卖出上海、广州和南京三地的物业后，其子李泽楷又将旗下的北京物业列入卖出名单，并于 4 月以 9.28 亿美元价格出售了位于北京三里屯的盈科中心。同期，李氏家族不断加强其对欧洲市场的投资，尤其在英国的家族产业被优先重视（见图 8 –5）。

图 8-5 “李超人”弃亚投欧

李嘉诚先生出售大陆资产的消息很快引起了多方关注。

万科董事会主席王石当时就在微博上直言：“精明的李嘉诚先生在卖北京、上海的物业，这是一个信号，要小心了！”

很多财经分析人士都认为“地产巨子撤资中国”、“李氏家族跑路欧洲”，对中国房地产业属于不祥之兆。因为这位精于投资的大佬相当于用脚投下了对中国房地产的不信任票，下一步国内持续多年高热的房地产泡沫也可能支离破碎。

除了李氏家族用行动不看好中国房地产外，国内外不乏有识之士也在前两年就明确指出了我国房地产业面临的黯淡前景。

官方权威智囊——国务院发展研究中心主任李伟在 2013 年指出，房地产泡沫继续膨胀，已经成为威胁中国经济健康发展的最不可测的风险点。野村证券分析师张智威及其研究团队也较早就持类似的观点。地产大亨王石在继 2013 年 3 月做客美国哥伦比亚广播公司（美国三大电视网之一）“60 Minutes”节目指出中国楼市存在泡沫且对经济构成危险后，又在评价 2013 年的反腐风暴时表示：对存在泡沫的中国房价来说，反腐是最大的楼市宏观调控！

香港超人、国府智囊、国际投行、地产大佬们在换届之年纷纷不再看好中国房地产的后市，来自民间的唱空房地产之声更是此起彼伏已经多年。

中国房价自 2008 年以来以自身持续多年异常亢奋的坚挺表现嘲笑了很多看空它的人们，使得大多数国人不再相信“花无百日红”而痴迷于“房价不败的神话”。这次它还会一如既往地无情碾碎“空军们”的美梦而继续高歌猛进吗?

很不幸，有日出必有日落！当下的现实从各方面表明，楼市下坠的时刻已经真实开始了，而不仅仅是传说中的拐点！

事实胜于雄辩，让我们看看全国各地的楼市正在发生些什么。

出乎世人预料的是，楼市率先松动的迹象来自于江浙板块，中国最为富庶的江南产业区第一个承受不起超级房价的沉重压力了。

温州房地产泡沫破裂、众多企业陷于三角债危机、老板和炒房者跑路玩失踪，这些已经是无法再吸引眼球的旧闻了。2014 年春，来自杭州和长三角地区的房地产动态让“多军们”不寒而栗。

杭州市统计局发布的数据显示，2014 年 1 ~ 2 月杭州商品房销售面积 111.57 万平方米，同比下降 19%，其中住宅销售面积 88.43 万平方米，同比下降 24.1%。同期，杭州透明售房网数据显示，杭州市区的存量房多达 11.3 万套，可售面积近千万平方米，处于很高位置，市场竞争前景异常激烈。

比成交量显著下跌和天量库存更让开发商们难受的是，杭州房价失守了，各楼盘、各房企的报价接连折头向下（见图 8 – 6）。

图 8 – 6　2014 年春节后杭州楼市跳楼漫画

新春佳节刚过没多久，杭州城北桥西板块的“德信·北海公园”就于2月18日宣布特惠价格清盘了。次日，毗邻的楼盘“天鸿·香榭里”也高调跟进降价，在莫干山路上打出“直降6000元不余杭”的大幅户外广告，以折后起价11800元/平方米、均价13800元/平方米走货，相比此前的17200元/平方米的起价水平直降5400元。有“天鸿·香榭里”的业主向媒体泣血哭诉，就在降价前以19300元/平方米的价格买下了该楼盘的房子，数小时内损失了50万元。21日，全国著名的杭州房闹以维权为名再度粉墨登场大闹“天鸿·香榭里”，爆出2014年中国第一起房闹事件。事后，浙江天鸿房地产开发有限公司董事长梁鸿眉在当月24日回应被砸事件时表示：本企业是在“北海公园”和“滨江·万家名城”等项目调低其销售价格后，迫于竞争和回笼资金的压力，公司才决定跟进降价（见图8-7、图8-8、图8-9）。

图8-7 “天鸿·香榭里”降价广告

图8-8 2014年杭州房闹现场照片

图 8－9　被房闹砸毁的“天鸿 · 香榭里”沙盘

蝴蝶效应很快就显示出来了，3 月份杭州多家楼盘纷纷降价促销。香港九龙仓置业有限公司（Wharf Holdings）将其三年前拼来的地王项目“君玺”以低调价格推出入市，保利地产在杭的“梧桐语”项目、绿城和融的“绿城西溪融庄”、金隅地产旗下的“田员外”项目、龙湖地产的“香醍溪岸”、杭州开元集团的“开元名郡城”、杭州洲际的“钱塘梧桐蓝山”等知名楼盘相继明里暗里降价。

进入 4 月后，杭州楼市降价潮再接再厉。华元房产集团旗下的玉榕庄、美林公馆和天鹅堡等项目自 4 月 10 日开始执行具有震撼力的价格，以期实现清盘的目标。很多开发商据说也在以“零利润”跑盘。临平板块、萧山板块、勾庄板块等近郊房地产项目降价相当坚决，尤其是勾庄板块的价格战打得最为凶猛。杭州主城区的楼盘也被四周跑盘求生的氛围拖下水来，各路人马肉搏混战成一团。尤其是全国性的房地产巨头万科在 4 月 11 日加入降价行列，标志着杭州楼市的全线沦陷。因为担忧杭城房闹们的搅局，开始降价者们还羞羞答答的，当发现降价后走货依然艰难，而且越来越多的难兄难弟们在低下身段抢饭碗时，连一线的开发商也顾不得脸面而大大方方地自降身价了。

另外一大批开发商则被迫采用拖延战术，放弃近期开盘或者是将开盘时间一拖再拖，害怕触霉头也罢、观望也罢，眼瞅着存货堆积在家里都不是件让人愉快的事情。当前降价或推盘也是需要资格和实力的，更多的尚未入市楼盘面对先走一步的弟兄们之间的“非理性竞争”，面对“整个行业的信心正在不断下降”，杭州楼市全面降温的事实让开发商们欲哭无泪。

降价背后是供求关系的恶化与失衡。2013 年杭州市全年土地出让总收入高达 1326.9 亿元，比 2012 年的 611 亿元翻了一倍还多，刷新了杭州近 4 年以来土地出让收入的最高纪录。此前的 2009 年杭州土地出让金以 1054 亿元位居全国第一，2010 年以 738 亿元位居全国第六名。仅拱墅区 2013 年土地成交建筑面积就高达 218 万平方米，同比增长 184%，为 2013 年全年销售量的 2.5 倍。这些数据意味着，接下来天堂杭城还不断有大量的新增住宅供应，未来潜在供给压力极大。

而市场的承受力却因为让人炫目的房价、国家货币政策收紧和银行惜贷等因素的交合作用而削弱。数据显示，2014 年第一季度，杭州主城区商品房成交套数 5276 套，创了近三年来同期成交套数新低，还不到去年同期的 50%。目前，国内楼市的降价通道已经非常明显，整个市场预期逆转，杭州房地产的去库存化之路并不乐观。

再来看杭州周围的情况。浙江海宁多年来以“中国最大皮货城”的名头为很多人所熟知，这个嘉兴下辖的县级市每年皮革制品的吞吐量占全国一半以上，全球的 1/5。在 2013 年中国百强县排名中，海宁位列第 21 位，当年 GDP 为 633.65 亿元。这座小城有着浙北第一富的美誉，和义乌、柯桥、路桥、永康并称为浙江五小天鹅！

然而，海宁的楼市在进入 2014 年后却呈现出危若累卵的态势，资金链断裂、超高库存、需求萎靡等多重病症折磨着当地的房企。

4 月中旬，海宁立德房地产开发有限公司破产的消息被媒体报道。该房产公司是当地一家规模较大的企业，产业涉及房地产、酒店餐饮、文化艺术和袜业等，资产规模达十几个亿。但由于民间私贷纠纷，该公司老板自 2012 年 9 月开始甩卖旗下资产，在 2013 年至 2014 年初未能如期偿还多笔民间借款后，多名债主已将其告上法庭。资金链断裂最终使得这家房企破产，其旗下的多个房地产开发项目也沦为烂尾项目。

立德房产只是海宁很多企业的一个缩影，在 2009 年兴起的房地产大跃进中，很多当地企业都转向进军房地产，而之前大家都不是干这个的，例如开发“卡森·卫星城”的卡森集团是做皮革和家具起家的，“康桥名城”的开发商吉恩仕的主业是纺织，而开发“上城天地”的明仕达是家经编企业。进入海宁楼市的外来房企只有滨江、新湖、开元等寥寥几家，目前的绝大部分楼盘都是本地企业开发的，其中绝大部分又都是新兵蛋子。

早在年初，海宁的一些中小房企就开始了降价促销的活动。知名楼盘中，“康桥名城三期”是全城第一个价格明降的，在售楼处打出了“封顶价 9600 元/平方米”的标语。而此前康桥名城一期的销售均价根据官方公开信息为 12000 元/平方米。

开发面积达 110 万平方米的百合新城项目是当地最大的一个楼盘，这一由绿城和新湖集团合力打造的楼盘一直被视为海宁楼市价格风向标。目前，这一楼盘陆续推出了各种价格优惠活动，以对抗竞争对手们的明降或暗降带来的销售压力。而当地标志性楼盘的领降本身就意味着海宁楼市的前景飘缈。

根据媒体报道，海宁大街上随处可见房产公司的促销广告，“慕容城”、“景湾银座”和“开元名都”等为拉客、抢客斗得不亦乐乎，当地一家大型房企的高管在 4 月初就对 21 世纪网表示：“海宁的楼市就要崩盘了。”

海宁楼市危机的原因与各地的情况大同小异，典型症状表现为严重供大于求，而且还夹杂着浙江省近年来很突出的债务危机因素。

根据海宁市统计局发布的数据，2013 年海宁全年房屋建筑施工面积达 1482.63 万平方米；2011～2013 年，海宁分别完成房地产开发投资 49.84 亿元、65.18 亿元、83.63 亿元，同比分别增长 67.1%、30.5%、28.3%。而海宁透明售房网的数据显示，截至 2014 年 4 月，海宁全市可售房源超过 1.6 万套，可售面积接近 200 万平方米。相关数据表明海宁的房地产供给增长极快，2012 年 2 月 12 日，当时海宁全市可售商品房总套数 6111 套，两年的时间就净增加了一万套有余，增幅高达 166%。目前海宁楼市的库存量远远超过嘉兴的其他县市，甚至与浙江一些地级市不相上下。比如，相邻的桐乡全市可售房源在4月中旬为9615套，可售面积124.83万平方米，桐乡2013年GDP为573.47亿元，仅稍逊于海宁；而2013年金华市区（浙江省的一个地级市）的可售面积也不过为209.97万平方米。

当地房地产人士披露目前在建在售的楼盘面积就达到了950万平方米的规模，而且其中多为大型楼盘。例如，卡森集团投资的“王庭世家”规划建筑面积约为140万平方米，这还仅是该集团雄心壮志的“卡森·卫星城”的一期项目，“卡森·卫星城”拟作为海宁中心附属新兴小城。而开元房产在海宁的一个城市综合体开发项目占地约为210亩，拟建造的物业包括五星级酒店、商业、住宅及高档写字楼，其中酒店规划高度238米（建成后将是浙北第一高楼），总设计建筑面积为65万平方米。除了上述大型在建项目，海宁当地已经开业和在建的商业综合体还包括45万平方米的“名力都会”、43万平方米的“银泰城”、16万平方米的“佳源中心广场”和7万平方米的“骏兆商业广场”等。

按照每人30平方米的标准，上述在建在售的楼盘可以足足安置30万人，而目前海宁的总人口（含流动性人口在内）才68万人。

在销售方面，海宁透明售房网数据表明2014年一季度与2013年同期相比，无论是销售面积还是销售均价都下滑明显。以3月的数据来比对，2013年3月海宁市销售住宅套数为778套，其中市区住宅406套，市区销售均价达到12000元/平方米，而2014年3月全市销售住宅套数为330套，市区住宅174套，市区销售均价10021元/平方米。

依照2013年3月778套的销量，海宁仅消化这1.6万套房源就需要21个月，若按照地产界人士提供的950万平方米在建在售面积（官方的1482.63万平方米建筑施工面积数据更为骇人），消化这些库存将超过8年，足够打一场抗日战争了。

超热房地产和超高库存的背后当然少不了当地政府的造城冲动与卖地热情。根据海宁市政府近些年的政府工作报告，该市自2011年开始加大了推地节奏，当年全市供应建设用地11003亩，规模创历史新高；同年还探索出托管式土地流转新模式，全年新增土地流转面积2.66万亩。2012~2014年的土地供应面积分别为4500亩、5000亩、5000亩。城市扩容方面，2011年海宁市区建成区面积从23平方公里扩展到31.8平方公里，而根据规划到2015年，海宁市区的面积将达到40平方公里，几乎翻倍。

房地产指望再像2008年那样绑架中国目前看来是绝对没戏了，但海宁这座富裕产业城市如何挣脱当地房地产的绑架却是个很现实的问题。

类似杭州和海宁的情况，浙江其他城市的房地产业也险情频发。余姚在2014年春天迎来了艰难时刻，宁波市的奉化今年3月份爆出了引起全国金融市场高度关注的大事情：当地最大的房企浙江兴润置业投资有限公司因负债超过35亿元而濒临破产，其中还涉及非法集资，吸纳公众存款规模高达7亿元。

自古为东南名胜地的富饶浙江扛不住了，毗邻的江苏情况也很糟。截至目前，南京、苏州、无锡先后都有中小开发商倒闭破产，九龙仓在常州的“年华里”项目也因急着跑盘而在3月中旬降价近24%以求早日抽身，报价从6300元/平方米降至4800元水平，降幅为1500元。有趣的是，常州市在长三角区域可是有名的且唯一的楼市价格洼地，官方数据表明常州楼市当下的供需比例为1.4，表明长期处于供大于求状态，按照目前的销售速度，至少需要20个月才能消化库存。至于昆山、常熟、江阴和张家港等地的情况，就更没法与富庶的苏锡常相提并论了。

长三角地区是我国经济最具活力的地区，人口上也属于正流入区域，房价多年来一直处在全国前沿。糟糕的马年让富饶江南地区的房价都摇摇欲坠了，可见中国房地产“马上见鬼”啦！

我们再将目光掉向西部，聚焦西南商业都会成都。

2014年3月，九龙仓因先下手为强降价而在成都引起房闹事件。因位于成都二环的“九龙仓御园”二期、三期项目和“九龙仓御公馆”大幅降价达5000元/平方米的跳楼行动，前期购买的上百名业主封住了售楼部，打出“价格欺诈、坚决退房”的横幅。

在九龙仓抢先动手跑盘后，由雅居乐和星河湾联合开发的高端楼盘“铂雅苑”也于3月突然宣布降价，最高降幅近6000余元/平方米。

“铂雅苑”和“九龙仓御园”的降价还不是个案，马年春天成都的很多楼盘都在以价格折扣、买房赠送车位与家具、免税（即卖家付交易税）以及其他优惠方式变相降价。在各路开发商为回笼货币并出脱生天的队伍中，自然也少不了万科的身影，仅在4月初，成都的“万科金色悦府”就将售价从1.15万元/平方米下调到了1万元/平方米。

搞笑的是，国家统计局公布的《2014年3月70个大中城市新建商品住宅价格指数》，居然显示成都房价环比增长0.3%，同比增长了8.3%。

由嘉联地产提供的数据显示，成都房地产成交量也呈现显著萎缩情态。2014年一季度整体成交面积同比下降22%。

贵州省会贵阳在西南各大城市中只比西藏自治区首府拉萨醒目，但它大力发展房地产的劲头可不逊色于成都。目前，贵阳的住房建设规模按照规划在数年后可以再容纳300万人，同时在兴建该城的轻轨，还将拥有一坐七星级酒店。而目前贵阳全市的总人口不过在450万左右。按照境外机构的分析，贵阳很有希望成为省会级的鬼城！

唐山楼市因为网传的万科副总毛大庆的内部讲话而在2014年5月为很多人关注。无论这份讲话是否出自万科公司或毛大庆本人（万科在事后否认该发言与本公司的关系），但唐山楼市的情况却真心不乐观。

唐山高热的房地产我们在上节曾经仔细说过，这里只关注目前的价格动态。

2014年一季度，尽管官方数据称唐山房价环比略微上涨，却不能为当地房企带来丝毫慰藉。因为大家环顾四周，很多同行都愁眉不展，一些企业竞相降价也启动不了唐山人的购房热情。包括万科、万达等著名房企都在降价清理库存。以万达集团为例，按照新浪乐居的数据，位于唐山市核心位置的唐山万达广场，2009年12月初开盘的报价为8500元/平方米，价格最低时曾降到5000元/平方米，目前在6000元/平方米左右，销售价格在最近12个月里下跌了2600元，跌幅为27.1%。万科、万达这样的知名企业都要靠大幅降价的杀手锏来化解库存难题，其他的开发商们更是面临着无人问津的烦恼，一些楼盘的售楼处据说甚至一整天都见不到一个来问房买房的。

根据相关公开报道，从2009年到2012年，唐山市在建商品房面积累计有1741万平方米，需要至少20万户家庭才能消化完（按照每户80平方米为标准）。近四年来，唐山的年均销售量只有146万平方米。以此销售速度测算，唐山市要消化这四年新建的楼房库存至少需要10年。而网传的“毛大庆讲话”认为，目前唐山主城区去库存化周期为28个月，整个城市加起来已超过100个月。

唐山楼市的情况或许有些特殊，该市房价在2010年起就停长，销售长期疲软，相关各方认为重要原因在于唐山市于2007年启动的大面积“平改”工程。以2010年《唐山市震后危旧平房改造项目规划方案》为例，该市将改造震后危旧平房536片，建筑面积970万平方米，涉及居民12.8万户；规划建设安置住宅小区135个，建筑面积1600万平方米，建设住房18.84万套，估算总投资340亿元。据媒体披露，有唐山和泰里小区的市民表示，因为平改他家分了6套房子，目前自住一套，“其他的一套养狗、一套养鸽子，剩下三套租了两年都没租出去。”

此外，唐山市多年来的年轻人口外流大大削弱了婚房这一“刚需”成分，使得改善型需求和投资需求在唐山楼市中占重要比例，而且目前这两块的需求也是越来越弱了。

在从南到北各地楼市降价风潮刚起的时候，很多坚持看多房价的人们还认为，不过是三、四线城市的楼市会出些情况，需要调整，而二线城市依然值得长期看好，一线城市更是无降价之虞。

然而，北京和上海目前楼市的演化却对“多军们”犹如兜头冷水一般的冷酷。

2014年3月，“北京万科橙”的降价曾在业界掀起轩然大波。位于通州的“东亚印象台湖”紧随其后，该楼盘二期住宅入市价格从预期的2.6万元/平方米调整为2.2万元/平方米起，且产品由原先预期中的毛坯调整为精装修。有了挑头的，北京楼盘的变相降价在局部区域开始拉开。热点区域亦庄所在地的“万科金域东郡”，从3.2万元/平方米左右，降到带精装修3万元/平方米，实际房价已经跌破3万元；北京城建“海梓府”从3.6万元直接降到了2.88万元，去掉了精装修。“林肯公园”从3.6万元直接降到了3.2万元，对外宣传是2.6万元，因包含了6000元的装修。

五一过后，北京的楼市成交明显冰点迫近。根据伟业我爱我家市场研究院统计，2014年5月上旬，北京新房的网签量为1542套，比4月下旬下跌52.33%，比4月上旬增长24.25%，比2013年同期下跌4.28%，成交量为近四年来同期最低位；5月上旬，北京市二手房网签量为1472套，比4月下旬下跌55.20%，比4月上旬下跌34.66%，比2013年同期下跌2.77%。由于购房者的观望情绪强烈，历年来的“红五月”成了“冷如冬”。而且，多家中介结构预测北京楼市量价齐跌的势头仍将持续。

供给方面的情况截然相反，截至5月10日，北京新建商品住宅的库存量突破7万套，达到70838套，创下了2013年3月至今的新高，库存仅在最近的两个月就增加了超过1万套。

上海方面的消息或许会更让“多军”寒心。尽管上海至今并未出现多少房企降价求售的现象，但是却有一些中高端楼盘纷纷推出了“特价房”，优惠的幅度也堪称不小，预示沪上楼盘价格悄显松动。

4月中旬，徐汇滨江的“尚海湾豪庭”推出了30套左右“特价房”，售价基本在5.1万~5.5万元/平方米之间，而此前报价大体为6.5万元/平方米左右。其旁边在售的“保利西岸名轩”系今年2月开盘的新盘，累计住宅合同均价高达8万元/平方米。根据统计，“尚海湾”在优惠后一周内成交的13套房源共计1926平方米，出货量排名全沪第二，成交均价仅为48898元/平方米；全部30多套特价房源卖完后，实际的价格在5.2万元/平方米，相当于八折左右。

同期，浦东唐镇的“金大元御珑公馆”打出了“七二折”旗号开盘，推出的58套特价房源精装修均价在3.6万元/平方米左右，据说由此而很快销售告罄。据网上房地产信息显示，该楼盘于2013年10月26日开盘，按照原价位截至2014年上半年仅售出了7套房子，累计住宅合同均价为50147元/平方米。如此，这批特价房的价格确实是在七二折左右，不过，目前网上房地产仍未显示有成交记录。

位于卢湾滨江的某中高端楼盘也在5月拿出了10多套房源打折，原先报价在8万元/平方米，打折后卖5万~6万元/平方米。据该楼盘相关负责人说，楼盘近期销售情况很好，“5月以来就卖出了20套，销售额达到3亿元。”

招商万科所做的区域地王项目“佘山珑原”，目前也大幅调整其原先高定位的价格，在其售楼处和楼盘外立面上高调打着“$145m^2$联排立减100万元”的醒目广告。而且根据其销售人员介绍，目前在售的以联排别墅为主的“佘山珑原”二期，虽然产证面积为145平方米左右，但加上附赠的地下室、错层空间、双车位和南北花园后，使用面积可达到250平方米左右。

此外，沪上媒体的报道还显示，“龙湖好望山”、“佘山溪语”、“龙湖滟澜山”、“凯迪赫菲庄园”、“兰湖美域”和“铂珏公馆”等项目在近期都不约而同地推出了价格优惠活动。

房价长期坚挺的沪上中高端楼盘自承前期拿地价格较高、产品定位失误而需要调整促销，实际背景却被认为是必须“降价跑量”、“以价换量”以积极自救。据21世纪不动产上海区域市场研究部对陆家嘴、联洋碧云、新江湾城、古北、徐汇中心等上海豪宅聚集板块抽样调查，4月上海中高端市场未能摆脱下滑的局面，成交量较3月普遍下滑10%~20%，其中浦东陆家嘴等板块更是下滑20%~30%。抽样调查结果显示，市场需求不足是导致中高端市场成交量下滑的重要原因，目前上海各个豪宅板块带人看盘量都有明显的下跌。同时，中高端物业的房东们也加大了降价求售幅度，二手房与新建房争跑道的情况正在发酵中。

与少数中高端楼盘降价求生相比，部分上海普通楼盘普遍选择了低价、平价入市的销售策略。比如，嘉定某刚需楼盘近来推出了80多套公寓房源，均价1.7万元/平方米，较之前1.8万元/平方米的推盘价格有所下调；宝山某楼盘5月初推出的精装修房源单价为2.7万~2.8万元/平方米。不过，从效果来看，近期价格平开的楼盘，其销售情况也并没有大幅提升，专业分析人士称如果选择降价效果会更好，而且开发商应该有空间降价，但目前还是在保利润。

至于更多的沪上开发商，目前多选择了延后开盘以观望后市变化。

根据网上房地产统计，目前阶段上海的存量房约为6.6万套，可售面积略超过1000万平方米，存量维持在历史高位，其中普通住宅1.94万套，面积178万平方米左右。数据表明，上海全市小面积、低总价的普通住宅仅占上海住宅总量的17.24%。目前申城楼市呈现中高端价格松动、一般住宅变化不大的格局，应该与上海住宅市场的结构有相当关系。

上海的房产中介体系一向在全国是最为发达和领先的，它们的动态也往往预示着申城楼市的冷暖。

由于上海楼市成交量2014年来持续走低，房地产行业末端的中介行业已经感到了唇亡齿寒。根据《第一财经日报》的报道，上海两家排名前五的大型中介公司中原地产和德佑地产已经开始裁员。其中一家中介公司的工作人士透露：首期后台裁员10%，涉及研究、财务、行政、人力等部门，门店员工只减不增，短期不再新开门店。另外一家大型中介预计会后台裁员5%~10%。

公开数据显示，2014年4月上海共成交二手房1.72万套，环比下跌20%，同比下跌13.9%，而且是连续第五个月出现同比下跌的情况。

中介行业的波动一向是随市场流量而快速调整的，市场好了就扩张，市场差了关店裁员。尤其是中小中介机构和“夫妻店”，说关就可以关。

2013年时上海楼市火爆，二手房交易也创下历史新高，全年的二手房成交套数约31.6万套，同比大涨60.5%，其中，二手住宅成交29.3万套，同比上涨58.8%。于是，房产中介业在2013年就以“抢人、抢钱、抢地盘”的决心神速扩张。上海中原地产的门店数在2013年9月突破400家，比2012年底增加了100家；主攻中高端市场的德佑地产的门店数则从2013年初的95家扩张到年底的170家，员工人数从2000人扩员到4000人。

现在，中介行业的大佬们也张罗着裁员关店了，可见市场的“速冻”让年初还雄心勃勃要再做番事业的中介行业措手不及。更多的该行业人士则担心，接下去会否出现2011年下半年至2012年上半年的关店潮，那样事情就糟糕透了。上海居民普遍精明，房屋中介市场竞争激烈而佣金水平偏低。相对于开发商犹肯降价促销的心态，二手房东的降价意愿普遍要弱得多，故而二手市场的僵持局面或将会持续较长的时间，这也是中介机构最为担忧的事情。

北京与上海这南北两大龙头城市虽然降价的楼盘并不多，但京、沪也被拖下水了的现实却极具风向标意义。这不仅是显示房价最为坚挺的一线城市在席卷全国的楼市降价风面前同样难以“独善其身”，更彻底表明房价涨声不停的时代已经属于历史了！

各地楼市表现让“多军”目不忍睹，身陷其中的开发商更因为寒冷的行情而备受煎熬。大型房企雅居乐地产控股有限公司目前的情况或可视为典型。

雅居乐地产是在香港上市的著名房企，1992 年就开始涉足房地产业，目前是广东省最大的房地产巨头之一，还是为数不多的被纳入恒生综合指数以及摩根斯坦利中国指数成分股的国内房地产企业之一。

然而，这家巨舰级房企在 2014 年 2 月后却演出了全线大降价的剧目，在常州、成都、广州、佛山等多个城市降价促销，个别项目据说甚至不惜亏本出货。

根据《华夏时报》的报道，“五一”期间，雅居乐在海南的“清水湾”项目打出了“让房价回到 2009 年”的口号，部分房源五折甩货，主推的品种最低总价仅 52 万元/套，而此前的售价普遍在 100 万元以上。

清水湾项目的一位销售人员说：“‘五一’期间推出的五折特价房已经卖完了，有些房源的均价低至 9000 元/平方米，相当于 2009 年的开盘价。”

半价房可能位置、朝向不大好，而该楼盘的大面积洋房也有优惠，大概在 1.4 万元/平方米左右，别墅同样降价出售。而据当地同业人士反映，在海南房地产最热的 2011、2012 年，清水湾一般洋房最高能卖到 3 万元/平方米以上，海景房更远高于该价格，目前部分房源的售价仅为最高价的 1/3。雅居乐跳楼甩货的原因也无玄妙，“海南房地产市场已经在冷却，投资客逐步离场，如果不降价，根本卖不动。”上述业内人士称。

同期，雅居乐还在广东佛山市打出了五折优惠的旗号。佛山“曼克顿山”项目是雅居乐在 2010 年拿下的地王项目。2013 年该楼盘开盘时的报价约为 15000 元/平方米，而在今年 3 月底的一次推盘中，最低售价仅为 8600 元/平方米，不仅相比上一年的最高价位几乎腰斩，比周边售价约在 1 万 ~ 1.2 万元/平方米的房源还要实惠很多，以至于有佛山同业认为“雅居乐亏得一塌糊涂”。

在更早的2014年2月，雅居乐与星河湾合作开发的常州项目也曾六折甩卖。精装房源均价约为12500元/平方米，毛坯房源均价约7500元/平方米，个别房源低至5380元/平方米。

研究机构指出，雅居乐地产在多个城市大幅降价，与该公司日益凸显的资金压力有很大关系。雅居乐在三线城市项目偏多，近年新进军的无锡、滁州、惠州等三线城市项目销售表现不佳，直接影响到雅居乐的现金回笼率。2013年雅居乐的销售回款率仅为70%，属行业中很低水平，而公司净负债率上升至72.4%。2014年4月底瑞信发布的报告则称，雅居乐现金回笼比率跌至很危险的48%。同时，机构推算雅居乐2014年的可售货源为724万平方米，其中七至八成集中在二、三季度推盘，全面整体销售压力极大。

正是出于担心资金承压和销售不利的隐患，雅居乐一方面积极在境外筹措融资事宜，另一方面加快各地项目的资金回笼，或将是为过冬储蓄足够的粮草。而且，雅居乐目前的行动特别强调全额付款，影响资金回笼速度的按揭业务宁愿不做。

雅居乐自己的人员则对媒体表示：过去雅居乐过于看重单个项目的毛利率水平，使得项目的销售情况不太理想而导致存货增加，加上2013年购地支出的资金积压，都需要销售回款来消化。虽然现在的行情不是很好，但能出货总比出不了货好。雅居乐判断自家率先降价不失为明智之举，可能下半年国内楼市的降价幅度整体还会更大。

相比专业房产企业的敏感，近两年插行进军火热的房地产的相关企业表现就更逊了。国内最大的民营钢企江苏沙钢集团5月初就被爆料投资房地产出现了巨亏。

21世纪网报道，因为钢铁行业低迷，沙钢集团为弥补主业不振而选择了商业地产作为副业。但沙钢的冒进却付出了惨痛代价，根据其2013年经营年报和2014年第一期短期融资券募集书的内容，沙钢可能因其子公司宏润房地产开发公司的投资失误发生了7.65亿元的损失。而财报中另一处2013年度土地开发项目损失达6.97亿元，对这一笔近7亿元损失的具体原因沙钢在报告中并未列明。

2008 年 8 月以来，国内钢铁业陷入长期的低迷期，连续多年都是国内最大民营钢厂的沙钢也未能幸免。2010 ~ 2012 年，沙钢集团的营业利润分别为 84.83 亿元、42.52 亿元和 -3.06 亿元，盈利率从 6.28% 跌倒 -0.19%；在盈利水平总体呈下降趋势且波动幅度较大的同时，沙钢的货币资金余额分别为 160.01 亿元、162.73 亿元和 91.95 亿元，下滑非常明显。

沙钢的资料显示，在沙钢的钢铁板块与航运板块都利润菲薄的情况下，其房地产板块即宏润房地产开发公司却在同期保持了 40% 以上的毛利率，尽管后者的营业收入对主营业务收入年年在千亿元之上的沙钢集团显得微不足道。2012 年宏润房地产共实现销售收入 2.22 亿元，净利润为 0.49 亿元。

然而，曾经毛利最高的沙钢房地产板块却在 2013 年为集团财务捅了大窟窿。因为其在一年之内连退 3 块拍来的地皮，总价 41.9 亿元的土地交易损失 7 亿元。

21 世纪网通过调查发现，2012 年 8 月 1 日，张家港市国土资源局连发了 3 条取消相关国有建设用地使用权拍卖结果的公告，而这 3 块地都是由江苏沙钢集团宏润房地产开发有限公司拍得的。其中，张地 2006 - A19 - A 号地块和张地 2006 - A19 - B 号地块为宏润房地产于 2011 年 9 月 29 日以总价 24.7 亿元竞得；张地 2006 - A41 号地块则是宏润房地产于 2010 年 12 月 30 日以总价 17.2 亿元竞得。

张家港媒体的资料显示，41 号地是张家港的地王，当时以 360 万元/亩价格开拍，宏润房地产、保利地产和新城地产 3 家竞买者经过多达 184 轮的竞价，5 号竞买人宏润房产才以 544 万元/亩的价格拍下该地块。

沙钢集团计划用 41 号地块建设的项目叫“港城一号”，总投资规模 27 亿元，规划建筑面积近 40 万平方米，含有国际五星级酒店、高档酒店式公寓、综合商业、甲级写字楼及高档住宅等，是张家港之前面积最大的城市综合体项目。其中拟名为“沙钢双子楼”的酒店规划高度为 303 米，建成之后将成为张家港的地标式建筑。

而“港城一号”还不是沙钢的第一个地王项目。早在 2007 年 3 月，宏润房地产就曾以 314 万元/亩、总价 10.77 亿元击败竞拍对手新城置业拿下暨阳湖壹号地块，成为当时张家港土地拍卖史上的总价“地王”。而这之前的沙钢做的都是代建安置房项目，从未自己独立开发过房地产。据悉，暨阳湖壹号总用地面积22.87万平方米，总建筑面积26.246万平方米，容积率仅0.60，绿化率达56%，是一个高端的别墅项目，2009年开盘时最贵的一幢价格近3000万，当时该“地王项目”也的确为沙钢带来了效益。

2012年，沙钢一次性退掉了3块地，接盘“港城一号”的又恰恰是新城置业，只是这时已经更名为金新城置业，该房产企业于2012年9月以总价14.4亿元获得了41号地块。

宏润房地产拍下的张地2006－A19－A号地块和张地2006－A19－B号地块，原本是想联手万科一起做“金港物流”项目，由于未与万科方面谈妥，沙钢最后也只能退地了。

包括2009年和2010年处于盈利状态的暨阳湖壹号地块上的几个项目，也由于项目开发周期长达7年，到目前尚未全部完成，实际的利润并没有账表反映的那么高。截至2013年9月末，宏润房地产累计完成开发投资34.12亿元，累计实现销售23.14亿元，连本钱都没回收够。沙钢集团的资料也承认集团的地产板块在2013前三季度出现了0.84亿元的亏损，但将亏损原因却归诸于受国家房地产调控政策的影响。

由于退地这意外的结果，宏润房地产给沙钢集团造成了近7亿元的损失，尽管家大业大的沙钢集团能承受得起这些损失，但却极大地影响了集团在2013年的净利润情况。在《2014年第一期短期融资券募集说明书》中，沙钢集团明确表示，发行人在房地产领域未来三年无新的投资计划，亦无新增土地储备。看来盲目进军房地产让这家民营钢铁大亨受伤不浅！

综合当前国内房地产市场各方面的现实表现，很明显，一地鸡毛的中国房地产已经处于泡沫崩溃的边缘。而得出这一结论的机构和人们越来越多，尤其是来自境外的观点，对中国房地产来说简直可以说是四面楚歌！

野村证券这门重炮第一个向中国房地产公开轰击。2014年5月5日，野村证券在其最新一期报告中指出，中国的楼市泡沫已经开始破裂。证据是中国26个省区中有4个省区在一季度的房地产投资是负值，其中黑龙江和吉林的降幅超过25%，说明大规模的供应过剩和开发商资金短缺让多年来过度亢奋的中国房地产已经走到了尽头，其他省区也将陆续出现类似的情况。野村证券的研究团队还认为，中国的GDP增速或将因住房市场的下滑而被拉低到6%之下。

野村公布其报告的同日，瑞银（UBS）也在稍后时间公布了对中国房地产业的评估报告，内容同样是消极的，认为房地产是当前中国经济的第一大风险，并将2014年中国GDP增长的预期从7.5%下调到7.3%，对2015年的预期则调低到了6.8%。

摩根士丹利接下来也加入了唱空队伍，认为中国楼市在未来几个月将出现销售、平均售价均趋恶化的情况。

瑞信在5月的评估报告中对国内著名房企广州富力地产的股价展望大幅降级，认为富力地产2013年飙升至111%的净负债率将使得该企业在2014年必须设法为高达55亿元的国内债券再融资才能不至于违约，此外还有数量可观的信托贷款需要偿还。随着富力的楼盘销售因国内楼市疲软而见顶回落，投资者对富力的信心下降，该企业再融资成本势必趋升，将可能形成恶性循环。

巴克莱银行5月中旬的报告中直率表态，认为中国的房地产泡沫会在2014~2015年逐渐破灭。

2014年5月21日，穆迪公司降低了中国房地产开发商的信用评级，信用展望改为“负面”，这是该公司自2012年11月以来首次改变对中国房地产开发商的信用评估，也是国际三大评级机构中第一个明确唱衰中国房地产的。穆迪驻香港分析师Franco Leung在相关声明中称：“由于信贷质素较差，开发商的流动性会在2014年变得更加脆弱。受近期违约现象的影响，银行在信贷投放上会更为审慎，导致开发商的再融资风险升高。”

这些全球著名金融机构接二连三的集体炮轰顿时让中国房地产的形象在全世界显得灰头土脸。

在2014年唱空中国房地产的个人也越来越多。

4月下旬，原国务院发展研究中心副主任侯云春在表达他对房地产调控和财税改革的态度时指出：如果哪一个国家出现经济危机，房地产都是首凶。我们发现中国各个城市到处都是起重机，到处都在建房子，房地产业肯定存在泡沫。

瑞银独立经济顾问、前首席经济学家乔治·马格纳斯5月中旬在《金融时报》撰文评论当下的中国经济，指出中国经济最大的风险在于房地产崩盘带来的广泛影响。他认为，中国房地产市场出现了长期化的供应过剩，随着房地产市场放缓，房屋开工、完工和销售量将大幅下降，尤其是在一线城市以外的地区。当土地和住房价格下降时，房地产市场以及整体经济就可能出现危机。虽然中国官方数据显示2014年3月70个城市的房价同比仍上涨8%，但实际上，自2013年底以来，房价是下降的。如果中国政府在房地产活动和房价进一步下行情况下出台刺激经济的措施，也只能为金融市场和经济提供短期的喘息空间；而且如果政府采取的举措过猛，将损害经济再平衡的根本战略，届时负面经济影响将更大，持续时间也会更长。

兰德咨询（中国）有限公司（该公司与美国著名的兰德公司无任何关系）的总裁宋延庆在5月中旬接受中新网房产频道采访时，就2013年3月以来全国多地十余家中小房企因资金链断裂而陷入了破产危机一事发表个人观点：“中国房地产面临着新一轮的洗牌，但被洗牌出局的，未必就是中小型房企，而有可能是大中型企业。具体哪些企业被洗牌出局，不取决于规模大小，而是取决于其健康状况。”

连一向为大家嘲讽对象的中国社科院也有专家在5月16日的《中国证券报》上发文称：楼市面临拐点，未来房价或不断下跌。该专家立论的依据主要在于美国量化宽松逐渐退出、国内房地产市场过剩和经济杠杆率过高这三项因素。

资本市场的反应更能说明问题。

嘉实房地产投资是2012年嘉实基金管理公司联手英国高富诺基金组建的专注于大中华地区投资的私募地产基金管理平台，所管理的资产规模曾一度高达28亿元。2014年4月26日，高富诺基金CEO雷纳称，嘉实房地产投资已停止拟推出的规模5亿美元、投资币种为美元的嘉实房地产投资中国综合回报基金的募资，嘉实房地产投资正转为将中国资金投向海外房地产市场。这是继炒得沸沸扬扬的李嘉诚父子抛售内地物业后海外资金撤离的又一个标志性事件。

进入5月后，在香港上市的国内房企的股票遭到一波抛售，中国海外、华润置业、碧桂园、恒大地产等无一幸免，股价纷纷下挫。

名列中国百强房企的光耀地产，今年来因借贷纠纷被部分银行列入“黑名单”，还有幸同时被列入“国家失信被执行人名单”，导致旗下楼盘难以交付、已售单位被银行查封等一系列的问题，甚至一度传出了破产传闻。

国内A股的数据显示，截至2014年3月底，北京城建十大股东的6家基金中，有3只基金大幅减持北京城建的股份。其中，南方成份减仓805.41万股，变动比例为-20.11%；工银核心价值减仓929.24万股，变动比例为-23.84%，而且工银瑞信方面称，是在判断房地产销售回落将成为较长时间内的行业趋势的前提下，选择了降低房地产行业的配置。更加惊人的是，2013年12月底时，尚共有87家机构持有北京城建的18870.46万股，占总股本的21.22%；而到了2014年3月31日，只剩下16家机构持有北京城建的13220.96万股，占总股本的14.87%；短短3个月时间，大量机构撤出了北京城建。话说是“春江水暖鸭先知”，资本市场对金融气候的变化是最敏感的，如此高比例的机构减持北京城建的股份，分明是不看好京城楼市的未来。

最新出台的国内房地产相关数据则在侧面支持了诸多看空中国房地产者的判断，尤其是库存和销售的数据。

截至4月底，上海易居房地产研究院监测的35个重点城市新建商品住宅库存总量为2.49亿平方米，环比增长2.6%，同比增长19.5%，库存创下了历史新高，未消化的新增供应继续“加码”本就不堪重负的楼市库存。

另据机构统计，2013年年底，146家上市房企的存货金额历史性地突破2万亿元，而截至2014年3月底，这一数字攀升至2.13万亿元，同比增幅达到25%。

数据显示，35个重点城市中有28个城市库存在4月份出现了同比增长。其中南昌、济南和宁波3个城市的库存同比增幅分别达到68.6%、63.8%和

56.8%；同期，35个重点城市新建商品住宅月度新增供应量为2138万平方米，环比增长10.2%，同比增长2.6%。这是2014年以来单月新增供应的最高水平，表明整个市场推盘节奏正逐渐加快。分城市看，4月份，一、二、三线城市的楼市库存均在持续积压。35个城市中，一、二、三线城市新建商品住宅库存总量分别为3032万平方米、1.8亿平方米、3796万平方米，环比增长分别为4.6%、2.4%、2.4%，同比增长分别为12.4%、19.2%、27.6%。

截至5月10日，北京新建商品住宅的库存量突破7万套，达到70838套，创下2013年3月至今的新高。截至5月12日，上海新建商品住宅的存量为65987套，合计面积1026万平方米，存量同样维持在历史高位。

然而，成交量却让开发商沮丧。4月全部35个重点城市的新房成交量为1503万平方米，同比减少21.4%，环比增长0.1%。而上海易居房地产研究院监测的30个典型城市当月新建商品住宅成交面积为1266万平方米，同比减少21%，环比减少4.7%。

4月份，35个城市新建商品住宅存销比为15.2，这也意味着市场需要用15.2个月的时间才能消化完这些库存，而在3月份，该数值为13.9个月。一般情况下，存销比大于12个月，表明房价面临较大下跌压力。房价最为坚挺的北京和上海，4月份的存销比就双双站上12个月大关，分别为12.3和12.2个月。

中原地产研究中心监测的54个城市数据显示，2014年五一假期新建住宅合计成交仅为23.6万平方米，较去年同期大幅下滑47%，并创下四年新低。

中原地产研究中心还统计了30家上市房企发布的前4个月的销售数据。30家房企2014年前4个月累计签约金额4053.4亿元，较2013年同期的3904.5亿元上升3.8%，其中4月份签约金额为1000.5亿元。但30家房企中的19家公司其销售业绩都出现了同比下滑的情况，占比超过六成。其中合生创展前4个月合计销售仅12.21亿元，同比大跌65.2%，而首开股份、瑞安房地产、恒盛地产的业绩降幅也超过了50%。之所以30家公司的总销售金额比2013年同期略有提高，主要是因为销售额达到千亿元级别的少数龙头房企的销售业绩在整体市场趋冷的情况仍然逆势大增。以恒大地产为例，其前4

个月合计销售高达 443.9 亿元，同比大增 77.7%，已完成今年销售目标约 40%。其中 4 月份销售金额为 138.9 亿元，同比增幅达 91.2%。另外两家“千亿俱乐部”成员万科和碧桂园，在前 4 个月也分别实现了 669.6 亿元和 410.5 亿元的销售金额，同比增长 19.6% 和 78.1%。此外，位于房企第二梯队的富力地产和融创中国，前 4 个月的销售业绩也大增 51% 和 27%。

上市公司出现了大鱼胜小鱼的情况，放大到全国范畴也应该是类似的情况。实际上，在我看来，更真实的情况应该是南方企业胜北方企业以及快鱼吃慢鱼。因为万科、恒大、碧桂园和富力等大本营设在广东的公司都早已体味到市场冷暖的变化而及时在销售策略上做了应变调整，在产品品质有更高保证的情况下降低价格，自然竞争力优于一般企业。而北方的企业面对市场降温还持观望态度，自然销售业绩在总份额中所占的比重显著下滑。

对于楼市进入 2014 年后的降价表现，多数国内分析师将原因主要归诸于银行涉房贷款方面的从紧从严以及利率的上浮。认为目前银行对于房产的贷款仍然在紧缩，不仅仅要限制贷款的额度，还要对存贷比进行严格控制，即根据存款来控制贷款的数目。相对于过去有多少房贷就放多少款的情况，现在是压着不放，短的要一两个月才放款，时间长的就更没有定数。贷款利率方面，对于房贷的优惠越来越少，多数银行对于房贷利率都要上浮。除此之外，他们还认为，限购依然没放松和房产政策不明朗也是迫使开发商降价跑量的决心。

不错，单就“市场需求”显著下滑而言，确实是国家银根收紧和银行惜贷两大因素给了楼市沉重的打击。然而，这种打击是必须的，因为所谓的需求本就是泡沫需求，不下决心挤出这些泡沫的话，我国经济面临的风险永远无法消除，甚至还会越来越危险。

事实上，房价之所以能够藐视众生而持续高涨，尤其是 2009 ~ 2012 年加速狂奔，根本原因就在于央行多年来近乎不负责任的货币政策和银行的信贷盛宴。然而，央行的货币政策目前也被高房价逼进了死胡同，继续货币扩张是饮鸩止渴，炉火上的壶水已经从之前的 80℃烧到了 90℃……95℃……100℃了，难道还打算战胜物理极限让它达到 110℃、150℃不成？我国的货币扩张不是可以无限度进行下去的，也存在若干硬性制约。最显著的就是通胀，恶性通胀不仅会导致经济紊乱，老百姓怨声载道，还通常会引发社会危机与政治危机，可以说是人神共愤！同时，我国人民币汇率的下盘虚浮，外汇储备又相当于借来的他人资产，继续强发货币，势必导致人民币购买力无可挽回地坠向深渊，是个明白人都会抛弃不值钱的人民币而兑换更实在的美元或其他外币，进而使得外储流失且人民币汇率大幅贬值，这是动摇国本的取亡之道！新领导团队一再表态坚持不放松货币，显然对相关风险是高度警惕的。

银行对涉房贷款态度转为谨慎也是顺理成章的。且不论开发商们自己多次得意地喧嚣绑架了银行而给后者造成羞辱，也不说银行体系模拟测试过房价大跌后自己的承压能力，仅就金融机构是从事风险资产专业定价这一基本定位而言，银行业也没道理不规避我国房地产明显的风险而去火中取栗。赚钱的前提是安全，个人如此，金融机构更是如此！任何理性者面对房地产泡沫破裂的火焰都会害怕被烫伤了手！

而且，对房地产利益集团最不利的因素是，市场的预期已经发生了根本性的变化，已经很少有人看好中国房地产的后市前景。当然，这一点是开发商们最不愿意正视也绝对不乐于承认的。预期是市场经济中一个非常微妙的要素，尤其是涉及金融属性强的商品，它可以护卫房价一路走向令人头晕目眩的巅峰，也自然有能力将楼市打入地狱！

实际上，如坐针毡的开发商和炒房者何止仅仅是面临银行在风险压迫下“雨中收伞”带来的需求不足。供给过剩和债务负担，这两样现实困境同样将在未来若干年内始终如梦魇般压迫着他们。

关于房产供给过剩的各种数据和迹象我们之前已经数落了很多，相信大家也都明白库存居高不下的基本经济含义。

在房价看上去还在高歌猛进的时候，很多中小开发商和炒房者不惜借助高利贷为杠杆来牟利或维持资金链。当房价上涨无力为继或者是有价无市的时候，沉重的债务负担则逼迫很多现金周转无路可走的老板们逃债跑路。后一幕，其实早在 2012 年下半年就开始上演了，尤其是在炒房最为疯狂的浙江温州地区。

小老板和房虫炒家们狼狈不堪，大佬们中的不少其实现在也是有苦难言。

相对于中小型开发商依靠民间高利贷来维持资金周转，大型房地产具有能够从境外融资的优势，可以依靠离岸的美元贷款缓解资金之困。然而，随着人民币汇率贬值和楼市下行，相关房企的偿债压力与融资成本也呈现明显的恶化态势。

我国的大型房地产企业主要是在香港上市，它们的海外融资情况目前如何？根据克尔瑞信息集团发布的报告，具有代表性的 30 家香港股市内地房企的借款结构中，2012 年底的美元、港元借债比例达到 34%。其中，中海达到 86%；超过一半的房企这一比例超过 1/3。从 2013 年至 2014 年 2 月底，国内上市房企共海外融资 2500 亿元人民币，占对外公告总融资量的 60%。

从上述数据可以看出，海外融资是大型房企补充资金的重要渠道，而且在国内廉价信贷不再的背景下，海外融资的比例还在攀升。然而，美联储货币政策回归常态使得国际游资回流美国，下一步美联储还可能实施加息操作，这些都是国际金融市场上一清二楚的变化。人民币汇率年初以来变得稳定不再，而且呈现下跌趋势，这也是众所周知的事情。仅人民币汇率贬值一项因素，就足以令国内房企的融资成本和还款受到实质性影响。人民币对外每贬值一分钱，相关房企对外还债就要多掏出一分。目前的负债结构下，人民币每贬值 3%，房企的总借款（以人民币计算）将上升 1%。假如对外负债率达到 50%，那么情况恶化为人民币每贬值 2% 时房企的总借款上升 1%。同时，随着国内楼市低迷和房企经营风险上升，境外乐意资助它们冒险的资金意愿也将衰弱，相关企业只有靠提高债息才能弥补融资缺口，换句话说还是融资成本上扬和还债压力增加。

所以，虽然目前人民币的小幅贬值对相关房企的资金状况还未造成严重影响，但如果人民币长期贬值，大型房企的路也将越走越窄，长期看一样撑不住了。

总之，在高资金成本和需求枯竭的前后封堵之下，中国房地产商已经无路可走，除了降价自保。其实呢，降房价反倒是在拉内需，也是稳定中国大局的一种明智之举。这些年来，房价越高，民生越困苦，实体越萎靡；反过来的效应也是不言而喻的。等到内需逐渐旺盛，各行各业恢复生机，中国房地产业也才有了健康发展的辽阔空间。

杠杆炒房囤房者当初视按揭为“杠杆蜜糖”，现在甜坏了牙口眼看要演化成“杠杆毒药”，财富幻觉不再而沦为落汤鸡的狼狈相，这同样是市场经济规律对贪婪者的惩戒！

对中国房地产的那些庄家和帮闲者而言，出路只有一条，在经济规律面前知难而退。实际上到了今天这步，企图抵抗已经是毫无意义的了。强行逆天，结局也无非是搭上卿卿性命，赔上更多的国家前程。

2012 年时，全国住宅销售就已经明显底气不济了，于是房地产利益集团转炒商业地产概念。2013 年，传统商业被电商压迫而风雨飘摇的趋势已成定局，很少有傻子去接盘价格更高的商业地产了，贼心不死的庄家、炒家和中介又炒作起了学区房的噱头。问题在于，与其花上数百万资金让孩子能上个所谓的名牌小学和中学，何不索性请来本地最好的老师们给子女当长期家教，开小灶的成本也远远低于购买所谓学区房的支出！唯一能支持这一噱头的地方是将来能以更高价格把接手的烫手学区房转给更傻的接盘者，而实际上很多地方的名校都有相关的反制办法。比如要求入学者必须户籍落户本学区两年以上才有报名资格，你当国内名优中小学的校长和教师们是傻子啊？眼看着炒房投机者利用自己来赚大钱，自家却牺牲掉不菲的入学赞助费，门都没有！

2014 年 3 月，中央为了减轻北京的超级城市病症，决定淡化北京的部分行政职能，分流和疏散部分北京的产业到外地发展。急不可耐的部分炒房者随即大肆炒作“保定副都”的概念，一时间保定房价迅速升温，连续两周荣居全国城市房价上涨幅度的第一把交椅。然而，保定房价崛起很快成了昙花一现的闹剧，还没坚持到 4 月底就早泄了。为什么炒作保定房价这么快就撞了一鼻子灰？折腾的时间可谓史上最短纪录。因为保定楼市也早已是供需失衡严重，去库存需要 4 年左右时间，泥菩萨过河自身难保了！

请看保定市房地产交易中心网站的数据：截至 2014 年 4 月 24 日，保定市可售楼盘共 269 个，可售总套数 46218 套，可售总面积 513 万平方米，其中，北市区、新市区推盘数量分别为90、84个，占比65%。而搜狐焦点发布的《2013年保定房地产市场分析报告》数据显示，2013年1月至11月，保定商品房累积成交150.919万平方米，自住型购房需求在保定消费者中所占比例保持在74%左右。按上述数据推算，保定市仅消化库存楼盘存量房就需要37个月。而且，2013年保定市国土资源局国有建设用地使用权共挂牌出让67宗地块，出让39宗国有建设用地使用权，其中居住用地共计30宗，总面积81.89845万平方米，约合1228.5亩。这些正在开发或者未来开发的房地产项目还将进一步加剧保定楼市的高库存风险。

所以，保定楼市虚火上来的时候，很多内行都不看好这次匆忙炒作的结局。中原地产首席分析师张大伟更是直言不讳："保定房价很快就会出现比较尴尬的回落。"结果，张大伟说中了！保定房地产的现实问题不是去虚幻地考虑如何承接北京的部分行政职能，而是如何避免演化为"鬼城"。

相对于部分开发商的清醒，很多执迷不悟的炒房客还将维系高房价的希望寄托于"政府的积极干预"，特别是地方政府对楼市限购松绑的行动。恐怕最终这些朋友也将很失望，难免沦为受人嘲笑的新刻舟求剑者！

中央政府已经下决心进一步深化改革，其中最关键的一步棋就是重新摆正政府、社会与市场的关系，具体来说就是政府退出微观经济领域，让市场扮演配置经济资源的核心角色。

于是，指望本届中央政府像以往那样依赖财政扩张和货币扩张的双扩张路线来"救市"很不现实，因为违背了深化改革的基本宗旨。另外，按照国家政府体系改革的思路，今后中央政府和省级政府才保留有较多的决策权限，而层级较低的地方政府主要是扮演政策执行者、市场监管者和执法者的角色。就具体的限购松绑而言，权力不在地方政府手里而是要取决于中央政府的立场。

所以，尽管房地产利益集团近乎不遗余力地呼唤政府救市，希望限购松绑。然而，这次的努力却没有得到2008年那样的回报。目前阶段，只有屈指可数的城市采取变通办法来扩大潜在购房者的范围，比如4月25日南宁市政府出台政策，允许北部湾经济区的居民在南宁购房。而更多的城市都在观望或者说是按兵不动，商业银行更是在按揭资格和首付比例上没有出现任何放松的迹象。包括5月初央行呼吁银行继续支持首套房按揭业务，其直接意图也仅是怕银行全面收紧房贷和上浮房贷利率会影响到真正需要购房自住的普通人。

地方政府当前严重依赖土地财政是事实。然而，不要忘记了土地市场也是由买卖双方共同组成的，只有一个玩家是成不了气候的。

2014年前4个月，在楼市低迷、整体销售业绩与净利润双双下滑的背景下，国内房企拿地的积极性明显大幅降低。

以销售前20强的标杆房企为观察对象，这些大型房企进入2014年以来的拿地数量呈现逐月递减的态势。其中远洋地产、世茂房地产、富力地产、龙湖地产、雅居乐更是连续2个月没有土地入手。

2014年1月份，20家标杆房企的购地支出达到了单月高点的600.99亿元，2月份拿地金额骤减至325.62亿元，3月份再降至254.54亿元，4月份更是下调至133亿元，不足去年同期拿地金额的一半（2013年4月的购地支出为291亿元），同比下滑高达54.3%。

此外，市场上关于前期高价拿地房企目前心生悔意并希望退回相关地块的传闻也不断。比如，2014年4月10日以21亿元配建8.5万平方米限价房的代价拿下北京市丰台区长辛店镇辛庄村地块的中筑置业，据说现在正在寻求退回该地块。要知道，假如中筑置业最终选择退地，那么它之前缴纳的4.23亿元的竞买保证金就很可能将被没收。该企业目前可谓是进退两难，退地可能当下产生资金损失，不退地而坚持做下去，后期的市场风险可能更大，或将使中筑置业陷入莫测的困境。在传闻中，中筑置业的态度与拿地前出现了180°的反转，就是因为近期的国内楼市动态令其合作方看淡北京房地产的后市而选择了退出。

土地的市场价值并非像国人多年来被灌输的那样至高无上。简单来说，土地的价格在根本上取决于在其上从事的经济活动的盈利水平。耕地比沙漠土地值钱，是因为荒漠戈壁的经济价值太低，甚至根本见不到人的踪迹，除非是发现了地下油气之类的经济资源而引来了新的经济活动；矿业、工业和商业用地要比农用地值钱，是因为开矿、办工厂或经商一般比务农的经济效益要好得多！

前些年房价一路上涨，楼市在忽悠和刺激下也交投活跃，开发商赚了个钵满盆满，自然有冲动购地囤地，当地王也算物有所值，未来的收益可能会很高。现在楼市颓势明显，而且大家对房价的预期已经变了，除非是地价也能大幅回落并弥补房价下跌带给开发商的利润损失，否则只有傻子才会继续囤地，更别说再去抢地王的虚名了！事情就这么简单（图 8 - 10）！

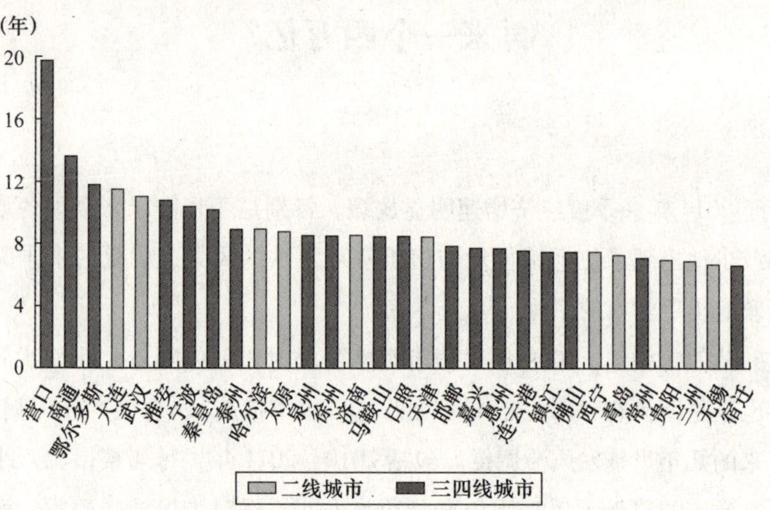

图 8 - 10　近四年成交土地消化时间前 30 名城市

包括有些城市的政府在卖地时找来几个"地托"在竞拍现场卖力演戏，也早已是连很多开发商都暗中耻笑的自欺欺人之举。

如果说 2013 年下半年楼市跌势已起时开发商还可以死鸭子嘴硬，振振有词地鼓噪什么从长远看房价还要继续上涨，好给走夜路的自己壮胆并外加忽悠不明真相的群众，那么现在的情势已经到了连这个过场都可以省掉的地步了。聪明的做法，就是以价换量、跑盘走量，争取快鱼吃慢鱼，尽量保存实力以图他年东山再起；面对不利大势心存幻想而观望犹豫的，最大的可能是成为市场洗牌的牺牲品！

第9章

再来一个四万亿？

由于2014年一季度经济增速明显放缓，特别是3月份以来全国各地楼市都或多或少地出现了住宅销售量与房价双双下跌的风景，初夏的中国又出现了呼吁政府出手救市的聒噪。

这一幕似曾相识，2008年“楼市假摔”的时候就伴随着此起彼伏的救市呐喊。也正是因为有了那一年末的4万亿“救市措施”，房地产才因祸得福，在接下来的几年里越发风流倜傥。包括2010~2011年，每当楼市出现小麻烦时，还是政府的擎天大手暗中松开货币水龙头，适时推出温暖政策，滋润得开发商们美艳欲滴！

这一次又会是什么情况？要不要再来个救市的4万亿？

实际上，包括国际上关注中国经济态势的人们，也都在密切留意中国面对经济下行将采取的应对措施。

英国《金融时报》刊登的乔治·马格纳斯（瑞银前任首席分析师，现任独立经济顾问）有关中国经济现状分析的文章在开篇就指出，“中国房地产是全球经济中最重要的行业，不但在中国经济发展中发挥着关键作用，并且为从珀斯到秘鲁的工业大宗商品生产商带来利润丰厚的业务，同时还是世界各国对华出口飙升的支柱”。

接下来乔治·马格纳斯陈述，他认为中国政府和央行拥有政策工具来限制房地产低迷和债务违约风险的短期影响，“他们已经实施了债务展期、银行纾困和资本重组措施”。

文章结尾两段，乔治还坦陈了中国政府当下的两难处境：可以出台一揽子组合刺激措施，包括增加基础设施和环境项目的政府支出，加快城镇化进程，放松房屋限购政策（如降低按揭首付比例），甚至是推出新的宽松货币政策。可是，此类举措也只能是为金融市场和经济提供短期的喘息空间，而且如果动作过大，又将在根本上损害中国的经济再平衡，负面影响将更大更长。

率先向中国房地产开火的日本野村证券也关注我国的楼市调控是否会出现松动。其首席中国经济分析师张智威表示，有可能中国政府会出台些松动楼市的政策，包括在二、三线城市放松限购规定。他分析说：“假如中国货币政策在未来几个月内出现明显松动，那么房地产业会趋向平稳，经济增长率会在下半年略有提升。”

法国兴业银行的中国经济分析师则说的更直白：中国楼市增长的根本推动因素就是信贷。但该分析师认为中国政府会在信贷增量上持谨慎态度。

其实针对这一非常重要的问题，人们没必要非常纠结。中国政府会不会在经济下行压力下再推出大规模的刺激经济计划或者是强力救市措施，在我们开来概率不大，虽然仍有一定的不确定性。至于该不该救市，就完全不属于棘手的问题了，我们接下来就一些关键环节进行些分析，相信大家都能得出正确的结论。

所谓救市，本是西方市场经济国家的一个概念，指的是在经济面临具有破坏性能量的危机或衰退威胁时，政府通过财政手段来适度卸缓经济体受到的冲击震动。引申开来，相关经济体的央行通过放松流动性来为“缺血的经济”适度补血也属于救市措施，因为西方国家的央行基本属于独立央行性质，与政府在理论上是平行的。

2008 年金融风暴汹汹而来后，美国和欧洲方面都采取了相应的救市行动。

美国政府在危机最盛时出台的系列救市方案包括小布什政府的 7000 亿美元的问题资产纾困计划、1680 亿美元的减税计划以及奥巴马政府的 7870 亿美元经济刺激方案、目标 1 万亿美元的“公私协同投资计划”，其中比较醒目的行动为接管两房（房利美和房地美）和向汽车巨头底特律三姊妹直接提供财政援助。

而美联储的救市主要措施是降低利率和实施 QE。

我们接下来看看美国联邦政府以及美联储的救市逻辑。

小布什政府 2008 年签署的 7000 亿美元问题资产纾困计划主要是针对金融机构，具体措施包括注资、剥离问题资产和负债担保，目的是稳定慌乱的金融市场气氛，帮助相关机构安然度过危机。1680 亿美元减税计划可以缓解相关企业和私人的财务压力，其中大约 500 亿美元惠及企业，其他 1000 多亿美元以退税方式支持美国的 1.17 亿户家庭，前者有助于相关企业（尤其是小企业）减轻纳税压力，后者有利于增强或者是稳定消费。

奥巴马政府 2009 年 2 月推出的 7870 亿美元经济刺激方案是 1930 年代罗斯福新政以来美国联邦政府最庞大的开支计划，以参众两院正式通过的《2009 年美国复苏与再投资法案》形式体现，内容包括三大块，约 3000 亿美元的减税，约 2000 亿美元的基础设施建设，超过 2500 亿美元的直接惠及各州和个人的公共财政支出。这一庞大救市方案的核心目标是减缓失业和创造就业，同时挽救和扶持美国相关产业，强调基建和投资项目在实施中只买美国制造。美国财长盖特纳主持的“公私协同投资计划”的基本目标是清理银行不良资产，办法是政府为私人投资者提供融资，通过降低和限制有毒资产的危害来促进银行放贷和平息金融危机。这项计划最终并没有原先设想的 1 万亿美元那么大的规模（见图 9－1）。

美国联邦政府出手托管两房和财政救援汽车工业三巨头属于一揽子救市方案中醒目的具体行动。为惹出麻烦的两房债托底，目的在于增强市场尤其是外国投资者的信心，减少投资者损失。拨款救三大车企的着眼点在于挽救企业和阻止大规模的汽车工人失业。

美联储救市的思路简单明了，就是补充金融市场的流动性和鼓励借贷活动。其比较醒目的直接救援行动为向亏损严重的全美最大保险公司 AIG（美国国际集团）注资 850 亿美元并实施“国有化”。

欧洲方面的救市行动我们选德国和欧洲央行为代表。

图9-1　奥巴马总统签署7870亿美元经济刺激法案

德国政府在2008年年底推出了5000亿欧元的救市方案，其中4000亿欧元为银行贷款提供担保，800亿欧元作为“金融市场稳定基金”帮助受困银行提高资本充足率以解决短期流动性问题，该基金一直持续到2009年年底，另外200亿欧元作为预留的贷款损失拨备用于购买银行坏账。

德国财政部发言人Jeanette Schwamberger当时还特别强调，上述计划并不一定会带来5000亿欧元的财政负担，4000亿欧元的贷款担保在银行未出现履约困难情况时并不需要动用。

欧洲央行在2011年底为应对当时风头甚劲的欧债危机，宣布向欧元区各商业银行提供长期低息贷款，只要有足够的抵押债券，贷款数额可不受限制。

纵观欧美政府和央行的救市行动，我们可以看出，主要发力点是救助金融系统，因为当时就是金融体系出现了大麻烦而暴露在风险下，另外都是宏观救助手法，政府不涉足微观经济领域，更不从事任何微观经济活动的操作。

再看我们当年出台的救市方案。

2009年两会宣布了“4万亿投资计划”，该计划的核心是政府大力进行基础设施建设，重点内容是“铁公机”。稍后又出台了所谓的“十大产业振兴规划”，宣布为了“保八”要积极扶持钢铁、汽车、船舶、石化、纺织、轻工、有色金属、装备制造、电子信息和物流这10个重要产业。除了中央政府的拉动经济计划外，各个地方政府（主要是省级）也配套出台了自家更为雄心勃勃的经济刺激计划，投资总额按照各地宣称的目标高达数十万亿元。

我国政府和央行是合二为一的风格，所以相关救市计划就体现为财政在前开路、央行货币政策在后台保驾护航的中国特色，不像欧美那样政府和央行各行其是、各司其职。

从4万亿及其配套的地方刺激计划的内容看，都是政府直接出手大干快上，从编制计划、筹措资金到组织实施，全都是政府部门牵头甚至是大包大揽。这是中国救市与美欧救市的绝大差异之处！

救市的效果现在已经分出了高低：美国经济逐渐恢复了，欧洲方面摆脱了债务危机，我国现在经济下行了。再具体些，房地产在救市后起死回生且生机盎然了，因为相当比例的救市资金或直接或间接地让这个“支柱产业”大大受益，钢铁、有色、工程机械为代表的产业出现了严重的产能过剩，“十大产业”中的部分毫无起色，另一部分也出现了过剩，如船舶制造。更糟糕的是，我国的社会负债水平连年蹿升，上升到了风险极大的高度；另两项重要副产品是贫富分化在2008年之后迅速加剧和连年高企的通货膨胀，并由此引发了诸多的社会矛盾。

比较大家救市的力度或者是手笔也很有意思：美国各项财政救市方案的总金额大约为1.66万亿美元，约占其2008年GDP的11.7%；德国的救市计划规模约为其2008年GDP的20%①；英国2008年宣布的5000亿英镑救市计划要占到2008年GDP的30%出头②；我国中央政府预算的4万亿要占到2008年GDP的13.3%，但是加上地方政府搞的各种各样的投资项目支出，就远远不止这个比例了！具体的中国救市投入规模有多大，至今为止谁也不知道确切答案！但可以参考下2010年我国固定资产投资的规模：这一年全国完成城镇固定资产投资24.14万亿元，同比增长24.5%，占2010年中国GDP比重的

① 实际德国并没有动用5000亿欧元的救市预算。

② 实际的救援行动也并没有如此夸张。

60.66%；全社会固定资产投资 27.81 万亿元，同比增长 23.8%，占 2010 年中国 GDP 比重的 69.88%。无怪乎外国人认为我们已经疯啦！

要说起救市资金的来源就更有意思了！

美国政府的情况大家都清楚，靠发行国债来筹措资金，为此而债台高筑，甚至曾临时性关门！

美联储在理论上是可以自行印美元的，但 QE 以及其他注入流动性的措施在本质上属于购买资产。美国政府和金融机构相当于向美联储借出钱来，用自己的债券作为抵押物；假如出现了烂账，美联储要对自己的资产负债表进行调整，减计自家的资产，相当于投资失败的节奏！而且美联储借出的钱将来要回收，政府和金融机构要连本带利还账，尤其是后者得到的钱属于融资性质，换句话说是只解决短期流动性问题，年限到后必须退还回美联储。所以，实际上美联储并没有印钱，尽管传说中它在开着直升机到处撒钱！至于降息，主要功效是降低融资成本，与美元发行总量的变化没有直接关系。

德国政府救市的钱是人家多年来积攒的财政盈余，政府用以往省下来的钱临时周济困难中的金融机构，也不是真当雷锋的。只有拨备的准备买烂账的 200 亿欧元，可以算是德国政府给相关金融机构派发的财政福利。

欧洲央行的做法与美联储类似，也是借钱给欧元区国家的银行，这钱是要还的，只是利息很低，借贷期限比较长而已。

而我国政府的救市计划出台后，就有很多国内外财经人士质疑中国政府哪里来的救市财力？因为我国各级政府历年来很少有财政黑字，基本上是长期的财政赤字，他们自己花的钱都不够，怎么就有闲钱去救市了！

地方政府的投资资金来源相对容易理解，除了中央的配套拨款外，基本是举债搞项目，2009、2010 年主要是向银行借钱，2011 年以后的花样更多，从 LGFV（地方融资平台）发行理财产品到向影子银行借钱，能用的招都用齐了。

中央政府当年大兴土木的钱是哪里来的？财政部解决不了供给问题，显然帮忙的是中国人民银行了，反正央行和中央政府本来就是一家人。

比较完了各家当年救市的细节，我们现在来关注其他重要问题。

首先，救市、救市，既然是“救”，那么第一个基本问题就是救的对象是谁?

欧美的逻辑很简单，出现金融危机了，当然优先要救的是金融体系，不能让心血管系统乱了套而要了大家的性命。救金融的目的是稳定经济形势，阻止经济下滑，对西方社会而言经济好坏取决于国民消费，消费的旺盛与否和就业直接关联，所以自然就要救就业、救老百姓的消费力，于是减税、扶持就业面影响大的重点企业、减轻企业和家庭债务负担等就成了顺理成章的事情。奥巴马的救市方案就是围绕着上述目标来部署，包括其第一任期被特别在意的医保改革案。

我们救市的目标很笼统，从外表看是救整个经济，很多人揣测大兴土木的目的应该是保就业，但是最终被救到兴高采烈的居然是房地产!

其次，怎么去救是一个问题。政府不是经济组织，直接从事经济活动属于外行。所以欧美的救法通通是宏观救助，或减税或投钱或担保，至于钱怎么处置那是企业界和老百姓的事情，政府给大家创造好的经营环境与条件就是尽职尽责了！我们上次救市的做法是政府越俎代庖亲自上阵，尤其是地方政府至今还在忙活得不亦乐乎!

再次，当然是救市的结果了，关于这点在上文和之前的章节都反复阐述过了。

综合来评判：我国的 4 万亿救市行动资金规模雄伟、操作动静极大，主要受益者是房地产，实体经济中整体受压抑，国企体系扩张失败，成功消灭了很多中产阶级，老百姓成了通货膨胀和两极分化的牺牲品，造就了一批贪官污吏，形成了天量的社会债务，中国经济被人廉价出卖了。

最后，说当年的 4 万亿经济刺激计划（含地方刺激方案）是一群纯外行的瞎胡闹并不过分。决策者对经济的理解太业余，鼓掌的基本是屁股决定脑袋，整个操作具有计划经济返潮和逆动的典型特色!

话说回来了，2007 年美国发生次贷风暴，2008 年金融危机重创世界经济，2009 年后全球明显进入经济衰退期，这对我们中国人来说是开天辟地头一回亲身经历的经济危机。计划经济时代我们总是嘲笑西方国家在经济危机发生时焦头烂额的囧态，改革开放后的命好，从 20 世纪 90 年代到 2007 年上半年全球经济一直都很繁荣，所以也无机会领教或消受经济危机的滋味。所以，作为第一次遭遇经济危机的“新人”，我们可以理解当年匆忙推出 4 万亿经济刺激计划的决策者，包括他们为中国制造了目前将体验的真正的危机考验。但是，要不要再来这么一回“救市”，包括改进了手法和思路的“救市”？我们下面可以揭晓最终答案了。

正常情况下，经济发展存在高峰与低谷的自然演化，也就是所谓的景气周期。经济衰退乃至经济危机如同人生病一样，属于无法避免的自然现象，也是调理身体的一种节奏，经济危机往往会自行矫正经济运行在前期暴露出的缺陷和问题。所以，经济学家对一般性的经济危机不会大惊小怪的。

政府无法像经济学家那样淡定，因为经济的好坏会影响到对执政的评价，在国外还可能引发执政权变更。所以，政府会更关心如何避免经济不良态势的负面影响，根本出发点是为了保持手中的治权而并非对经济那么热情。西方社会的现代观念是，遇上了小的危机宜顺其自然，政府该做的事情能积极去做，大家就不会责怪它了。碰上情况比较严重的，要想办法缓解危机的破坏性，尤其是不能让国人大面积失业，没饭碗的人都会骂娘的！真正碰上很厉害的危机，政府出手也管不了大用，经济规律是不以人的意志为转移的，还得靠时间来消化。

所以，理论上政府可以在某些情况下救市，但是救市的主要目标一定是帮助企业度过困境和保多数国民的饭碗。救市就需要花钱，花钱的基本原则是量力而行，绝对不可透支太过，为了短期的经济形势好看而承担长期的沉重债务负担显然属于蠢材的选择。

基本原理弄明白了，我们看看我国目前面临的情况。

2011 和 2012 两年，我国的经济基本形式可以用简单一句话来形容：三驾马车熄火，一架飞机在风暴不断聚集的空中危险飞行。

三驾马车就是投资、消费和出口（实际当为净出口）。

政府一贯依赖的投资失灵了，投资对经济的拉动效果越来越低。在固定资产投资快速增长的情况下，其他经济数据仍显非常乏力，说明投资对推动经济增长的作用大大降低。原因倒也不难发掘，这些投资或者产出不力，或者是产出无效，比如过剩的钢铁、煤炭和现在的房子。同时，固定资产投资的快速增长还带来了沉重的债务压力。

内需不足是喊了多年的老问题了，根本原因在于内虚，即国民收入分配出了问题，老百姓手里的钱不够使还谈什么拉动内需！

出口乏力的主要原因在于外部需求萎缩，这点就根本不用多解释。

一架飞机指的是我国的货币政策。人民币泛滥，天量 M2，廉价信贷与信贷泡沫，这些反映货币扩张的辞藻基本是为我国 2008 ~ 2012 年的经济态势量身定做的。货币飞机在空中连年高高飞行，而期望的空中加油——产业升级却明显失败，甚至连启动的迹象都看不到丝毫，亢奋无比的货币供给反倒给中国经济套上了债务绞索，还有危险的持续性恶性通胀。

所以，2013 年换届后，新决策团队猛踩货币刹车以防飞机失控是相当明智的处置！这架飞机早点降落下来，才是真正的你好、我好、大家好。

"飞机降落"有助于控制债务风险，不至于眼看着庞氏信贷继续发酵到破产，最后刺破债务泡沫并引发金融危机和经济大衰退。而且财政刺激和货币刺激已经证明无效，再继续飞下去，货币信用和政府信用倒是有可能提前崩溃了！

问题是货币一收紧，楼市就应声而落了，相关利益群体心有不甘，所以便有了要求政府再度救市的呐喊。

可是现在和 2009 年的形势截然不同。

首先是外部环境。那时候美国大搞 QE 增强流动性，现在美联储是不断收缩量化宽松。当年很多国际游资涌入我国来寻找更高的收益，现在是大家在撤离中国。所以，再来场印钱救市炒房子能行吗？那又得凭空印多少才能把房价再炒上一个新高度？前些年基础货币高速扩张毕竟是流入外汇创造了大量的外汇占款，现在要是真的来无锚印刷，先不说道理上能不能说过去，我们的外汇储备和人民币汇率难道就真不怕雷霆冲击？

其次是内部环境。那时候企业和政府的负债率还不算高，现在可是相当危险了！那时候企业和政府还能付得起利息，现在能拿出利息来吗？能付出利息还用老板“跑路”和地方政府拼命融资借新还旧？连利息都拿不出来，本钱更是不知道哪里去了，谁还敢把钱借给你们！

再说了，从印钱到进入流通，也要有个渠道。我国的渠道就是央行将货币投放到商业银行体系，再通过银行等金融机构贷款给企业和政府。现在一些企业明显成“僵尸”了，地方政府明显收入断流了，就算央行降准或印钱让银行有钱往外贷，可是商业银行又敢把钱放心贷给谁？

整个金融系统已经积累了庞大的隐形坏账，包括影子银行体系还有不少毒药信贷资产。来场货币大放水能冲掉这些坏账吗？不仅不能，还会形成更多的坏账！这是恶性循环的节奏。事实上，假如一个国家可以靠货币持续放水来解决经济问题，靠货币扩张和通货膨胀来带动经济真正增长，那么全世界的经济学家都该下岗失业了，经济学这门学科也该自断经脉与世长辞。当然，这是个冷笑话！

一般情况下，各国政府“救市”的基本着眼点和落脚点都是保就业，以防止大面积失业引发经济衰退和政治风险。存在两项结构性因素可以影响到就业或失业率，一是一国的经济发展水平，二是产业结构。对我们国家目前的情形，就业不充分是个老问题，也是还将存在较长时间的棘手难题，因为中国经济既非国人想象的那么先进强大，结构也远谈不上理想。换句话说，就业难的问题在短期内无法得到有效完善，要真正解决这个难题需要未来长期的努力。即使再真的出台大规模的经济刺激方案，也无法让工商企业大量增加面对大学生和技术工人的工作职位，充其量不过是让农民工们在建筑工地上找到份临时的差事而已！失去了促进和创造就业机会这个条件，救市的意义就大打折扣了。当然了，现在喊救市的那些人一般是不在意这个问题的，最多也只是拿促就业为幌子，打的是如何再卖楼卖地多赚快赚的小算盘。

要真正解决我国的经济困境，还是要提高全要素生产率，也就是大家常说的提高效率、减少浪费、破除垄断，部分还要涉及政治体制改革。2013 年以来我国的 PMI（采购经理指数）一直都持续疲软，这一经济指标的提升乏力表明企业对于未来一段时间的经济仍然不看好。因为市场上缺乏具有明确增长前景的行业，经济前景显得十分迷茫，所以各家企业只愿保持较低的库存备料。所以，需要做的还是培养可以带来希望的环境，让大家真正对经济前景有信心。

总之，我国之前的4万亿经济刺激计划可谓是一个应对经济下行失败的标准案例，再来一个将造成更大的灾难，更长久的痛苦。目前GDP增速的下降让经济各个部门感到很大压力，尤其是政府，但大家要做的是习惯，包括中央已经提出了要接受经济增速下滑的准备。实际上，GDP不过就是个统计经济总量的数据而已，并不值得我们高看，我们更该关注的是就业、产业升级、技术进步、消除贫困、环境改善这些更实在的事情。而在我国经济转型顺利完成之前，来自这些因素的压迫感或将一直存在。

如果再来次放水救市，在美国退出QE和引导资金回流的大背景下，正好为一些外商、热钱、移民族、炒房囤房者提供高位卖出人民币资产并抢筹中国美元的机会，等于是我国政府“包红包送大礼给国内外投机资本”。各路资本要将人民币换成美元的理由是人民币在“闹水灾”，天下哪有“放水救水灾”的道理！这种做法相当于给破洞的轮胎打气，结果是破洞更大，漏气更多。2008年的4万亿造成了一系列的麻烦，但放出的人民币洪水好歹还属于“肉烂在锅里”，再来次4万亿的话，后果则将主要是“肉被狼叼走了”。

搬起石头（出逃资金）砸自己的脚（外汇储备）是蠢人干事的风格，本届政府以推动全面深化改革为己任，显然是不会依靠“头疼医头，脚疼医脚”的应付术来治理经济问题的，更没有人愿意再做拯救中山狼的南郭先生。

第 10 章
迷惘的央行

钱荒和乌龙指

2013 年是我国的换届之年，一些很有意思的事情随之在国内金融市场出现了。

政治气候的变化带来了金融市场的变化，后者进入了谁都未曾料想到的多事之秋。

2013 年 6 月下旬，国内外金融市场同时出现了令人惊心动魄的波澜，其戏剧化效果比当时炎热的盛夏还要火爆。

国际上因美联储对 QE 操作（Quantitative Easing，货币量化宽松政策）做出考虑未来退出的明确表态而风声鹤唳，6 月 20 日国际金价暴跌 5. 25%，下破 1300 美元的整数关口。

而更震动中国财经界的事件是国内货币市场利率飙升，SHIBOR（上海银行间同业拆借利率的缩写，我国模仿英国伦敦同业拆借利率 LIBOR 命名的同业拆借利率。）隔夜利率上涨 578. 4 个基点至 13. 4440%，SHIBOR7 天利率上涨 292. 9 个基点至 11. 0040%，双双创下历史新高。而隔夜回购最高成交利率居然盘中一度达到 30%，相当于一年期货款基准利率的 5 倍，局面近乎失控。其他中短线利率产品品种也同期迅猛走高。市场传闻有重磅级国有银行在当日交易中出现资金违约，成为继 6 月上旬光大银行“拆借违约门”为坊间热议以来的第二起银行资金违约传言。

24 日，A 股股市暴跌 5.3%，下穿 2000 点；25 日的交易狂暴振荡，先是盘中深度下挫 5.79%，又逆转拉升收复失地，尾盘微幅下跌；26 日继续下挫，收盘于 1951.5 点，创 2009 年以来的最低收盘点位。

“钱荒”、A 股暴跌、“银行示威”、央行拒绝放水、央行又放水，一时间中外媒体上充满了诸如此类的刺激字眼。虽然不久后风波平息，这场金融剧目却以“六月钱荒”为大家所铭记。

六月的钱荒风波没过去多久，8 月 16 日，中国资本市场又发生一起令人惊呼的大事。是日 A 股沪市早盘在尾盘阶段，两度出现怪异飙升现象。11 点 05 分左右，沪市盘中突现惊天逆转，大批权重股瞬间暴涨，多达 59 只权重股瞬间被封涨停，一分钟内上证指数飙涨 5.96%，稍后数分钟方出现阶段性回落。一波还未平息，第二波接着又来冲击大家的神经了，11 点 15 分起，上证指数开始第二波拉升，直逼 2200 点，最高涨幅达到 5.62%，指数最高飞升至 2198.85 点（见图 10－1）。

图 10－1　8·16 光大乌龙指

这一史上前所未有的怪异现象当下即引起轩然大波。11点44分，上交所称其交易系统运行正常，稍后，确认行情异动与光大证券的当日交易有关。下午2点，光大证券公告承认自家策略投资部门的自营盘在使用其EA套利交易系统时出现了问题，涉嫌事故金额约为70亿元。上交所驳回了光大证券申请相关交易作废的申请，而受损股民放言要起诉光大证券追索损失。

这一震撼中国股市的风波在事后被称为“8·16光大乌龙指事件”。

“光大乌龙指隔空点穴，A股遭遇过山车”，恶劣影响直追18年前的“327国债风波”（1995年2月23日发生）。

风口浪尖上的光大证券居然意犹未尽。8月19日，沪市早盘，一笔1000万元的国债以明显低于市价的价格成交，原来是光大证券再现“乌龙事件”，错误输入造成“贱卖”，好在后经与交易方协商，没有进行交割。

6月，市场传闻光大银行延迟交割兴业银行所存放的资金，重创市场信心而引爆史无前例的“钱荒危机”；8月，光大证券两度施展莫名其妙的乌龙拳，国内著名金融企业光大集团最引以为傲的两大支柱——银行和证券同时发生地震，而且每一次的烈度都载入了中国金融史册。

2013年这一年，出生便烙上“红色贵族”钢印的光大集团正好30岁，当它扛着创新的大旗想奋起直追相比同行已经显得很逊的自家金融业务之时，却在一个夏天里以“不可思议的错误”成为举国关注的焦点。

因“8·16光大乌龙指”的恶劣影响，中国证监会事后启动调查案，认定光大证券的相关行为属于违规的内幕交易，并对主要负责人光大证券策略投资部总经理杨剑波以及另外4名相关负责人进行处罚，杨剑波被判罚60万元罚金并终身禁止再进入证券期货市场。而杨剑波这位70后小帅哥此前还曾受证监会邀请，成为中国场外金融衍生品交易规则起草的四位牵头人之一。

时隔半年后，不服的杨剑波反诉中国证监会欲证清白。2014年2月19日，北京市第一中级法院正式受理该案件，杨剑波将与昔日的监管机构对簿公堂（见图10－2）。

大家对夏日的钱荒尚未忘却，2013年末，让国内金融机构心惊肉跳的“可恶钱荒”又卷土重来了。先是“余额宝”异军突起，抽走了银行的“活

图 10－2　“乌龙指”状告证监会

水”还拱高了债市的利率，接下来融资成本攀升和市场资金吃紧压迫银行间同业拆借利率和质押回购利率全线上扬，并于 12 月 19 日达到下半年度的顶峰。

在年底的这波钱荒中，还出现了银行间市场交易系统延迟关闭的现象，包括央行大额支付和交易系统均出现了类似的情形。为了安抚市场情绪，央行启动 SLO（Short－term Liquidity Operations，公开市场短期流动性调节工具），紧急为市场注入 3000 亿元流动性才没有使事态进一步扩大和恶化。

鉴于整个 2013 年国内金融市场先后出现了三次明显的市场利率高升，“钱荒”当之无愧地成了 2013 年的年度热词。

2014 年来了，国内金融市场资金紧张的气氛却未能得到缓解。虽然央行在 1 月 20 日就正式推出了新的短期流动性投放工具 SLF（Standing Lending Facility，常设借贷便利工具，2013 年初创设），授权北京、江苏、山东、广东、河北、山西、浙江、吉林、河南、深圳十地的当地人民银行支行向符合条件的中小金融机构提供此项短期借贷服务，然而，惊魂未定的人们依然猜测 2014 年钱荒或将常态化！尤其是中央将推进利率市场化的决心，以及央行不再“持续规模性放水”的立场变化，使得望钱若渴的人们不得不正视昔日廉价信贷风光不再的“痛苦现实”。

来自市场上的诸多变化也让习惯流动性宽松的人们很不安。

2014 年 1 月，中国融资规模开门即创下了单月新高纪录，新增人民币贷款 1. 32 万亿元（约合 2180 亿美元），而 2013 年 12 月金融机构的贷款规模为 4825 亿元，2013 年 1 月的新增贷款规模为 1. 07 万亿元。2014 年 1 月份社会融资规模达到 2. 58 万亿元，大大高于 2013 年 12 月的 1. 23 万亿元，其中人民币贷款增加幅度同比增长了 23%，创下 4 年来最高纪录。这说明大家对资金的极度饥渴程度。

同期，以余额宝为先锋的网络银行“搅局”中国金融，存款的年化收益率在高峰时达到 7% 的水平。在“宝宝们”的拥趸欢呼受益的同时，各大银行却痛苦不堪，网络上出现大批疑似枪手评论员指斥余额宝是趴在银行身上的吸血鬼，而公众情绪则多向着马云一边，斥责国内银行才是真正趴在客户身上吸血的无赖。

海峡对岸的台湾银行业也给大陆金融界添乱。2014 年春，国内公司获得外币贷款的一个重要来源——台湾银行业突然撤离大陆市场，将国内企业的离岸借贷成本推高了 59 个 BP，达到 1%。而之前的多年有 40 多家银行活跃在对大陆公司的联合贷款市场上。根据汤森路透贷款定价公司的爆料，2014 年一季度台湾针对大陆的离岸贷款金额只有上一季度的 15%。

资金是经济的血液；利息是资金的价格；SHIBOR 高走就表明银行间的借贷成本在变大，意味着市场资金紧张，货币流动性在趋紧。2013 年，中国经济已经出现陷入了流动性陷阱的苗头，而去杠杆和挤泡沫在目前来看更是势在必行的，又怎么能不让缺钱的人们黯然神伤？

开路急先锋

2013 年夏的钱荒闹得沸沸扬扬，让很多人都知道中国的银行们缺钱啦。媒体，尤其是网络上频繁曝光的民间企业主、借贷人破产、跑路乃至跳楼的消息，也让大家感受到中国实体经济特别是中小民营企业的资金链紧张。

然而，关注中国经济的人更感兴趣的是为什么大家会求钱若渴？因为中国的钱荒实际是在货币供给近乎泛滥的背景下发生的！如此才显得异常吊诡古怪！

很多人都知道，在我们大力宣扬美联储开着直升机撒钞票、欧洲无限量供给货币的时候，实际上中国才是最近几年印钱最多的国家。因此郎咸平教授曾经就中国货币总量的变化如此评价：中国荣膺 2012 年全世界最大印钞机的桂冠！那一年，全世界新发行货币数量相当于 26 万亿人民币，中国就占了一半，中国以占全世界8%左右的GDP竟然占了全世界货币总量的27%。

真实的情况究竟如何？

事实上，如果说中国钱少到“屈指可数”，那是正确的；如果说中国钱多到“泛滥成灾”，那也是正确的！因为我国确实出现了举世罕见的钱荒与钱洪共存的咄咄怪事！一方面我国的广义货币M2多到960万平方公里都几乎难以容纳，同时采用高杠杆运作的银行与金融机构却出现了资金头寸短缺的危机，而且在我们这个钱最多的国家里钱也相当贵。

年龄在40以上的人们都亲身体验过，改革开放后我国经济长期处于通货膨胀状态，通胀的经济学含义指的是物价上涨，而支持中国通胀背后的根本因素是中国多年来的货币快速扩张。

20世纪80年代我国发生过几次严重的通胀，新中国历史上唯一的全民“抢购风”就发生在1988年，背景是国家启动“物价闯关”和当年7月份物价累计上涨幅度录得新中国成立以来最高纪录的19.3%。次年恶性通胀的余波还引发了一场政治风波。90年代的通货膨胀形势也很凶险，最高的1994年物价上涨幅度一度曾高达27.4%，全年的CPI为接近25%，是我国正式公布的最高纪录。直到1995年中央认识到问题的严重性后开始强力经济收缩以反制通胀，经过长达3年的“反通货膨胀经济运动”（美国投行高盛公司给的评语）才明显见效，物价这才稳住并回落。只有在1999～2003年期间，我国出现过难得的稳定的低通胀乃至通货紧缩的情形，背景是“黄金十年”早期比较正常的货币信贷政策和中国制造业在强大外来助力下的突飞猛进。

公正地说，20世纪80年代和90年代的骇人通胀也有其一定的合理性。因为在计划经济时代中国在货币供给上是严重不足的，当时我国处于经典的短缺经济状态，一旦老百姓手中钱宽裕了就等于放虎出笼，市场供求和物价都将遭受严重冲击。所以政府还发行了粮票、油票、布票、采购本等各种限购票据以控制和削减民间购买力，经济学家认为这种情形属于“隐形通胀”。而改革开放的第一阶段（大体为1980～1996年），我国的经济货币化程度也需要增强以适应新的社会经济发展形势。

所以，我们不妨假定2000年前中国的货币供给情况为正常值，而将精力关注于2000年至今的货币供给变化。

根据央行官网（www. pbc. gov. cn）和国家统计局官网（www. stats. gov. cn）披露的官方数据，我国1999年到2013年的年末M2余额（M2为我国的广义货币指标，相当于总货币供给量。）、GDP以及经济货币化程度（M2/GDP）的相关情况，如表10－1所示。

表10－1　我国1999～2013年年末M2余额和GDP以及经济货币化程度

年份	M2余额（万亿元）	M2增速（%）	GDP（亿元）	GDP增速（%）	M2/GDP	备　注
1999	11.76	12.53	82054	7.1	1.31∶1	
2000	13.25	12.67	89404	8.0	1.33∶1	
2001	15.28	15.32	95933	7.3	1.39∶1	
2002	18.32	19.89	102398	8	1.52∶1	M2/GDP首破1.5倍数台阶
2003	21.92	19.65	116694	9.1	1.61∶1	M2/GDP首破1.6倍数台阶
2004	25.08	14.41	136515	9.5	1.56∶1	
2005	29.60	18.02	182321	9.9	1.60∶1	
2006	34.55	16.72	209407	10.7	1.63∶1	
2007	40.34	16.75	246619	11.4	1.64∶1	
2008	47.51	17.77	300670	9.0	1.58∶1	
2009	61.02	28.43	335353	8.7	1.78∶1	M2/GDP突破1.7倍数台阶
2010	72.58	18.94	397983	10.3	1.82∶1	M2/GDP突破1.8倍数台阶
2011	85.15	17.31	471564	9.2	1.80∶1	
2012	97.41	14.39	519322	7.8	1.88∶1	
2013	110.65	13.59	568845	7.7	1.94∶1	M2/GDP突破1.9倍数台阶

说明：①表中M2余额单位为万亿元，2005年之前以人行统计数据库的“货币概览”表为准，2006年起以“货币供应量”表为准。

②表中GDP的单位为亿元，鉴于国家统计局经常事后“修正”某些年度的GDP数据，而且还有时隔两年后才修正的，表中与GDP相关数据以历年《国民经济和社会发展统计公报》的口径为准。

通过这份分析表格，我们都能看出，我国的M2在2000年以后一直以远高于同期GDP增长的速度在快速膨胀，尤其是2009年，M2增速居然高达不可思议的28.43%，高出GDP增速近20个百分点，M2/GDP也同比飞升20个百分点，一举突破了1.7倍率平台而逼近1.8倍率。当然，大家都知道相关数据大跃进的背景，就是2008年年底推出的“4万亿刺激计划”。表中2008年的M2/GDP有所下降，是因为当年的CPI极高，所以统计局将GDP增速下调到了9.0%，而按照2007、2008年的名义GDP计算，是年的GDP增速为21.91%。

2013年3月，两会政府工作报告设定的广义货币M2增长目标为13%左右，而实际下来也突破了这个目标，达到了13.6%。

2013年年底，我国GDP累计增长相当于2000年的5.36倍；而M2余额累计净增长则相当于2000年水准的7.35倍。以2007年为基准，2013年的GDP相当于2007年的2.30倍，而2013年M2余额却相当于2007年的2.74倍，如果以绝对值来计算，2013年比2007年的M2足足增加了70万亿元有余。假如和改革开放启动的1978年比，M2为那年的1244倍（见图10-3）。

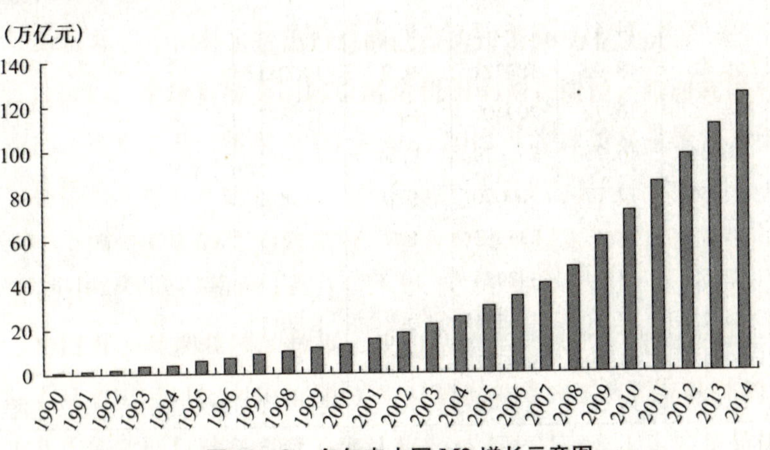

图10-3　多年来中国M2增长示意图

而且，央行的货币数据在准确性上是非常可靠的，而统计局的GDP数据是有水分的。如果按照真实的GDP来换算，那么我国的M2/GDP或许早已超过了200%的骇人水平。

比如，我们以1978年的数据为基准，按照不变价折算的2000年实际GDP为2.77015万亿元，2009年折算下来为6.56667万亿元（2009年名义GDP按照修正后的34.05万亿元为准）。9年间GDP的真实净增长大致为1.37

倍，而同期的M2却实打实地涨了3.6倍。

不仅我国经济货币化的速度当世第一，就是目前的M2/GDP的1.94倍水平也是让全球所有主要经济体望尘莫及的。一般国家M2/GDP的常规行情是0.8:1~1.2:1的概念。当今四大经济体中，2012年末美国的M2/GDP为63.7%，欧元区为102.5%，日本为158.5%，而中国是188%。虽然美国和日本的M2统计口径与含义和我们国家有所差异，但是对比之下我们还是发现发达国家无论货币发行规模还是增发速度都比我们要慎重很多。

美国的M2/GDP图表显示，二战以后他们的M2/GDP长期一直在0.6:1~0.7:1的区间波动（据说美国法律规定货币发行量不得超过GDP的70%）。1987年达到阶段性的高点0.70:1，90年代后又不断下滑，1994年跌落到0.61:1，1997年跌到1960年以来的最低点。亚洲金融风暴之后，国际美元大规模回流美国本土，使美国的M2/GDP于2000年左右开始回升，2004年又掉头走低。2008年美联储实施量化宽松货币政策，QE1、QE2和QE3连续三次量化宽松后，2012年的水平为0.637:1。这是美国在所谓“货币放水”操作下对货币总量的控制能力。

日本考核货币化程度更喜欢使用GDP/M2。战后日本直到1985年的M2都低于同年的GDP，1986年恰好为1:1，由此货币供应量逐渐超越GDP。然而日本的M2增速始终基本与GDP增幅保持同步，它们花了25年的时间才勉力突破1.6倍数，而日本是西方经济集团中唯一货币化程度超标的国家。2010年日本的货币供应量创出历史最高纪录，M2达到775.4万亿日元，当年GDP为479.22万亿日元（按照2000年不变价格计算为539.7425万亿日元，这点很重要，日本多年来处于通缩状态），M2/GDP数值为1.618:1。

1978年时，我国的经济货币化率为0.24:1，远低于世界平均水平，为促进经济发展需要扩张以补课。1999年，M2/GDP已经达到1.31:1，超过了一般其他国家，不过这还属于可以接受的水准，包括2000年和2001年没有突破1.5倍率时。而后来的高歌猛进，除了说明经济增长加速外，同时表明我国经济系统的宏观运行效率明显不佳，尤其是货币使用效率。因为商业活动中资金循环周转的周期长，所以需要更多的货币来支持。一般规律而言，一个经济体的金融管理服务能力与水准越高，社会信用度越健康，经济技术越发达，该体系表现出的M2/GDP数值越倾向于偏低。

把货币效率的问题放到一边，一个很显明的事实就是2000年以来，中国的货币供给是极度宽松的，由此也导致了后来通货膨胀的飞奔。按照当代经济学界的主流认识，一个经济体的货币当局在确定每年增发的货币数量时，应该只考虑上年的经济增量和当前的CPI控制目标，以保持币值稳定和社会债权债务平衡。

合理的货币供应公式为：$\Delta M = Mx$（1 + 上期经济总量增长率 + 当期 *CPI* 目标）。

其中，ΔM 代表该增发的货币，M 代表上期的货币总量。

按照这个标准，社会的货币总流通量将和经济规模基本适配。

假如不遵循中性货币原则而滥发货币，那么直接结果就是引发通胀，一般情况下的对应关系为：通货膨胀率 = 货币供应量增长速度 - 经济增长速度。

考察完了我国多年来的整体货币供给情况，我们接下来再来看看2008年以来我国金融系统的信贷扩张情况，如表10-2所示。

表10-2　　2008年以来我国金融系统的信贷扩张情况

年份	年末人民币贷款余额（亿元）	增幅（亿元）	增速（%）	与当年GDP比值
2008	303394.64	41703.76	15.93	1.009:1
2009	399684.82	96290.18	31.73	1.192:1
2010	479195.55	79510.73	19.89	1.204:1
2011	547946.69	68751.14	14.35	1.162:1
2012	629909.64	81962.95	14.95	1.213:1
2013	718961.46	89051.82	14.14	1.263:1

说明：表中各年度的人民币贷款余额数据取自央行官网（www.pbc.gov.cn）公布的年度《金融机构人民币信贷收支表》（总表）；同年份的GDP按照国家统计局官网（www.stats.gov.cn）公布的年度《国民经济和社会发展统计公报》口径为准。

这张信贷规模表一目了然地说明了中国金融机构的信贷扩张情形和它们是否缺钱。2008年以来，银行和其他金融机构并不缺钱，每年的信贷投放增幅都远远高于GDP的增长。2013年的信贷规模比2008年净增加了41.55万亿元，超过了改革开放后前30年所有贷款的累计增长总和还要富余一大截①，净增幅为1.369倍；同期GDP增加值只增加了89.19%，（按照GDP的现价值计算。）还领先于M2同期1.329倍的增幅。而信贷规模与同年GDP比值不断攀高，则说明了社会负债水平在不断上升（越高越危险），其中2011年之所以略微跌到了1.162倍率，那是因为当年实际出现了严重的通胀，因而GDP的现价值大幅增高，（相当于比2010年名义增长了18.48%。）而表10－1中的当年GDP 9.2%的增长幅度是统计局调整过的。

信贷规模增长高于同期GDP增幅和社会负债水平上升则再度坐实了中国经济的运行效率在降低，而且表10－2还没包括我国金融机构这些年发放的外币贷款，更没有计算其他社会融资在内。以2000年、2006年、2010年和2013年来对比，2000年时每增加1元人民币的贷款可增加GDP 1.30元，2006年每1元新增贷款促进GDP增加0.88元，2010年下降到0.78元，2013年跌落到更低的0.55元水平。目前的贷款效率仅相当于2000年时的42.3%，可见我国速度惊人的贷款新增速度的效益如何！

在流动性充沛到近乎泛滥的情况下②，我国金融市场在2013年还出现了让相关人等胆战心惊的钱荒，进而呼吁国家和“央妈”放水救援，由此可见我国的金融系统生病了。

关于出现钱荒的真相，至今有关部门和银行机构还是讳莫如深的；然而这种事情瞒不了天下的有心人。2013年以后，财经界一直不乏关注者在热烈探讨“钱荒”的问题，原因也找出来了不少，比如近年来社会融资需求过旺，2012年央行开始收紧银根，银行信贷资产错配，关键节点或时段的“季节性”银行流动性抽紧等技术原因；更有一些目光如炬的有识之士直接看穿了事情的本质。

叫我们说，事情其实很简单，4万亿刺激计划出台后很多人吃撑坏了肚

---

① 1978年时，中国金融机构的贷款余额仅为1890亿元，存款余额为1155亿元，分别占GDP的52.7%和32.2%。

② 单看2013年的M2、社会融资总量和超储率等金融数据都显示流动性充裕。

子，所以现在开始拉肚子和肠胃绞痛了。就好比瘾君子一减少嗑药量就鼻涕眼泪横流，我们国家2007年以来的廉价信贷需求和过度供给都是隐藏了很大问题的！让某些人感觉如“噩梦”的钱荒爆发，不是单纯的货币问题，也不仅仅是商业银行的流动性管理出了问题，而是中国金融的结构性缺陷与中国经济的结构性失衡造成的。要有效消除今后再做“噩梦”的情况，必须让畸态的中国金融供需双方早日戒毒！换句话说就是进行当前已经在部署的金融体制改革，如此才能消弭蕴藏于虚假繁荣下的系统性金融风险，同时让误入歧途者们迷途知返。

也有一些人替多年来人民币供给的超级速度辩护，将原因归诸于我国经济高速增长的需要或者是外来流动性输入的被动应激，因为我国改革开放后的基础货币主要是靠外汇占款来创造。

无论如何，有一个事实是无法回避的，那就是长期以来，人民币持续高速放大的投放量扮演了中国经济前行的急先锋角色。在我们看来，1980、1990年代的货币大力扩张具有一定合理成分，而2008年以来则属于明显的过犹不及，甚至可评价为狗尾续貂！

师老兵疲

前文我们通过数据分析发现，尽管2000年以来我国货币供给和信贷规模一路强力扩张，但是货币效率却在不断下降，2000年时每增加1元人民币的贷款可增加GDP 1.30元，而2013年则跌落到0.55元水平，当前的贷款效率仅相当于2000年时的42.3%。

这种师老兵疲的情况究竟是怎样发生的，就需要我们进一步地来探讨，尤其是2008~2012年的情况。

现在回头来看，主要症状是中国经济在2008年以来出现了堪称经典的阴盛阳衰情况。阳，代表实业或者实体经济；阴，指的是虚拟经济。近两年理财非常火爆，从这一点就体现了阴的力量；而做实业的普遍不好赚钱，反映了阳气不旺！而经济体的阴阳如大自然一样，本该是保持平衡的。

金融活动属于经济体系中的阴性成分，对一个经济体的健康非常重要，它的基本职责是为实体经济服务，可以理解为以阴滋阳。

假如金融行业的平均利润明显高于实体经济，那么做实业的就应当借钱给金融界，让银行做自己的客户，因为资本的天性是逐利的。而这种情形显然是荒谬的！因为自古以来都是银行给实体经济单位贷款以分享其经营创造的经济利益，利息就是货币资本的价格，金融业通过支持实体经济发展来扩大社会产出，它自己一般是不直接创造价值的。

但是，荒谬的一幕却在我国真实发生了，金融行业的利润水平近几年真的超过了实体经济系统的平均盈利能力，尤其是银行。随便比较下上市银行的盈利占所有上市公司总盈利的比重关系，大家就知道不可思议的阴盛阳衰之势在我国真的发生了。

中国经济近些年来的阴盛阳衰主要体现在这么几个方面。

最明显的是房地产分流了很多实业资金，包括主动跨界经营的和被动卷入的，既有成规模涌进房地产业捞金的，还有小股人马杀入楼市炒房的。当全职太太在家炒房一年下来利润可以轻松超过老公在外面辛苦经营企业所得的利润时，男人在事业和金钱上的优越感完全丧失，试问还有多少老板愿意继续用心去耕耘出产贫瘠的企业？投资开发楼盘的尚能增加真实的经济产出，尽管其产出价值已经被明显估值偏高；而炒房的哪怕利润再多，房价接二连三被大家一步一步地推高，然而房子的数量并未增加，暴涨的 GDP 全是泡沫，得益者也不过是掏空了其他人的口袋而已。

中国金融业本身也要为近些年来的阴盛阳衰承担相当的责任。资本市场对我国属于新生事物，股市、债市、银行商业化改革等都是我们在 20 多年短暂时间里相继完成的课题，都出现过重大的问题，也都至今依然存在缺陷。

股市和债市在发达国家主要扮演企业直接融资桥梁的作用，由于各国相对成熟的监管体系，投机的成分虽然也存在，但一般不至于非常狂热。换句话来说，西方成熟经济体的资本市场较少构成对实体经济的冲击，日本泡沫经济崩溃时股市确实曾一泻千里，但泡沫崩溃的原因来自于该国房地产、日元汇率与股市多种因素泡沫的共振，而且日本泡沫经济崩溃也是 1990 年代初的事情，至今都过去20多年了。同时，股市和债市融资都属于直接融资形式，资金的使用权从债权人手中传输到了债务人手中，而并不创造出新的货币。股市泡沫的危害性在于，股票投资者被资产不断增值的纸上富贵所迷惑，耽于财富幻觉而透支了自己的真实财富，除非泡沫不崩溃。

我国的直接融资一直以来在社会融资结构中扮演次要角色，更多的融资活动是通过银行体系的间接融资而发生完成的，这样更容易造成货币泡沫和货币幻觉现象。而且，尽管中国A股和债市起步晚、规模有限，但长期以来都是投机成分占上风，尤其是前者，而且都因狂热投机而发生过重大的问题，比如说股市始终是庄家横行，债市因“327国债风波”更是遭受过重创。简单来说，由于长期以来缺乏健康而多元的投资渠道，加上中国人普遍金融素养极低，甚至连一般性的金融常识都很少掌握，所以中国的所谓投资者在市场上总是表现出极浓的投机色彩，不仅是在股市、债市和期市这些常规金融交易市场，就连博彩和收藏等一样无不充斥着夸张的投机成分。

我国的银行体系虽然进行了重要的商业化改革，但也并非真正的现代商业化银行，或者说是在经营风格上还远达不到真正商业化的标准。从国家层面来看待，中国的银行具有一定的财政色彩，像近年来社会很反感的银行着重为政府和国企提供过度资金服务，地方政府和国企体系前两年对利率不敏感，这些事情都是银行财政属性的表现形式。从微观的运营操作层面来观察，我国银行在管理上的内在缺陷是一目了然的，长期以来都解决不了人情贷、关系贷等金融腐败问题。总之，我国的商业银行体系迄今为止在运作上都是不规范的。

更糟糕的是，我国商业银行体系拥有中国最大的金融资源，或者说掌握了最多的货币资本配置权。但它们本身因为经营管理缺陷却助长了经济阴性的蔓延而不是全力以赴用资金去支持我国的经济阳性成分——有效实体经济单位的经营。最简单的证据就来自于当前阶段银行的盈利结构比较，我国的银行是世界上最赚钱的银行，原因当然熟悉情况的人们都了解，就是很高的存贷差和相对垄断的体系。而在银行利润中发展最快的就是涉房贷款业务，实际上，其他名目的贷款中也有相当部分流向了房地产，其银行账面利润也与房地产投机有密切关联。

尤其关键的是，商业银行的放贷活动属于间接融资体系，通过银行间的存贷循环，可以产生大量的次生流通货币来，也就是金融学中的派生货币。这种商业银行体系放大基础货币为更多流通货币的效应在学术上称为货币乘数机制，而货币乘数的大小与商业银行的原始存款规模和央行对存款准备金比率的规定存在函数关系。

大家不妨先直观感受一下商业银行凭借基础货币和存贷循环来创造派生货币的能量：

假定央行要求的存款准备金率为15%，那么商业银行A的存款总额为1000万元，它就必须交给央行150万元作为准备金，还有850万元可用于业务经营。银行A放款850万元给客户α，α假如全部存入了银行B，那么银行B必须上缴127.5万元保证金给央行，剩余的722.5万元可以贷款给其客户β；β又将722.5万元再存入银行C，银行C在上缴108.375万元存款准备金给央行后又可以将剩余的614.125万元贷款给客户γ。以此类推，最后理论上可以创造出的派生货币是个简单的数学极限值。

在只有法定准备金一种漏出因素时，货币创造乘数的基本公式为：

$$K = \frac{1}{Rd}$$

Rd 代表法定准备金率。完整的货币创造乘数公式为：

$$K = \frac{1 + Rc}{Rd + Re + Rc}$$

Re 代表超额准备金率、Rc 代表现金在存款中的比例。

有了货币乘数了，扩张后的存款总量 $D = \frac{R}{Rd}$，R 代表原始存款。货币乘数表示理论上商业银行可以派生货币的最大值，实际中的派生货币数量由于漏损总是略少于极值的。然而现实中，我国货币供给从相对有限的M0到庞大M2的飞跃就是由这种商业银行货币创造职能来实现的。

我国的基础货币本身规模就不小，前些年来国家在货币政策上的松懈倾向使得资金泛滥，商业银行出于追求利润的动机同样遏制不住放贷冲动，包括具体的经办人员在业务活动中也有明的、暗的私人好处，完成任务突出可以得到银行的奖励，客户那里怎么着也得有所表示吧？所以各种因素刺激下导致出现了廉价信贷和信贷盛宴的现象。

问题是银行放出的贷款并没有积极去从事实体经济的经营，而是大量流入了房地产开发和楼市炒作，这样不仅造成了银行的潜在风险（银行的利润都是账面上的，真实的利润考虑到贷款资产的风险性要大打折扣），而且直接造成信贷资源效率下降。

我国的商业银行虽然缺乏真正的商业化精神，可是他们毕竟也明白金融风险的危害性，尤其是贷款风险造成的烂账既影响到相关银行的资产质量也涉及经办人的前程，所以大家也是要讲求风险控制的。所以，当2012年以来地方债和涉房信贷的风险明显急升后，各大商业银行也都采取了业务调整，尤其是在2013年接到国家重视金融风险的相关指令后。调整要求银行压缩信贷规模，银行还想多挣钱，相关人等还都惦记着奖金，怎么办？这就催生了新的有趣变化，银行采取措施将资产负债表中风险凸显的信贷资产剥离出来，以金融创新、银信合作的方式打扮成各种各样的理财产品兜售给公众。如此一番表内风险资产的表外化处理，银行的风险倒是摘除了，可是相关金融产品的风险性质并未变化，不过是社会替银行站在了高冈上，而且社会负债率还因此增高了，因为贷款到期后银行不再给求贷者放款了，配合各路神仙做的理财产品利率也高于银行贷款利率水平，买的人也图的就是个高利息。相关资金主要流向房地产和地方投资项目的用途没有实质性的变化，而银行与大家伙互动的节目还是围绕着很少产生真实财富的虚拟经济成分展开，如此就更加剧了阴盛阳衰！

这里，我们还只详细说明了银行的官方活动，私下里有些关系户从商业银行倒腾出钱来演化为影子银行体系的资金并由此产生的阴性泡沫尚未计算在内。

再看央行，它多年的活动也一直在扮演助长阴气的核心角色。央行是一个国家的货币发行者和最后贷款人，我国政府多年来是不信货币中性理论而是在现实中始终推崇货币扩张路线的，直到本届政府履新后才大大改观。

央行投放的人民币构成了我国的基础货币（Reserve Money），也叫做高能货币（High－powered Money）、初始货币（Initial Money）或货币基数（Monetary Base），因为它可以通过货币乘数效应被大大放大。

按照国际货币基金组织的定义，基础货币是指央行为广义货币和信贷扩张提供支持的各种负债，简单来说，它表现为央行保留的各种存款准备金（R）和公众持有的通货（C）。

在中国，基础货币可以用这个公式来表达：

基础货币＝法定准备金＋超额准备金＋银行体系库存现金＋社会公众持有现金

我国现阶段投放基础货币的主要途径是外汇占款，根据央行网站（www.pbc.gov.cn）的公开数据，2000年末包括央行在内的我国金融机构外汇占款余额仅为1.43万亿元人民币，2011年12月末金融机构外汇占款余额为25.3587万亿元人民币；2012年底的外汇占款余额为258.53348万亿元人民币；2013年底的外汇占款余额为26.427004万亿元人民币。13年间我国仅外汇占款一项投入的基础货币量就高达约25万亿元，增量部分相当于2000年底水平的17.48倍，同期我国GDP名义增长量的增幅尚不过是5.36倍，以外汇占款为核心的基础货币投放相当于名义经济增长量的3倍水平。

而奉行中性货币理论的欧美国家是将基础货币投放量与经济增长率严格锚定的，我们再复习一下上一节的相关内容，合理的货币供应公式为：$\Delta M = Mx$（1＋上期经济总量增长率＋当期CPI目标）。其中，ΔM 代表该增发的货币，M 代表上期的货币总量。

央行投放了远超过经济增长应该增发的人民币，就必然导致通货膨胀，而通胀的基本效应是加速贫富分化，促使财富由普通国民手中向产业界和富人那里转移。

原理很简单：通胀的含义是物价上涨，货币购买力贬值。普通人家积累的财富结余多体现为货币储蓄，富裕家庭积累的财富结余中资产的成分明显上升，企业的资产更是体现为土地、厂房、装备、原材料、半成品、库存品、在售商品等实物形式。通货膨胀冲击下，普通人的储蓄通通贬值，相当于从前积蓄的财富缩水了，而实物资产会因通胀而升值，于是财富就在无声中实现了乾坤大挪移。另外，企业在经营中总是会使用财务杠杆，也就是属于负债者（经济赤字单位），借银行的钱或社会的钱，而普通家庭属于经济结余单位，通胀会减轻企业的还债压力（所需偿还的债务还是以原先借入的金额为准），相当于帮企业界赖账，为之买单的当然是经济结余单位亦即普通老百姓了。

所以，通胀必然使得“穷人”更穷而富人更富！

再有，我国2009~2012年房价呈急速蹿升态势。房价一路飙涨的结局还是加速贫富两极分化！其内在机制很简单，不用多解释大家也应该明白的。

实际上，支持房价快速上涨的根本因素就是我国超发的货币，亦即远远超过真实经济成长水平投放的人民币。我们来看看全球经济危机爆发后我国基础货币投放量的历程（见表10－3）。

表10－3　2007年以来我国基础货币变动情况

年　份	年末基础货币余额（亿元）	增发量（亿元）	增速（%）
2007	101545.40	—	—
2008	129222.33	27676.93	27.25
2009	143985.00	14762.67	11.42
2010	185311.08	41326.08	28.70
2011	224641.76	39330.68	21.22
2012	252345.17	27703.41	12.33
2013	271023.09	18677.92	7.40

说明：表中历年基础货币余额数据取自央行官方网站（www.pbc.gov.cn）公布的《货币当局资产负债表》的“储备货币 Reserve Money”一栏。

上表显示，2008~2012年的5年，我国新投放基础货币总量高达15.079977万亿元，相当于2007年底基础货币余额的148.50%。而同期广义货币（M2）的净增量水平为141.47%，名义GDP的增长水平为110.57%。（扣除通胀因素后的真实GDP增长远低于该水平。）由三组数据的对比可以清楚看出，2008~2012年，不仅央行的放水量可用“大洪水”来形容，商业银行体系扩张而派生货币的能力也不含糊，与央行的货币扩张政策紧密配合。

而2013 年基础货币投放增量显著降低到了 7.40%，M2 增量同比为 13.59%，这说明商业银行的活动到了最后的疯狂，效率基本发挥到了极致。

央行和商业银行体系联手制造了如此声势骇人的泛滥流动性，收获的却是阴盛阳衰、货币效能显著下降和目前的流动性紧缺。为什么会这样？如此不堪的结局又说明了什么？

答案的关键就在于严重的贫富分化！换句话说，我国当前畸形的财富分配结构是造成相关恶果的关键原因。

央行的最新数据显示，截至 2013 年 12 月底，我国居民储蓄余额已经连续 3 个月突破 45 万亿元，位于历史最高位，已成为全球储蓄金额最多的国家；人均居民储蓄超过 3 万元，是人均储蓄最多的国家；居民储蓄率超过 50%，是全球储蓄率极高的国家。

这些数据打眼一开，哦，中国人普遍很有钱的！

且慢！人均有钱并不代表大家真的都有钱！

首先，与储蓄额和储蓄率上涨形成鲜明反差的是，我国目前阶段的国民消费率早已下跌到仅占 GDP 三成左右的低谷。这种现象就是大家戏称的“中国内虚”，也就是官方说的内需不足。2008 年金融危机以来，“启动内需”、“消费拉动”这些词汇已经因媒体渲染而妇孺皆知，目前依旧是老生常谈。为什么内需总是启动不起来，还不是因为很多老百姓都囊中羞涩！

再看反映社会贫富收入差距的基尼系数。

根据人社部劳动工资研究所最新发布的一项薪酬报告，我国的基尼系数已经逼近 0.5 的警戒线。从社会阶层来看，中国收入最高的 10% 家庭是收入最低的 10% 家庭人均收入的 65 倍。此外，除企业高管与农民工在工资收入上差距高达 4553 倍外，企业内部近五年来高管工资的增幅同样是明显超过了普通职工的工资增幅。

实际上，很多国外研究机构和国内独立机构认为，中国的基尼系数早就超过了 0.5。

比如，西南财经大学的中国家庭金融调查与研究中心（缩写为 CHFS）在 2012 年发布的《中国家庭金融调查报告》中指出，2010 年中国家庭的基尼系数为0.61，大大超过当年世界银行（WBG）所公布的全球基尼系数平均0.44的水平。

美国密歇根大学研究人员在美国《国家科学院院刊》上发表的论文《当今中国的收入不平等》（*Income inequality in today's China*）指出，自2005年到2012年间，中国的基尼系数呈走高趋势，维持在0.53～0.61。

而国际公认的贫富差距警戒线为0.4！

关于中国财富集中度的数字也很可怕。

2010年世界银行的测算报告认为，中国1%的家庭掌握了全国41.4%的财富；而同年国际知名的波士顿咨询公司的评测数据更为恐怖，认为0.4%的中国家庭已经占有70%的国民财富，还非常不客气地直白指出，这一全球罕见的贫富悬殊景象主要是因为中国权力资本高速敛财而造成。

连国内机构的相关评估也半遮半掩地承认相关情况很不乐观。西南财大CHFS发布的《2014中国财富报告：展望与策略》中指出，当前我国10%的家庭拥有63.9%的社会财富，2013年全国家庭资产基尼系数为0.717。宜信财富联合《财经》发布的《2014中国财富管理：展望与策略》则显示，现阶段我国最富有的10%家庭拥有社会总财富的60.6%，中国家庭财富基尼系数高达0.761，资产分布呈现严重不均情况。

显然，举世罕见的严重甚至是极端贫富分化发生在当今中国这一事实是毋庸置疑的。至于出现这一奇观的原因，我们前面曾指出过，主要因素在于持续多年的通货膨胀和炒房运动造成了财富转移，削弱了大多数国民的消费力。此外，收入分配体系的不公、猖獗的腐败、权贵对财富的攫取与掠夺，这些因素也加剧了两极分化。

微观上来说，2008年以来，不仅占人口大多数的普通工薪阶层在收入上普遍赶不上同期房价、房租、食品等关键商品价格的上涨幅度，就连小微企业主也因为通货膨胀严重、生产成本连年走高而企业利润和个人收入逐年下降。这还没考虑在不良经济态势下失业或工作不稳定的人们的收入恶化情况。

而同期，能够抓住“历史机遇”投机房地产的人们凭借房价连年暴涨和房贷杠杆迅速壮大了“自己的财富”，包括少数城市拆迁户因高额补偿而暴富，特别是中心城市的城中村或城郊农村居民。少部分有权有势的人们则通过权力寻租、利益输送、虚高报价等不法行为与暗箱操作截留了中国式凯恩斯主义政策超发的货币资本的大部分，包括一些胆子大、善钻营、运气好的民营企业主也通过靠近权力获得与狂热政府投资相关的业务而实现了先富起来。

所以，中国的贫富差距在 2008 年以来被显著地拉大了，收入分配结构以相当夸张的马太效应体现出来，社会财富结构则呈现出金字塔形状而非现代西方社会的纺锤状，高收入阶层绝对数量比例甚小而坐拥庞大的财富总量，低收入阶层却是浩如烟海。

加入 WTO 后到次贷危机之前的这段时间，我国的中产阶层本已呈现不断产生和增长的喜人态势，而 2008 年以来却进入消灭中产阶层的阶段，中产阶层的规模不进反退，而中产阶层本是应扮演现代社会中坚角色的。

大部分普通家庭的实际收入趋于下降，扣除基本生活成本后的可自由支配收入萎缩，还有其中一部分透支收入负债购买住宅，于是这一部分国民蕴藏的消费购买力就大打折扣了。

而掌握着大量货币财富的少数人对消费的贡献却无法弥补上述损失。富人虽然可自由支配的金钱很多，但常人在基本消费上是存在天花板限制的，饕餮也不能一天 24 小时吃个不停，最爱美的女性也没必要囤一屋子的时装。换成经济学理论，就是凯恩斯认为的富人普遍存在边际消费倾向递减的情况，即他的欲望在已经被高度满足的条件下，较少会产生新的消费冲动。

一般家庭缺少足够的金钱支持其消费欲望，富裕家庭的边际消费倾向递减。这样在中国经济中就反映为全社会消费需求增长乏力。包括我国近年来表现出的社会储蓄持续增长，也正是因为在货币投放泛滥、富人轻易获得货币资本的前提下，因全社会边际消费倾向递减而反向表现出来的全社会边际储蓄倾向递增。

事实上，中国富人的主要消费活动目前对拉动中国内需的贡献非常有限。因为众所周知，“土豪们”热衷的消费内容大都为炫耀式消费，他们无论是一掷千金购买豪车游艇，还是去国外旅游、购买奢侈品，其消费的商品与服务基本都是西方国家提供的，国内企业在中国富人消费活动上的受益可以说是微不足道！

有道是欲壑难填。中国富人的精神素养普遍与西方富人差了一大截子，我们属于让人嗤之以鼻的暴发户，而西方富人则颇具社会责任感和高尚的人文情怀。所以，欧美富翁可以通过慈善、公益活动向社会散财，而中国富豪则普遍热衷于聚敛更多的财富，因为一来过去穷怕了又极度羡慕衣食无忧的生活，二来精神层次确实不敢恭维。加上我国的遗产税、个人所得税、房产税等发挥不了优化二次分配的作用，于是无法反向抑制不断扩大的贫富差距。

有钱人也要为他们的货币资本找个出处，最好是能快速增值和长期增值。

在健康的国度，富裕阶层的这种诉求是通过投资生产活动来主要完成的，社会剩余资金流入实体经济体系，增加了产出的数量与质量，提高了技术和效率，进而推动社会经济增长和投资者获得不菲经济回馈。

而在当前的中国社会，上述健康路径基本行不通！浅表层的制约在于中国没有鼓励创业投资的优良环境，尤其是当前的整个实体经济因为通胀、劳动力成本上扬以及腐败造成的运行成本不确定和风险无常等因素导致利润率低下，而资本显然是不会乐于进入投资回报低的领域的，尤其是存在其他替代性投资方案可供选择的时候。

恰好，中国的虚拟经济体系和金融领域可以为货币资本提供风险小、收益高的利益。于是，拥有过剩货币资本以及有办法占有或支配社会剩余资金的人们便将货币储备投入这些领域，炒房子、炒土地、炒矿产、炒收藏品和艺术品，总之，一切稀缺的资源或容易被操控的商品皆可疯狂炒作。同时，信托、理财、民间高利贷等金融活动也吸引了无数投机资金涌入，因为金融投机的利润在当前明显高于做实业。进而，产业资本也在逐利本能驱使下逐步脱离本业而流向金融业和各种投机炒作活动。

上述活动的结果就必然是阴盛阳衰。近些年来，我国出现了房价和收藏品价格高涨、影子银行突飞猛进、民间高利贷盛行、僵尸企业日渐蔓延等迹象，说明阴盛阳衰已非理论推演而是现实。

海量资金聚集金融市场和投机领域，就导致国民经济的虚拟投机炒作成分不断上升，金融机构主动或被动的加杠杆操作使得金融投机利润不断畸形升高，同时蓄积了巨大的经济泡沫和金融风险。

这种经济态势不是正常的国民经济金融化，而是拔苗助长、火中取栗，目前陷入流动性陷阱且难以自拔则代表着投机反噬的时刻已经来了！

从更深的层次来剖析，我国的阴盛阳衰则在于整个社会制度的不健康、不规范。尤其是市场与金融监管太过原始、粗疏，至少是无法有效抑制投机经济的疯长，于是导致今天的全面被动。

而相关人群或者说是我们的国民特性也是重要元凶之一。

中国社会目前阶段尚处于后农业社会状态，很多国人坦率来说在思维和精神上与传统农业社会人接近而缺乏现代工商社会人的风范。我国的富人们不擅长于财富创造活动，对现代企业经营管理大多一窍不通，尽管表面上很多企业家拥有MBA、EMBA或者各种其他唬人头衔。多数人更擅长的是传统式的钻营，财富积累方式是掠夺和剥削，就是合法乃至不合法地挤占了本当属于其他同胞的财富份额，而不是像欧美现代企业家那样在为社会创造财富的同时获得自身的报酬。

掠夺行为从来都是有风险的，同时也存在极限，这是社会矛盾规律决定的。一旦攫取过度，自然经济资源被掏空后就无法继续掠夺，同时被掠夺的人群一样会反击对方的利益倾轧。

总之，从自然和社会两大领域出发，财富掠夺都是难以长期维系的，尤其是引发了严重社会动荡，必将给麻烦制造者自己带来不测的前途！

事实上，我国当前富人享受的财富幻觉颇为类似16、17世纪的西班牙。

对历史熟悉的人们都知道，16世纪的西班牙王国因为其成功的海外冒险与殖民活动从美洲掠夺了大量的财富，尤其是黄金、白银等贵金属，16世纪中叶的西班牙是全欧洲最为富庶和强大的国家。然而，西班牙人却未能将飞来横财转化为可持续的经济增长能量，他们更擅长于消费而非生产。美洲的金银被整船队整船队地不断运到本土，从王室到贵族到普通国民都陶醉于暴发户的喜悦中，相信这些钱是自己命中注定的所得，进而大量挥霍其金银，听任金银贱如食盐一般流向外国，意大利、法兰西、英国、德意志和尼德兰的商贾们可以轻易用诸如手镯、服饰、玻璃器皿乃至扑克牌这样的稚气未消的玩物来换取西班牙王国的金币银币。在海外流入财富刺激西班牙人奢靡消费的同时，意外之财还阻碍了该国人参与生产的积极性。

同时，西班牙人在财富刺激下萌生了支配世界的“雄心壮志”，与邻国乃至德意志和尼德兰长期陷入政治纠纷和战争中，金钱则随着战火的蔓延而被不断吞噬。

更要命的是，西班牙人在成功反击伊斯兰教入侵者摩尔人统治的光复运动（Reconquista）后大量驱逐犹太人和穆斯林出境，而这些人恰恰在当年是最擅长于经济和科技活动的，因为他们普遍受过更良好的教育，是那个时代文化与经济活动的引领者。

西班牙人赶走了精于贸易的穆斯林和长于金融的犹太人（除非自动皈依基督教者才允许留下来），损失了本国的工商精英和文化精英，而当年的本国百姓基本都是大字不识几个的农民和士兵，贵族阶层也是游手好闲者或浪漫骑士等无益于财富创造和梳理的人士占压倒性成分。

几大因素共振之下，当 17 世纪初来自美洲的金银数量锐减骤降时，西班牙人才悲剧地发现，自己的国家其实是现实中欧洲最穷困的国家（16 世纪晚期西班牙议会自己这么宣称），这时候的前暴发户们才意识到那些掠夺自美洲土著民族的巨额贵金属财富对自己原属于可遇不可求的老天恩赐！

哭已经来不及了，西班牙达人佩德罗·德·瓦伦西亚（Pedro de Valencia）为此痛心无比地评价：之前的横财对西班牙社会是一帖致命的毒药。人们相信依靠这些财富能够让生活永远安逸舒适，而忘却了耕地、牧场和渔业才是维持生计的必需。

西班牙人的掠夺怎么说还是掠夺外族，挥霍的是从海外盗取来的金钱；而我国当前富裕阶层掠夺的是自己的国家和同胞，前程尤其不堪！

西班牙人曾经掌握的财富是全世界通行无阻的黄金、白银，我国的财富幻觉则普遍来自于泛滥发行的人民币，这又是一处还不如人家的地方！

想要解决当前的阴盛阳衰局面，唯一的可行之法就是逐渐消除全球独步的贫富悬殊格局，鼓励生产，抑制投机，并真正培养和壮大中国的中产阶级阵营。

如此才能有内需和有未来，才能真正走出当下的流动性陷阱，才能实现泡沫经济的软着陆，才能真正建设健康的金融市场。而这就意味着进行经济结构性改革和相关社会制度的改良，结局上才不至于像当年耽于财富幻觉的西班牙人那样因为国民无知和体制僵硬而最后鸡飞蛋打！

现代版吴三桂

一国货币政策中，汇率属于相当重要的因素。更宽泛地说，针对开放性的现代经济体，本币的对外身价会以明显的方式支持或制约一国的经济发展。

而我国多年来人民币汇率的运行状态是比较危险的，尤其是当前和未来的一段时期，要小心防范人民币汇率成为当年带领清军入关并攻城略地的吴三桂，以免我国数十年积累的外汇储备在内外力量夹击下灰飞烟灭并沦为一场空。

我们为什么要用吴三桂来比喻人民币汇率，其一是因为它的变化会真的严重影响中国的经济大局，其二是因为我国货币当局确实在对待本币汇率这件大事上的表现如同当年李自成统帅的农民军，基本上就不明白吴三桂这厮的性子！

汇率是一国货币的对外身价，是影响国际贸易与国际收支的核心因素。在我们中国还多了一个重要变量，就是外汇占款是我国多年来投放基础货币的主要路径。几大因素跌价，人民币汇率如果出现意外，将使得中国经济极其被动，而且目前已经出现了危险迫近的苗头。

汇率堪称是现代金融学里最为复杂的问题之一，西方学界发掘出的汇率理论就不下十余种，各国学者至今对相关问题争论不休，没有任何一种学说能取得压倒性的上风。仅是当前在各国学界比较流行的汇率决定理论，就包括了购买力平价理论、国际收支决定说、国家负债理论、利率平价理论、全要素竞争理论、国际借贷学说、资本市场决定说等多种说法。

我们国家在改革开放前是个闭关自锁的国家，对外经济交流活动都很少，自然根本就无法理解汇率这一复杂问题。

改革开放后，我们因为对外开放，如此便需要考虑人民币汇率问题。

笔者很是推崇长安射天郎老师对汇率的理解，他主张将汇率形成机制理解为汇率基准与动态汇率两套系统互动的结果。

在金本位制时代确定各国货币之间的兑换关系是很简单的，金币是比较各自的重量与成色，纸币则可以用法定含金量来比较。

但在信用货币体系下情况就变得复杂了，需要汇率基准与相关动态变量的互动才能大体确定。

汇率基准或者叫汇率基础遵循购买力平价说，即汇率在根本上是由各国物价体系的比较决定的。比如，有一份消费清单让大家去完成，其中 90 个项目是商品消费，10 个项目属于服务消费，中国人完成这 100 个项目花费 10 万元，日本人的消费账单是 100 万日元，法国人为获得这 100 项消费的体验付出了 1 万欧元的开销，那么人民币、日元和欧元之间的基本汇率关系就是 10:100:1，即 1 欧元合人民币 10 元，相当于 100 日元的价值。

但是汇率基准其实并不完全准，因为各国之间存在经济发展的差异，将出现同一消费品目的品质不同，而且经济落后国家相对于发达国家还可能出现缺陷，于是导致汇率基准出现了失真。

比如，中国的街头小火锅可能使用了地沟油，日本火锅却绝对安全卫生，我们不考虑品质差异就拿两国火锅的价格来直接换算显然不科学，最起码违反了优质优价的基本经济法则。同时，上述 100 个项目中有些中国根本无法完成，因为国内市场上没有，而日本人和法国人在各自的国家不存在上述问题，于是从中国统计上来的相关消费价格数据就缺项了，如此在换算汇率时也必须予以相应调整。

鉴于汇率基准难以做到绝对精确，而且真要统计和换算起来也非常麻烦，所以当今世界各国将相关问题交给了汇率市场这一更为高效的价格发现场所来决定。不过，市场汇率的变动一定是会围绕着汇率基准这个中枢来运动的，而不至于偏离太远。

比如，假定人民币汇率对外低估了，日本人就会发现中国的东西很便宜，于是他们会加大购买中国货物的数量好占便宜，也会更热衷于来中国旅游，因为在中国消费时日元比在其国内更值钱。

日本人购买中国货物或在中国各地旅游和消费，都需要先将手里的日元兑换成人民币，相当于卖出日元买进人民币，这样人民币兑日元汇率就将相应上涨。

同时，日本人买走了中国的东西，国内货物变少了自然要涨价；日本人在中国消费服务，等于需求增加了，也会拉动相关服务的价格上涨。于是，通过市场机制从这一方面又平衡了人民币兑日元汇率原先的失衡。

反过来，当人民币汇率高估时，同样会通过国际的贸易及经济交流活动而自动纠正偏差。

所以说，汇率的变动在根本上是不太可能长期偏离汇率基准的，当然假定是在市场经济体系下。

同时，汇率因为主要为国际贸易和国际经济交流服务，又必然在身价上受到上述活动结果的影响，于是就出现了众多影响市场汇率变化的因素。比如，对外贸易的顺差或逆差、国际利率水平的变化、一国国际借贷的状态、汇市资本的博弈、国家经济形势的趋好或恶化、一国金融形势的起伏等等。

所以，当考察汇率的动态变化时应该关注这些因素的作用，在不同的阶段，起主要作用的因素还可能会不同，不该僵化理解汇率的变化。

总之，看待汇率要像长安射天郎老师主张的那样既注意重点又不失全面，否则就成了乱弹琴！

但是，我国多年来对人民币汇率的把握却恰好是章法混乱的，所以就扭曲了人民币的汇率。而颠三倒四的人民币汇率如今已经明显构成了一个金融杀局，外人有可能通过人民币汇率这个金融战场劫掠中国的重要财富。

我国在改革开放后，意识到外汇对中国经济发展的重要性，于是在加强对外出口的同时还长期刻意压低人民币汇率，希望借此能够刺激出口和国内的外汇积存。类似的配套手段还有出口退税政策等。

比如，1994年1月1日，我国实施第一次重大汇改，完成汇率并轨，执行浮动汇率制，让人民币兑美元汇率从5.7跳到了8.7。1994年汇改的初衷显然无误：一是一国汇率应该统一，长期存在官方与黑市两个体系不仅不成体统，也造成了套利活动和企业的混乱；二是一次性大幅贬值有利于刺激当时我们迫切需要发展的对外出口。但是，这种手法显然在实质上走的是政府管制的路线，实际上经过1994年的汇率并轨，完全受控于我国政府（业务代表是央行）的人民币汇率在接下来的多年里就成了一潭死水了，而且官方集中外汇的同时也彻底摧毁了任何藏汇于民的可能性。同时，这次汇率改革还导致了1994年A股市场的暴跌。

20世纪末期，我国外贸发展开始明显加速。尤其是2001年底我国加入WTO以后，对外贸易逐渐呈现高速发展态势，出口顺差和外汇储备逐年攀高。这一时期国内的物价也保持相对温和缓涨的格局。于是人民币汇率自然就产生了升值的压力。

2003年起，国际社会开始强烈呼吁人民币升值，国内就关于人民币升值与否的论战也不断升级，不过官方的基本立场还是希望保持人民币汇率低估的格局，以便于提高我国对外出口的竞争力。

2005年7月21日，我国实行了第二次重大汇改。中国人民银行宣布，自即日起，我国开始实行以市场供求为基础，参考一篮子货币进行调节，有管理的浮动汇率制度。根据我国对汇率“合理均衡水平”的测算，人民币对美元当日升值2%，即1美元兑8.11元人民币。

2005年汇改，同样暴露了我国管理层在汇率问题上的幼稚之处，即选择温水煮青蛙的渐进式升值路线而非国内外一些学者主张的一次到位。问题的关键还是我们不情愿让人民币汇率体现其真实价值或者说遵循市场规律，而是迫于外部压力不得不做出些调整以意思意思。

随着中国出口在世界贸易版图上不断地攻城略地，美欧方面多年来一直要求人民币自由浮动，尊重市场机能。而我国政府在这一问题上却基本坚持初衷，直到进入2007年后，人民币兑美元汇率上扬幅度才开始加快，当年1月11日，人民币兑美元身价突破7.80关口。但就整个人民币汇率调整的节奏来看，还是千山独行、依然故我的态势，甚至可以用不动如山来形容。其中的心结还是在于对外汇这一真金白银的过于偏好。

2007年夏，美国次贷危机的问题爆发。在此背景下，美国和欧盟方面在各种场合多次强硬对中国政府施压，要求改变人为压低人民币汇率的做法，加速人民币汇率升值。在美欧联手施加的强大压力下，我国不得不再度调整汇率政策，2008年4月10日，7.00大关被突破。

2008年夏，次贷危机发酵成了国际危害性更为强烈的金融风暴，欧美为化解其自身的经济压力，自然再度强调中国的人民币汇率升值问题，美国为此不惜扬言要给中国公开贴上汇率操纵国标签，甚至威胁用贸易战来反制中国政府的做法。

当国内一般舆论还在讨论人民币汇率升值对我国外贸的冲击以及责骂美国佬太过霸道的时候，有心人却发现实际上中国政府的立场已经暗中发生变化了。自2008年到2013年年底，我国方面始终比较配合地让人民币汇率逐年升值，从2008年4月7.00的水平一路走到了2013年底的6.0969（人民币兑美元中间价）。其中，2012年4月16日，我国央行即中国人民银行将人民币兑美元交易价的浮动范围从0.5%扩大到了1%，进一步放松对人民币汇率的严格管制；2013年2月25日，允许美国芝加哥商品交易所（CME）正式推出美元/离岸人民币期货产品。

而实际上，2008年以来中国发生了堪称持续性的恶性通货膨胀（国际标准将年CPI超过5%定义为恶性通胀，我国官方承认的CPI低于此标准，但真实水平是远远超过），这点每一个在国内生活的国人都有切身感受，2007年的1块钱和今天的1块钱在购买力上早已大大不同。于是中国的人民币出现了外升内贬、价值内外倒挂的奇景！而这是反常的情况，按理人民币汇率在这一期间应该贬值而不是升值，假如我们排除政治因素而主要考虑经济规律的话。如此就造成了人民币汇率下盘虚浮的情况，关于此点的详细论述可参阅2013年底出版上市的拙作《中国HOLD住了》一书相关章节。

为什么我国政府对人民币汇率的立场发生了微妙的变化，不再反感外力的压迫而主动自己升值了，请看下面我国历年外汇储备的变化情况表，答案就在其中（见表10-4）。

表 10－4　　我国历年外汇储备的变化情况

年　份	外储余额（亿美元）	年增长率（%）
2000	1655.74	7.05
2001	2121.65	28.14
2002	2864.07	34.99
2003	4032.51	40.79
2004	6099.32	51.25
2005	8188.72	34.25
2006	10663.44	30.22
2007	15282.49	43.32
2008	19460.30	27.34
2009	23991.52	23.28
2010	28473.38	18.68
2011	31811.48	11.72
2012	33115.89	4.10
2013	38213.15	15.39

说明：①年度外储余额数据取自央行官网（www.pbc.gov.cn）公布的历年《黄金和外汇储备报表》。
②2000～2004 年人民币汇率很稳定。
③表中的外储余额系历年累计的账面资产，不代表真实的外储头寸。

大家看到了，加入 WTO 后我国对外贸易规模增长迅猛，贸易顺差逐年快速增长，外来投资处于鼎盛时期。于是国家外汇储备（指央行和商业银行持有的账面外汇资产）也就逐年高涨。

然而，我们从 2000 年到 2006 年，7 年做生意下来积存的外汇储备才刚刚突破 1 万亿美元，而 2007 年和 2008 年的外汇储备增速却以异于正常的速度继续高速攀升，包括其后的 2009 年、2010 年的增长量也都在 4000 亿美元规模之上。而众所周知，由于次贷危机和金融风暴的负面影响，我国的外部需求本该是急剧降温的，实际上国际贸易在 2008 年之后也进入了明显的停滞状态。

中国外汇储备在外需萎缩和国际贸易陷入低潮的情况下反倒出现了井喷式的增长，加上本该受国内恶性通胀影响而被压低的人民币汇率也连年持续亢奋升值，这两桩怪诞事件同时发生了，犹如我们看见植物在快速奔跑、椅子漂浮于空中一样不可思议！然而比怪事还更奇怪的是，国内专家和媒体对眼前这种堪称彻底发疯的反常现象居然采取了完全噤声不语的态度（见图10－4）。

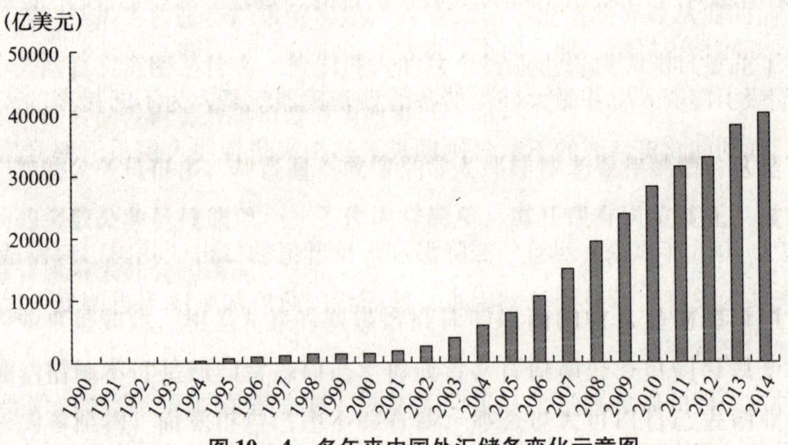

图 10－4　多年来中国外汇储备变化示意图

中国专家和媒体的风格我们是很熟悉的。专家唯恐没有表现机会，经常要露脸说些不知所云且惊世骇俗的高论；媒体更是每天异常聒噪而噪音不绝，通常对除了严肃政治话题之外的任何能八卦的大小事情都不放过。可是他们这几年却对眼前发生的植物会跑和重力异常的现象而集体失语，这说明了什么？这证明不自然！

任何事情一旦不自然，就代表有外力！我们看到一张椅子 15°倾斜傲立在地上而完全没有支撑，明显重心不稳却没有翻倒，好像正在说："嘿，伙计，早跟你说过了，地心引力是错的，看到了没有？"这时我们不要怀疑常识和科学，要去发现其背后隐藏的不为人知的正在支撑它的外力，不管是一个隐形人正在扶住这张椅子，还是它被强力胶粘在地板上了。否则那张椅子是无论如何都不可能以这种姿态存在的。

这个外力就是我国政府，它并不希望很多人过来围观高速增长的外汇储备！

其实，外汇储备在外需大减的情况下反倒大增的秘密很简单，就是尽管

2008年以来的中国出口可能在一路下滑，但资本项下的顺差却填补了贸易项下的顺差缩减，而且在最近五六年成为中国外汇储备的绝对主力。用更通俗的话来说，就是因为人民币汇率明显的长期升值趋势，吸引了境外大量的国际游资来华套利，这些国际游资就是我们所说的“热钱”。既然人民币汇率不断升值，这个钱很好赚，那为何不去赚？

我们吸引游资入境并做大外汇储备的秘密武器就是人为不断抬高的人民币汇率，而同期欧美经济的不景气则助长了热钱来华押注人民币汇率升值的热情！

所以，2008年以来，尽管外需降温和汇率升值的打击让我国出口制造业叫苦连天，大家拼命诉说接单的困难，然而我国政府却坚决不再调低人民币汇率，说不降就不降！

这种神一般的做法和过去有了巨大不同。过去是美国国会全体决议要求人民币升值，但人民币说不升就不升！现在却不必谁来提，自己持续上升。

问题在于，中国政府掌握的外汇储备其实根本就不是属于政府的财产。对贸易顺差而言，真正的外汇主人是出口企业；对资本顺差而言，主人则是来华投资的企业和跨境汇率套利的热钱投机者。在我国这种不支持民间持汇、藏汇的国度里，相关人等和机构不过是因为中国实行的类似强行征购的外汇集中政策而将相关外汇资产出售或是寄存到中国政府那里。

既然中国政府并非所持外汇的真正主人，那么真正的主人就有权赎回自己的资产，而且还有权将手头持有的人民币按照自己的意愿卖给中国的银行，与之前卖出外汇时的差异仅在于按照现时的人民币汇率来交易。

这下大麻烦就来了！

当人民币汇率升无可升甚至是开始呈现贬值态势时，来投机的热钱必然根据投机原理离场，因为低买高卖是金融投机永恒的基本法则。我有100万美元，当人民币汇率看涨时，现在就比未来便宜，所以我当买入人民币，假定当前的汇率是6.50，一年后人民币汇率将升值到6.20，通过当下买入将来卖出这么个简单的操作，我就能赚到30万元人民币的利润。当人民币汇率要跌时，现在就是贵的而将来会变得便宜些，所以当然应该抛售人民币换成美元，假定我手头有 1000 万元人民币，当下汇率是 6.30，一年后可能会跌到 7.00，那么我通过先高价卖出后低价捡回筹码的简单交易，就能赚到 111.1111 万元。面对这种赚钱机会，别说国际游资不会和我国政府客气，懂行的国内金融客也会千方百计抓住有利机会。

而我们面临的现实缺陷在于今天的人民币汇率实际已经严重高估了，下盘不稳的它随时可能贬值。一旦贬值就可能引发资本出逃，而资本出逃将更加推动人民币汇率贬值，因为我们的外汇储备不断减少而不得不调低汇率，如此进入极度糟糕的局面。

人民币汇率不仅自己下盘虚浮，外面还有一个老虎在虎视眈眈，就是美联储有可能在未来加息。利率水平将直接影响汇率变化，一国加息将导致该国货币汇率走高。尤其是美国，作为全球第一经济强国，美联储加息势必吸引全球游资回流美国，而中国的外储则很可能成为被分流的主要对象之一。

因为外汇占款是我国多年来投放基础货币的主要途径，所以资本出逃、外储流失还将在我国引起特色政策导致的流动性瞬间冻结。如此就造成市场上的流通人民币数量快速大减，进而股市、债市、楼市通通跳水，国内企业也要遭受流动性短缺的痛苦。

假如我国政府为了避免流动性枯竭，加大印钞来补充流动性，那么结局会更惨：汇率将贬得更厉害，汇率越贬资金就越会外逃，资金越跑银行就越容易倒下，要让银行不倒就只有再印钞，由此陷入恶性循环之中。这种情况下，人民币汇率、我国的货币信用、国家的信用以及社会经济将通通搭上赌桌而最终全部成为牺牲品！这种笨拙的办法就像是往破掉的木桶里注水，你注水注得越多，破桶的破洞就越大，你想把破洞堵起来还绝对不能拿铁锤敲（资本管制），那样一下就把破桶彻底敲粉碎了！

现在的情势已经相当危险了！2014 年刚过，人民币汇率就折转掉头开跌了，尽管我们自己放风说是自我控制有意让人民币汇率贬值的，但这些障眼法根本蒙不过行家，尤其是国际游资。

更可怕的是现在的气氛极度怪异：

早在 2009 年时，一些敏感的国际金融机构就发现人民币汇率的破绽了，于是国际上在2009、2010年就出现了针对人民币的唱空声。目前，我国经济下行态势明显，中国的体质处于最为虚弱的时候，国际投行更是极少有看好中国经济未来的。须知，炒汇率就是在炒一个国家的经济，犹如炒股票是炒企业的前景一样；当各大国际机构纷纷唱空中国经济，甚至个别机构和金融客动手放空人民币的时候，美国官方却跳出来高调要求人民币汇率升值，就不能不让人怀疑其用心了。

还是用那张疯狂的椅子来比喻，今天你走进了办公室，发现一些主管在对着那张怪椅指指戳戳、窃窃私语，而大老板却熟视无睹且一切正常，怪椅还是赫然以非正常的倾斜姿态傲然地挺在那里。那么，请问这时你将如何反应？

①咦，大家没看到吗？办公室里闹鬼啦！

②我倒！我是不是没吃早饭饿得出现幻视了？

③KO！牛顿的万有引力果然是错误的！

④那张椅子上肯定有古怪！

显然，多数人会是最后一种反应，因为它符合常识。所以你一定会小心应付这个怪东西，即使你好奇心旺盛也最多只会在旁边仔细观察，你绝对不会坐上去。

这张怪椅就是人民币汇率目前尴尬的处境。而美国官方却对这张椅子的怪异视而不见，还要求中国同行继续升值，不用怀疑，他早已知道椅子有问题，只是不说而已。飞碟停在了城市上空，围观者熙熙攘攘，而交通警察居然混不当回事，这是要把我们中国人当成傻子吗？

国际游资的主力就是美国资金，他们潜入中国来绝对不是学雷锋的，这点与在华投资的国际实业资本不同。

假如我们不惮用最坏的揣测来看待美国方面的古怪立场，那么很可能是他们认为暂时还没到动手洗劫中国外汇储备的时候，需要在后面更有利的时机强力爆破！

美国确实拥有打击中国经济的强大武器，要击破中国的营垒，只需一把火就可以火烧连营，而点火需要东风来配合。

这把火就是美联储在终止 QE 之后再凌厉加息，届时如果能假手惠誉、标普、穆迪等国际信用评级巨头对中国信用的降级，再有德意志、巴克莱、瑞银、法兴等各路人马同时做空人民币离岸汇率，引爆中国资本外流和金融危机的效果就更为理想。这种情况下，中国才会遭遇到最沉重的打击。

而东风则是中国方面选择货币放水而自投绝路！无论是中国央行降息抑或是采取其他大放水的措施，只要再度引发了明显而持续的恶性通胀，人民币汇率就更有理由跌下断崖。

美国全面终结 QE 并进而加息的节奏完全可由他们自己把握，而人民币汇率目前已经呈现摇摇欲坠的态势，所以美国可谓是万事俱备，只欠东风。只要中国肯提供这个东风，美国一旦发动火攻，中国经济的结果就难免是火烧连营的惨相，楼市、股市、实体基本上全部要遭殃！

而人民币汇率被突袭后，中国还将赔上一个重要的牺牲品，就是近年来费心部署的人民币国际化进程将被彻底打断。

每一个货币都有其流通域，流通域越大的货币，当然国际地位越强了。美元全球畅通无阻，所以它是世界货币霸主，霸主自然不仅外表风光，还能捞到很多实惠。欧元、英镑和日元的流通域也都远远超越了发行者的自家地盘，在国际经济活动中同样是利益可观。

最近数年来，我国为促使人民币走出国门下了不少工夫，最明显的就是与多国签署了货币互换协议，还有积极开设离岸人民币业务。比如，中英于 2014 年 3 月达成人民币结算协议，在更早的时间还签署了货币互换协议。

但是，我们必须清醒地看到，英国方面的主要意图是争夺离岸人民币业务中心，至少是欧洲的中心（目前最大的离岸人民币中心是香港）。因为伦敦是全球有数的国际金融中心。作为传统金融大国，英国是不甘心在相关竞争中落到德国、法国或瑞士金融家后面的，他们必然要极力维护伦敦金融市场的全球卓绝地位。

而对人民币本身的前程，恐怕英国金融界并不十分上心，在这点上我们不要自欺欺人！

而人民币要真正走出国门并使得中国经济坐享硬通货带来的利益，关键的问题在于人民币自身的信用。

货币信用体现在两个方面：

第一，对内币值稳定。这点我们从前一直做得不够负责任，好在目前已经意识到以往货币政策的荒唐之处了。在本国的购买力都不靠谱的货币，外人更是不会轻易相信的！

第二，对外的汇率也保持稳定。事实上西方主要货币在国际汇市的价值起伏都属于典型的稳态波动情形，即虽然每天汇率都会上蹿下跳（一般幅度在央行设定的安全波动区间内，超限后央行就可能动手反向干预），但就较长时间段来看国际身价变化都有限。这种特性是与黄金、原油和其他大宗商品的表现迥然不同的，因为那些属于商品，商品的价格当然应该随供需关系而变化，而货币并非普通的金融交易品，因其对国际贸易具有显著又直接的影响，各国都不乐于见到本国货币汇率剧烈波动。实际上，当一国货币的国际身价变化很大时，一定是该国经济遇到大麻烦了！

所以，假如人民币汇率遭受重创，那么受损的信用将在很长的时间里让人民币难以为外人所接受，这样力促人民币国际化的设想也就泡汤了。

所以说，由于我们过去驾驭人民币汇率的做法幼稚而且破绽极多，于是造成了今日暗云乱渡下危机重重的杀局。此时此刻，可以说中国经济正在遭受前所未有的严峻金融考验，而且这种考验是同时来自内部和外部的。这一坎如果过不去，会带来极其严重的经济问题，人民币汇率可能被人打爆，外汇储备可能迅速流失，国内积蓄的债务危机和楼市泡沫也将一起爆发。所以从现在到未来数年，将是关乎中国枯荣兴亡的重要分水岭。

这场大考中，焦点就是中国的货币政策。假如稍有松懈，继续放任人民币供给泛滥，就可能一失足成千古恨！而紧咬牙关挺住当前的钱荒，坚决不防水，不仅不会送给外人袭击人民币汇率和火烧连营的机会，也会让国内的金融界、产业界和负债者们戒掉毒瘾。配合以其他金融改革措施，度过这几年艰难的日子，用时间换空间，中国将会迎来真正的美好未来。关于这点，不仅是最高决策层，我们整个社会都要有清醒的认识。只管当下快活，不顾来日洪水滔天，那是十足的蠢人蠢行！

包括对贸易、顺差和外汇储备等因素，我们在下一步的改革中也须重新建立科学而积极的认识。

对外贸易无疑是应该高度重视的。然而，贸易的根本目的就两点，一是互通有无，二是赚钱，而不是为贸易而贸易，更不是为名义顺差而贸易。实际上，好的贸易应该是相对均衡的，伙伴双方都大体满意，当然对方能力不济，也不能连送上门的顺差也不要。

我国从前过于追求出口规模和名义顺差是畸态的思路。

前些年的国内经济是这样一幅奇观：我国不断生产大量产品输往国外，换回大量的外币，国内人民却无法消费。换回的大量外币又被国家通过购买美国等外国的国债等方式，流回美国。

这样，中国以纸币标志的名义 GDP 不断增加，外汇储备号称世界第一，但是用于国内消费的财富却不见增长，甚至可能在下降。

由于内需不振，外需就占了总需求的相当比重，所以大家更加重视出口，甚至不惜抑制内需来扩张外需。从而国家经济进一步走向畸形。

对外贸易出现了大量的名义顺差，但这种顺差并不代表赚钱，甚至很多生意其实都是赔本赚吆喝。更差的情况是，赔本积累的大量外汇储备没有好的办法花出去，并转化为本国更先进的劳动生产率、更丰富更优质的产出、更充沛的就业机会，徒然形成逐年攀高的记账数字，还因此招来了外人的觊觎。这样，我们纵然有 4 万亿美元又与废纸何异？枉自紧缩了国内需求，苦了国内民众，却还不是为他人作嫁衣裳。

现代国家的经济，根本应依赖于物质财富的消费。国民消费是下一轮物质财富再生产的源泉，天下没有守着一大堆花花绿绿的废纸就可以富国强邦的道理。美国二战后长期对外贸易逆差，却一直是经济超级大国，非常重要的一点就在于其旺盛的国民消费力。当然，美国平衡国际收支逆差另有办法，不过不属于我们这里的核心话题。

说到底，对外贸易的输赢，不在于你逆差还是顺差，而在于赚钱还是赔钱，这里的钱指的是财富而非货币符号。单纯从货币损益来看，能否赚钱在于你产品的附加值是否高。倘若产品的附加值低，你顺差越多，国力便越是衰退。那些依靠出口初级产品维系生活的落后国家就是活生生的例子，纵然有顺差也相当于变卖家产赚来的糊口钱，根本没有发展前景可言！

雨中收伞

2008～2011年，当世界经济疲态明显而步履蹒跚时，我们号称是中国风景独好！到处是热闹的工地，一系列升腾的官方经济数据似乎在不断彰显着中国的强大与中国人的富有，好像中国真的遍地是黄金。

2013年，中国却爆发了钱荒，缺钱的企业和人们一片哭爹叫娘声！似乎中国又陷入了全方位的缺钱困境，而且是在“钱洪”滚滚的背景之下。

时间甫一进入2014年，中国经济面目憔悴，相关数据不再风光，尤其是疯狂了多年的楼市已经明显大厦将倾！

毋庸置疑，中国经济有病，而且是患了各种罕见而古怪的重病。当前最突出的就是泡沫经济进入即将破灭的晚期！“钱洪”与“钱荒”并存，就是中国经济陷入泡沫泥潭的经典表现。

各路神仙望钱若渴，用尽怂恿、蛊惑、呐喊等招数大声呼喊央行放水，急盼银行放贷来救命；而央行却不再像从前那样放纵人民币横流，商业银行也难得地对待自家资产负债表小心翼翼了。雨中收伞，这难道是要把相关人等往死路上逼的节奏吗？

没错，中国的虚浮镀金时代行将结束了，依靠粗放经营、货币幻觉和失真数据营造的GDP高速增长只具粉饰效果而并不能给大多数国人带来幸福感。现如今，虚假的数据增长应当作古，贫富悬殊要逐渐赎罪，流动性泛滥和廉价信贷被打入禁宫，房地产泡沫要死，疯狂投机要死，社会蠹虫们要死！否则，中国就难逃债务危机的蹂躏，躲不过汇率大跌和外储骤失的劫难，倒下的就必将是全面受创的中国经济，甚至还有可能发生莫测的社会动荡。

相比之下，楼市泡沫破裂、僵尸企业入土、经济短期下行，这些不过是中国经济的疥癣之患。而恶性通货膨胀、人民币汇率下坠、外汇储备流失以及由此造成的经济结构和社会结构的恶性震荡，才是中国必须警惕的心腹大患。

2014 年 5 月上旬，前美联储主席格林斯潘在华盛顿外交关系协会举办的研讨会上评论说：中国经济的高速增长是借来的！在被主持人问及中国经济是否正在面临下滑危险时，格林斯潘认为，尽管中国经济 20 年来的进步很显著，人均 GDP 与美国的差距大幅缩小，但在这一过程中，中国的经济成长不是依靠自身的经济技术创新带来的，而是严重依赖外来投资和技术这些借来的经济资源。他举例说，汤森路透公司最新发表的全球 100 家最具创新性的公司中，40 家是美国企业，而中国一家都没有！格林斯潘坦言，缺乏自主创新的瓶颈是中国未来发展的隐忧，尽管中国也在向这个方向正在努力，但进展非常缓慢。

格林斯潘的这番评论让我们中国人感觉非常尴尬，但却无可否认地近乎事实。多年来，我国经济整体实力确实越来越强大，但真的不是依靠科技创新作为活力源泉，各行各业涉及生产效率提升的装备、技术、理念等均主要来自境外的输入，甚少是我们自己的贡献。尤其是 2007 年以来，国企发展主要靠资源掠夺，民营企业则苟延残喘，前者热衷于垄断，后者拿手的是打价格战。

而且，格林斯潘还只揭示了问题的一半答案。除了是向外国人借来的各种资源，我国的经济繁荣还欠了本国一大堆的账。最显著的就是滥发货币，由此强占老百姓从前的劳动成果，还透支了未来的财富。

所以，中国经济现阶段呈现出一系列显著又尖锐的矛盾，硬币的一面光彩照人，而另一面却不堪入目。比如，泡沫经济和流动性陷阱就是这块硬币两个侧面的局部花纹，国富民穷构成了另一部分怪异花纹，少部分暴富群体时不时闪烁着诡异消费的妖光，而大部分国民还远达不到真正的富足水平。

迄今为止，我们已经详细分析了我国经济在私人部门、公共部门与对外部门分别面临的潜在系统性风险。这些风险都指向一个方向，即中国已经积蓄了太多的金融风险！

之所以到现在为止还未真正爆发金融危机，那是因为我国特有的风险缓冲器在起作用，而这些缓冲器目前或者效力下降，或者将被人为拆除。

从各种因素来看，我国目前所处的局面很不乐观。内部来看是经济已僵，僵则质脆，脆则易碎；外部环境则面临着来自美国的挤兑，美国实体经济重新崛起，世界性产业版图即将重新划分，美元价值将从低位向强势方向渐行。

经济学家将缺乏经营与创造财富的价值，仅是由于能获得放贷者或政府的支持而免于倒闭的问题企业称为僵尸企业。这些僵尸企业无望恢复生气，仅靠大量负债才能维持表面性的存在，而且其“吸血”特性具有长期性和依赖性。

很不幸，当下的中国经济体系内就存在大量的僵尸企业，既有政府背景很强的，也有民营的，甚至部分僵尸企业设立的目的原本就是当作债务平台来运作。

僵尸就该下葬入土而不是试图救援它们。否则它们将感染更多的经济单位，僵尸企业的比例不断增加，经济就可能最终僵尸化而沦为僵尸经济。

微观领域存在数量可观的僵尸企业，宏观面上我国多年来也存在增长路径僵硬的弊端，即简单依靠货币扩张来刺激经济前行，2008 年之后债务扩张与房地产泡沫愈发沸腾更是进一步加强了经济的僵性化。

反观美国，经过数年痛苦的去杠杆化历程和经济重塑，目前实体经济越来越趋于活跃，尤其是在页岩油气开发、清洁能源、二次机械革命和 3D 打印等领域的进步使得美国重新占据了新时代的产业制高点。同时，美元也在完成其作为世界货币价值的历史性修复，呈现出咄咄逼人的上涨势头，甚至包括股市和房地产的表现也优于当今世界的各大经济体。

美国经济春意盎然以及美元的王者归来，是内外皆修的结果，再度精彩演绎了理性与科技结合的力量，不仅给了“美国衰退论者”一记响亮的耳光，更对全球新兴经济体和非美货币普遍构成巨大威胁。

道理很简单，现代世界经济是既相互合作更彼此激烈竞争的，而作为经济血液的货币资本，则只看重谁家能给自己带来稳妥又丰厚的殖利收益。当美国经济呈现出日益强劲的前景时，资本没道理不去分杯羹而留恋不确定性很大的新兴国家。

事实上每一轮全球经济景气的最大赢家一直是欧美发达经济体，至少二战结束后至今的历史规律如此，少数外围国家的繁荣不过是吃些欧美剩下的残羹冷炙而已。相反，当欧美经济进入疲态时，国际货币资本受不了它们的低回报率，才愿意冒险到当期的经济热点国家短暂淘金。

现在的形势很明了，美国经济恢复势头良好，欧洲方面也预期不错，新兴经济体不仅当前经济风声鹤唳而且前景也比较惨淡，此消彼长之下，国际货币资本将何去何从？答案是非常简单的！

大量资金回流美国，对美国经济当然是利大于弊的，而美国经济与美元的强势将进一步鼓励国际游资向本国集结。中国恰恰在近些年容纳了大量的国际游资，那么未来国际资金游动的结局就是美国补血而中国失血，甚至国内的资本也会由于各种因素的综合刺激而有外流冲动，比如当下正在被炒得沸沸扬扬的中国资本进军海外房地产。

推动中国经济表面风光的根本因素是国内货币高速扩张，而货币扩张的主要源泉是外汇占款这台“隐性的印钞机”或者说是“中国 M2 之母”。

所谓外汇占款是指中国央行（即中国人民银行）为收购国内货币市场的外汇资产而投放的人民币。中国的外汇占款是很有特色的，与其他国家的外汇占款的内涵完全不同。抛开这点不提，我们在本章的前面诸节有若干详细的货币列表，可以从中明显得出中国十余年来飞增的 M2 与外汇储备的逻辑关系。

而国内资本返流美国直接意味着多年来不断扩张的外汇占款将进入逆向的收缩期，假如央行严格按照法理来进行相关货币操作的话，至少也是无法再“对刷”出海量的人民币了。假如央行不甘心回收外储流失而凸显出的多余外汇占款，那么情况只会更糟，一旦被市场窥破货币当局在作弊，那么人民币汇率将因之显著贬值，国内资本更将持续大规模外流，作弊的结果依旧是鸡飞蛋打，而且还将赔上本已孱弱不堪的国家信用。同时，人民币汇率贬值还将使得我国对外负债的压力被放大，相关企业还债负担加剧，在外融资也更困难。

这是目前很现实的潜伏于对外部门的危机。

资本外流将降低国内市场的流动性，造成利率中枢上行。利率水平快速上升将产生三种明显的后果：第一，房地产泡沫直接被刺破，失去了宽松货币环境和信贷盛宴的支持，中国曾经风光无限好的房价将什么也不是；第二，社会融资成本上升、财务负担加剧，于是将进入痛苦的被动去杠杆化阶段；第三，负债者偿债压力剧增，其中的部分还将因资产泡沫破灭而直接破产。

这些是隐藏于私人部门的重大危机。

这些年来，我国商业银行向地方政府、企业和个人提供了大量的信贷资金支持，而后者在获取贷款时提供的抵押质押品基本都是土地、房产和股票。国内流动性日渐收缩，中国资产的价格就必然不断下跌，土地、房子和股票无一能够幸免，于是这些抵押品就成了银行部门的毒药资产，导致中国商业银行体系坏账飙升，从而很可能以中国式次贷风暴引爆我国的银行业危机。而我国商业银行体系大量坏账风险的暴露将会迅速降低本国居民和外界对中国金融信用的看法。

一旦银行业爆发危机，鉴于其可能威胁到“国本”，中国政府必难以坐视不管。而中国政府拯救银行业的手段无非三种。

第一种手段是像1998年那样的老路，面对技术性破产或濒于破产边缘的银行实施不良资产剥离的裱糊手术，让全体老百姓为银行闯出的祸当顶缸者。具体路径是动用财政手段将资金注入国有的不良资产管理公司，由不良资产管理公司以账面价值从商业银行购买不良资产，用来核销坏账的财政资金来自于货币注水。

问题在于，1998年中国政府营救商业银行时，政府债务占GDP的比重尚处于很低水平，可能大体在20%左右。而目前的中国政府债务水平已经是相当的高！那么，如果中国政府再来一次“98式”的营救行动，政府债务水平将来一次大跃进。如此便直接对中国政府的财务信用带来绝大负面影响，而且今天的中国老百姓也不像20世纪末时那样好糊弄了。

第二种手段是直接动用财政盈余或外汇储备对商业银行补充资本金，由商业银行在资产负债表内消化坏账。

但是中国政府多年来哪里有过真正的财政黑字？赤字倒是年年如此，所谓外汇储备也根本就不是自己的资产，结果还是慷他人之慨来消化银行坏账。

作弊的结果依然是声名狼藉！

第三种手段相对而言更符合市场化原则，比如走资产证券化的路线来隐形处置银行不良资产。这条路线又对中国债市有很高条件要求，目前看来很难顺利实现，而且资产证券化本身属于资产货币化的思路，中国目前的货币总量已经如洪水泛滥似的持续多年了，继续扩张的空间有限，而且政治风险极大。

综上所述，三种手段在今天的形势下都不太好落地，而且也都不是治标治本的良策，结果也无非是债务转移而已！所以，当前政府已经在部署银行破产法规和存款保险业务的建设，这才是比较规范的思路。

以上我们又总结了公共部门可能出现的危机。

外部危机、私人部门危机、公共部门危机，三大危机魅影重重；债务风险、人民币汇率大幅贬值风险、泡沫破灭风险、银行不良资产风险，多重风险铸造的达摩克利斯之剑在中国经济头顶上高悬；而且相关危机和风险还势必以互相刺激和激荡的方式凶险互动。所以我国经济的决策者不能不小心谨慎，国家货币政策也不得不改弦易辙。

假如中国金融风暴真的刮起，那么其破坏性能量绝对不容轻视。而且，危机结束后，中国社会也需要很长时间才能修复家庭、企业、金融机构与政府自身的资产负债表。日本泡沫经济破灭后的情形就很可能换个场地在我国上演，而且由于经济结构和政治结构的内在缺陷，我们那时的处境将会比日本更糟糕。

之前多年的中国经济繁荣存在相当比重的货币幻觉成分，而当前的经济低迷说白了还是病态货币依赖症的反应，只是爆发诱因在于中央让中国经济戒除毒瘾、减少货币供给和去杠杆化的新努力。因为瘾君子们不适应这一真正治病救人的新变化，所以才鼻涕横流且满地打滚。

假如在货币环境正常的国家，出现流动性紧张时应该适度放松银根，但是这个药方对中国的情况无效，因为问题正是多年货币泛滥造成的。

面对流动性压力凸显，技术手段首推降息。理论上降息可以提升流动性水平，激活投资和消费热情，挽救陷于困境的企业。

但是，降息和其他央行大量放水的弊端更多且更可怕。泡沫明显的房价这些年的表现一直是货币政策稍一放松就坑爹地飞涨；企业经营的困境主要源于利润受到成本上扬和销售价格下降的双向打击，成本上扬和楼市泡沫直接相关，产品价格走低则是受制于两极分化造成了内需萎靡，依靠货币刺激解决不了根本问题。同时，企业层面已经存在一定比例的僵尸形态，银行业以及影子银行体系近些年又明显虚火过盛。更重要的是，降息将减小中国与欧美的银行利差，美国还可能进入加息空间，表面看这样会降低热钱进入中国套汇的动力，实际上我们现在真正当担心焦虑的是资本出逃与外储流失，而且后者将直接冲销降息释放的流动性。

所以，对降息这件事情，包括其他的加强货币增量的手段，我国政府的决策层态度非常谨慎。中国的央行实际是国务院下属的货币政策窗口机关，自然也就任瘾君子们哭爹叫娘而爱莫能助了。这就是所谓的央行两难!

在美国，财政是财政，货币当局（美联储）是货币当局，银行是银行，三者各司其职。美国财政部对美联储可以说基本毫无影响力，其主要责任是负责联邦预算和决算，尽管美国财政也具有金融特征，多届美国财长都由金融造诣很强的人物出任。

而在我国，央行和商业银行则长期以来都多少扮演着财政职能。政府钱袋子紧张了，央行要想办法充当做出无米之炊的巧妇，商业银行也要为政府的开支输血。这些显然属于很不正常的情形。

所以，当前中央的立场和相关做法属于金融系统去财政化，这是老百姓应该支持的改革姿态。

对金融系统而言，无论货币当局（央行）还是在微观上办事的商业银行，主动去杆杠化以化解金融风险也是真正明智的做法，不然将来恐怕是欲哭无泪。包括民间影子银行同样需收敛自己的放贷活动，否则哭的一天已经没多远了。同时，针对我国商业银行体系而言，也必须进一步改革以实现真正的商业化运作，不是外表上的商业化而是内涵与气质的全面商业化。比如，当前很明显的货币市场钱荒就与银行资金的期限错配有相当关系，银行基本的经营思路是借入长债而借出短债，而我国很多银行由于信贷质量不佳而转化成了借出的短债长债化的奇特风景。换成大白话，就是银行的关系户可以凭借展期、结转贷款等隐秘的手段遮掩无法按期偿还银行贷款的丑态，而银行原本借给它们的短期资金就在实质上演化成了难以真实回收的被动性长期信贷了。作为央行，中国人民银行今后改革的重点领域应该是强化监管，弥补相关的监管漏洞；包括银监会、证监会和保监会也要节制辖属会员们的相关金融业务。

房地产泡沫是中国泡沫经济的主要体现方式，是泡沫就终究会破灭，而且理论上在泡沫可控时戳破显然比无法收拾到自爆要更科学和积极。当前主动去戳破房地产泡沫可能会因连锁反应对经济全局带来相当的不利影响，但这个泡沫却绝对不能再无视而任其继续做大了。所以，中央对房地产不予特别理睬而静观其变，甚至让它自生自灭，这种方法倒是颇为艺术的冷处置。只要管理好货币的源头不放水，疯狂多年的国内房地产就彻底没猴耍了，只能自我泄气。

债务危机的解决方案或可选择定向债务爆破。中国政府毕竟有很强的行政控制能力，只要在坚决控制债务扩张的前提下逐层、逐次地引爆一些问题点，就可以逐渐降低整体爆炸的概率，至少是卸去了债务爆炸的能量。

这种做法难以避免局部性的衰退，但却能有效避免恶性债务危机的爆发，也不会引发金融系统性风险。

总是，中国的钱荒病与众不同，照本宣科地开药治病会害人害己。标本兼治的办法是施行结构性的经济改革，针对金融、收入分配、产业发展、税政、教育、科技等经济运行体系的相关要点通盘进行调整与优化，才能彻底走出困境，找到新的可持续发展的道路。而在贫富差距与泡沫经济尚未扭转或得到有效控制之前，实施货币收缩是应付当下危局的唯一理性选择。

第11章

希望的曙光

治理目前阶段经济风险的良药是紧缩，经济短期下行就是货币政策紧缩的正常反应。而真正引导中国经济健康化的路线在于深化改革，建立真正的市场经济体系，实际上迄今为止国际社会都没有承认中国的市场经济国家地位。而在改革方面，我们欣慰地看到，换届后的中国已经出现了希望的曙光。

在履新的2013年，虽然中国新政治家团队表现低调平和，没有像以往各届那样甫一上台就提出宏伟规划，发表豪言壮语，但核心领导人们的一言一行都在被世人关注和研究。习总书记诚恳地向世界说明了当前形势的严峻性，“中国改革已进入了深水区，好吃的肉都吃掉了，剩下的都是难啃的硬骨头”。在以平易近人姿态向举国民众表达随和亲民的执政风格同时，整肃官场腐败和奢靡之风却毫不手软，接二连三的反腐组合拳让“老虎和苍蝇们”心惊肉跳。李克强总理则坚决关闭货币之闸，不再放水而只提供短期流动性，金融改革在不动声色中已经启动，房地产被施以冷处理，调整经济发展模式的思路同样是清晰坚定。于无声处听惊雷，要克服来自既得利益集团的各种阻力，扭转当前阶段中国社会的不利局势，需要的正是一个坚强的中央！

2013年11月，中共十八届三中全会在北京召开，会议通过了《中央关于全面深化改革若干重大问题的决定》，这一文件向全世界宣布中国将启动“二次改革”，整个中国社会行将被导向全新的发展路线。

《中央关于全面深化改革若干重大问题的决定》多达两万余字，全面阐述了本届中国领导人对全面深化改革的战略部署，是指导深化改革事业的纲领性文件。用不着展开铺陈相关的文字细节，这份文件设想的部署毫无疑问透露出了新中央真心诚意的态度和培元固本的思路，其确定的深化改革方向和目的直接明了，可以用“激活中国”来概括总结，就是激活蕴藏于我国社会的各种发展动力与能量！

所以，虽然当下出现了明显的经济下滑现象，就长远来看，我们却有理由对中国经济实现软着陆并由此转入稳定健康轨道运行保持良好预期。因为制度就是生产力，政治和经济从来都是相互影响的。好的经济政策可以使得经济下滑比原来的幅度小而时间更短，培元固本的改革则能让中国社会逐渐焕发出真正市场经济的风采来。

除了有关正式文件外，一份被称为“383 方案”的具体改革设想也越来越为关注中国深化改革前景的人们所重视。

图 11－1　刘鹤的资料图

“383 方案”是国家发改委副主任刘鹤担纲领衔，主要由国务院发展研究中心这一官方高层智囊机构完成的深化改革方略研究（见图 11－1）。

所谓“383 方案”，对应的是“三位一体改革思路、八个重点改革领域、三个关联性改革组合”的新一轮改革的基本思路和行动方案。

第一个“3”包括完善市场体系、转变政府职能和创新企业机制；中间这个“8”对应着行政管理体制改革、基础产业领域改革、土地制度改革、金融体系改革、政府间事权与财税体制改革、国有资产管理体制和国有企业改革、促进创新和绿色发展、涉外经济体制改革这 8 个重点改革领域；后面的“3”指的分别是放开市场准入以加强竞争，深化社会保障体制改革并建立“国民基础社会保障包”，深化土地制度改革并支持集体土地入市交易。

总体来看，“383 方案”的核心是让市场在经济活动中扮演资源配置的主角，减少经济领域的行政存在，破除垄断，鼓励竞争和创新，推进产业升级，降低经济运营成本，以及逐步建立支持现代经济与现代国家的各项配套性制度基础。而且，“383 方案”还设定了很重要的改革时间表（见图 11 - 2）。

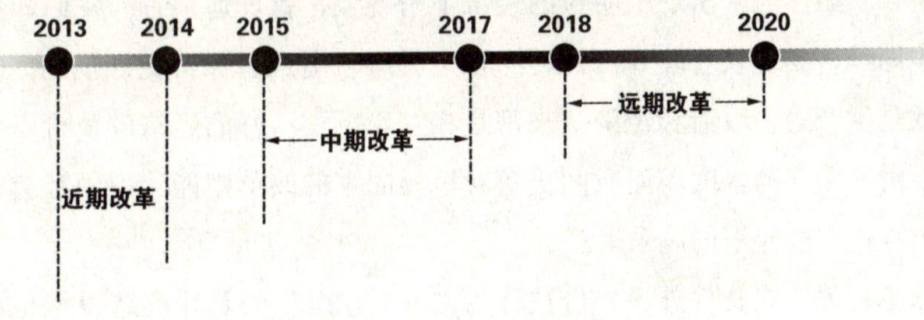

图 11 - 2 “383 方案”改革时间表

资料来源：搜狐财经。

从各种迹象来判断，新一届中央领导团队毫无疑问是计划通过经济、政治、社会多领域的结构性改革来推动国家民族前进的，基本改革思路是“市场归市场，政府归政府”，相关部署偏重于从长计议与顶层设计，追求的是长治久安。

政府从微观经济领域退身，让市场起主导作用，此举可以大大提高资源配置效率、经济运行效率并降低成本。利率市场化可以优化货币资本效率、大大提高银行的商业化水平和防范风险意识，放松资本流动管制和对外开放金融体系则有利于提高中国金融的活力和国际地位。破除垄断，改善国有资产管理体制和推动国有企业改革，可以引导长期以来表现不佳的国有企业走向更优秀的公司治理模式，同时赋予民间资本更广阔和从容的发展空间。治理污染则属于当今中国社会无法再忽视的生存问题。鼓励创新活动是经济繁荣和产业升级的关键，可以培植和释放出新的生产力。厘清中央和地方政府的事权、财权，是建立责任政府、服务政府和预算政府的前提。强化国民社保体系既有助于置换出相应的内需空间、释放国民消费力，本身也将起到实现财富从企业、政府和富人那里向一般家庭转移的效用，可以逐渐缓解严重困扰中国经济的国富民穷、两极分化这两大痼疾。给集体土地松绑则对推进新型城镇化、打破现有土地财政模式、促进土地资产价格下行和提高农民转让土地收益有多般好处。

总之，《中央关于全面深化改革若干重大问题的决定》和“383 方案”的思路与内容都是利国利民的。当然，深化改革对于中国共产党保持执政地位和提高执政水平也是必不可少的。

由于近十年来真正有利于国民利益的改革进展甚少，甚至还出现了打着改革旗号的局部倒退，这些不良现实使得一些人对我国的未来抱有悲观预期，对党和政府的领导能力缺乏信任感，甚至将改革也当成是既得利益集团欺骗国人的幌子，而寄望于“推倒重来”。对我国多年体制的失望使得部分人看不到新一届领导团队的积极努力和远大抱负，一个很悲观说法就是：一辆 60 年代生产的老解放牌汽车，全身都快散了，既换不了发动机，又换不了制动系统，车上的人还天真地以为，换个驾驶员就好了。更要命的是，这辆破车在被喷了一身新油漆后，竟然准备上高速公路了！

事实上，我们建议大家不妨先拭目以待。

2014 年被称为“改革元年”，一些深化改革措施已经被陆续推出。

比如，2014 年 4 月 23 日，国务院宣布向民间资本开放基建项目，项目领域覆盖铁路、港口、清洁能源，并涉及信息技术、石油及天然气管网、煤化和石化等行业，而之前这些领域一直是由国企主导的。相关的 80 个项目也计划以公开招标方式引入民间资本参与，具体的做法支持合资、独资和特许经营。下一步还将后续推出油气勘探、公用事业、水利、机场等国企控制更严的领域。

再比如，国家在 2014 年明确放开了单独二胎政策，下一步还准备全面放开二胎政策；很快修正了新型城镇化的思路，打消了房地产利益集团鼓噪的 40 万亿投资迷梦；中小城市户籍改革也被提上议事日程；人民币汇率实施新的管理思路；包括雷霆万钧，迄今为止都不放松而且扩展到央企、国企层面的反腐肃贪行动。

这些真真切切的变化都是大家已经看到了的，本届中央政府的主政思路确实发生了让人耳目一新的变化，在深化改革上是有诚意、有行动的！

所以，我们有理由看好若干年后的中国新气象，多给予力倡改革的中央以时间和支持，共同推动国家的进步。

诚然，深化改革的前路上还有很多拦路虎，尤其是目前阶段的经济存在一系列的棘手问题。内需萎靡必须提振，中国的房地产需要消肿和散脓，我国的国际竞争力在从巅峰状态向下滑落，全要素生产率的提升遇到了技术和经营理念的天花板，人口红利窗口关闭并短期逆转，地方政府和企业的杠杆率撑到了极限，人民币计价资产存在价值重估的压力，国际资本在欧美经济大势转良的大背景下将进行重新布局，恶性通胀压力需要全力防范，粮食安全必须加强等显著问题都摆在桌面上考验中国人的智慧和耐压能力。然而，正如上述问题的形成属于“冰冻三尺，非一日之寒”一样，解决问题的努力也势必要天长日久才能使效果显现，毕竟罗马不是可以一日建成的。

然而，只要我们脚踏实地沿着既定的深化改革方向坚定迈进，保持当下处理相关麻烦的冷静与审慎，尤其是严控好货币总量与信贷规模，那么，有序降低房价、清理债务、消化产能过剩、防范汇率大幅下跌和资本大量出逃这些难题还是很有希望得到一个可以基本满意的结果的。长远来看，综合性的结构性经济改革措施毋庸置疑将对促进就业、降低社会成本、增进实体经济发展和企业赢利、提升对外竞争力、释放国民消费、推动产业升级和向消费型国家转型等关键目标产生积极的影响。古人讲“亡羊补牢，为时未晚”，我们过去5年是走过一段弯路，但来日可期同样并非镜花水月！

第 12 章
新增长点

增长的含义

在中国，GDP 增速曾是多年来考核政府官员政绩的核心指标，地方 GDP 增长指标落后于他人，会让当地官员感觉很没面子。而在其他国家，居民就业和家庭收入的变化要比 GDP 重要得多，当就业和收入形势不稳定时，政府和官员难免会被社会舆论攻击指责。

之所以存在上述差异，主要是中外就经济增长的理解方式存在根本性差异。

自从邓小平的“发展就是硬道理”主张在中国深入人心后，维持经济增长不仅被执政党视为执政合法性的基础，更被用来作为衡量官员业绩以及决定官场升迁的主要标准。至于经济增长以什么来体现，我国政府多年来选择了 GDP 这一总量经济指标，同时，政府税收的增加水平也属于重要考核对象。

很遗憾，我国政府一直以来对经济增长的理解是完全外行的思维，或者说至少是过时的。

所谓经济增长，顾名思义，指的是一个经济体在较长时间段内呈现出的经济活动产出价值明显提升的现象。衡量产出价值的基本因素包括产出的范围、数量、质量和市场价值。鉴于经济活动的根本目的是满足人类的需求以使之得到更充分、更优质的满足，所以一国或一地的经济增长势必要体现为国民或居民收入水平与生活品质的双重提高，否则是没有经济意义的。

GDP 属于基本经济总量指标之一，换句话说，用来衡量经济总量的指标并非只有 GDP 一项，GNP 或 GNI 与 GDP 在重要性上是等量齐观的。而要考核某一时期某个经济体的总体表现时，需要参考的经济指标就更丰富了，CPI 与就业数据都属于必不可少的基本数据。

GDP 是国内生产总值（Gross Domestic Product）的缩写，指的是一个国家或地区的境内在统计期内完成的最终商品和服务的市场价值的总和。

简单来说，它是以国境为统计边界，只要是在本国或本地区完成的相关商品或服务，不管供给与消费方的情况如何，都统计在内。

GDP 的经济学意义在于考核一个特定地域在某一时期的经济热度，并不代表该地域的财富水平，因为相关经济活动的主体包含了并不属于该经济体的企业与个人的成分。

当经济学家需要评估和考核一个经济体的财富实力时，最合适的指标是 GNI 而非 GDP。

GNI 是国民收入总值（Gross National Income）的缩写，也叫国民总收入或国民净收入，这一指标是以全体国民单位（包括自然人、经济法人组织和非经济组织）为统计对象，统计该国国民在某一时期内所得的全部经济收入。

GNI 的经济意义代表某一国家或地区的财富实力，能说明该统计单位有没有钱或者是赚钱的本事！

GDP 代表经济活动的热度，GNI 表示有没有钱，而 CPI 代表通胀的水平，就业率或失业率代表好不好找工作，通过这一组数据就可以判定一个经济体当前的整体经济态势。

GDP 一般来说可以有三种统计口径，支出法、生产法和收入法，理论上三组统计口径的结果应该是一致的。

一般各国流行按照支出法来计算某一时期的 GDP：

$GDP = C + I + G + (X - M)$

其中 C 代表国民消费（Cost），I 代表投资活动（Investment），G 代表政府采购（Government Purchasement），“$X - M$”是净出口，即“出口值 - 进口

值”。俗称的 GDP 三驾马车，对应的就是“消费 + 投资 + 净出口”。

GDP 的生产法统计口径代表各部类附加值的加总，收入法则依据经济活动利润在各个环节的收入来计算。同时，GDP 实际上分为名义 GDP 和实际 GDP，前者按照当期的现价值来统计，后者需要调整为不变价。

所以，GDP 反映的是生产情况，GNI 反映的是收入情况。考察一个国家的经济总量，两者缺一不可，就如了解一个公司的经营情况，至少必须同时知道其营业额和利润这两组数据。

为什么我国之前那么喜欢 GDP？说白了，主要是为了宣传需要而不是弄清经济的总体状态。

现代国家为了搞清楚本国经济的运行态势，一般需要依靠十余种宏观经济数据来判断，GDP 和 GNI 属于总量数据，位置是略靠后的，更重要的数据是非农就业、失业率和 CPI，此外还有 PPI、PMI、各种单项指数与一些综合指数。经济学家、企业家、央行和政府通过比较相关数据的变化情况，大致上能摸清楚经济跳动的脉搏。

我们国家的宏观数据体系很单薄，而且统计局的数据往往准头很差，也就是所谓的数据被污染了。对政府与官员来说，相关数据的经济意义不重要，重要的是其政治意义，可以宣传建设成就和帮助个人官场亨通。所以，哪些数据好看，能彰显政绩，自然就青睐它们，而影响面子的数据就尽量淡化甚至是造假。改革开放前，中国经济身单力薄，GDP 不起眼，大家收入很低，政府就极力宣扬我们的物价低廉，用 PPP（购买力平价，Purchasing Power Parity）来和美国、苏联相比，显得我们好像比人家也没差太多。最近 20 年来，中国的经济规模成长较快，政府就喜欢拿 GDP 来说事，显得中国好像是个经济大国。

多年来，考核地方政府及官员最核心的经济数据是两个，当地 GDP 的增速和当地税收的增长情况，完全是从政府的角度出发。前者关系到面子，后者关系到政府的钱袋子，而与改善民生和经济健康没多大关系。不过现在情况在好转，新的考核体系不再特别注重 GDP 了，而是多种社会经济指标集合的考核体系，更强调就业、物价、环保与债务等。

实际上，单纯依靠 GDP 根本就无法充分判断一个国家或地区的真实经济总貌。首先，GDP 是以地域为界限的，在你地面上从事经济活动的未必就是你的人。比如，某市有一家规模挺大的澳大利亚跨国公司，这家澳资企业全年在国内市场成交的商品总值算该市的 GDP，但人家赚到的钱在理论上和当地的 GNI 没有太大关系，该公司可以选择将钱全部留在中国继续发展，想把大部分利润转回澳大利亚咱们也不能拦。所以，该市的 GDP 看上去很大，论收入就差远了！实际上，中国从这家澳资跨国公司得到的主要好处是解决了当地部分居民的就业、政府收到了相关税收、关联企业与跨国公司发生了经济合作，计算利润这项经济效益时，大头是属于外资的。

一国拥有的企业可分为两大体系，国内部分与国外部分，跨国公司属于两者兼有的性质。西方国家，比如日本，拥有很多著名的跨国公司，其海外产业部分的比重相当高，这些日本企业不会因为主要活动地址在海外就不属于日本，它们完成的生产活动的 GDP 可以属于住在国，但利润和企业本身都属于日本而与住在国没有关系。

美国的特点是在海外拥有大量的企业，境内也有外国跨国公司设立的众多经济单位，总体上是大致平衡的，所以美国的 GDP 与 GNI 差异不大。他们也不是很在意这两个数据，就业、失业和 CPI 等数据每个月都要统计，申请救济的失业人数这一数据甚至每周要统计和公示一次，而 GDP 与 GNI 通常大家关注的是季报和半年报。

日本的情况是本国拥有的海外企业规模大大超过外资公司在日本的规模，所以该国的 GNI 是远大于 GDP 的。

我国的情况是境内有大批的企业属于外国所有，我们在海外的企业规模可以说是微不足道，而且我们在前面的章节提到过，中国虽然对外经济活动的总量很大，但却是个瘸腿的经济外向型国家，主要是货物的输出、输入，若论在国外尤其是西方国家经营企业，我们现有的绝大多数企业家根本就没这个能力，因为素质与能力上属于小学生甚至幼稚园的水平，玩不转正经的现代企业管理运营。

此外，GDP 因为其标准定义的范围，也存在若干缺陷：

①它不能反映经济增长效率和社会成本；

②它反映不出环境和生态情况的变化；

③不能反映整体经济活动，遗漏了非市场交易的部分；

④无法反映人们经济福利的情况。

以第①项来说，欧美各国的法定劳动时间短，国民普遍享受更多的闲暇，这也属于经济利益；而中国人普遍工作辛苦，往好里说是吃苦耐劳，往差里讲是生活品质低劣。假如美国、德国或英国人也像中国人这样开足马力干活且任劳任怨，显然它们提升本国 GDP 的潜力远大于中国，所以人家的经济活动不仅效率高于我国，而且很多潜力都没表现出来。

再拿第③和第④项缺陷来说，西欧国家社会福利体系丰富而发达，在统计 GDP 时因为相关经济活动不是完全按照市场体系的视角来运行的，所以这一块的 GDP 就被低估甚至漏计了。但是，人家的国民实实在在地享受到了相关经济利益，这些经济活动同样是非常有价值的，只是没有以 GDP 的形式反映出来而已。而中国的教育、医疗、房价都很高，统计 GDP 时很可观，其实都是泡沫，而且国民为此要承担痛苦而非享受好处。

除了上述缺陷外，GDP 数据中实际上还包含了无效 GDP 的成分。比如，新建的桥梁倒塌了，或者一幢大楼成了危房，修建这座大桥或楼宇不仅不构成社会财富的增加，反而属于经济浪费。

世界银行于 1997 年提出了绿色 GDP 的概念，即扣除掉自然资源消耗之后的一国 GDP 调整值。

相关标准折算办法为：绿色 GDP = 名义 GDP - GDP1 - GDP2 - GDP3。

其中，GDP1 指人类从大自然索取资源而造成的生态资源可持续增长能力的减少额；GDP2 指人类生活与生产造成的污染所对应的生态环境损失值（按照假定要修复原态的成本计算）；GDP3 指因人文因素造成的非理性经济活动产生的不良 GDP，比如色情行业的性交易成交出的 GDP，或者是放高利贷创造的金融服务“附加值”。

一国的本币汇率变化也将明显影响到该国 GDP 的国际排名，因为在确定 GDP 国际排名时，国际机构要将各国本币计算的 GDP 折算成美元计价的 GDP。

比如，基里巴斯国的某年 GDP 为1200 亿基里巴斯元，当该国货币兑美元的汇率为120:1的时候，其美元计价 GDP 为 10 亿美元；假如当年该国本币的对外身价升值到80:1，那么该国当年生产活动的规模与质量尽管没有任何变化，但美元计价的 GDP 却成了 15 亿美元，国际排名的位次就显然将上行若干位了。

我国 GDP 的国际排名在进入 21 世纪后不断蹿升，很大一个因素就是因为人民币汇率升值，汇改以来人民币兑美元汇率升值了 35% 左右，计算美元 GDP 时凭空多出来了一份。而日元 2012 年开始贬值，对美元计价 GDP 的影响就属于扯后腿了，但人家日本在 1990 年代后也不把名义 GDP 当回事，还有若干年份的名义 GDP 是倒退的。

所以，这种变形了的国际 GDP 排名实际上只有统计价值，而真正的经济比较价值很有限。

真正考核国家间的经济实力对比，除了科技、国民素质等因素外，单纯计算经济总量，最合理的办法是统计和比较实际产出的货物与服务，包括质量因素。只是这样估算起来很麻烦，不如按照市场金额计算 GDP 来的快捷和省事而已。

实际上，发达经济体的 GDP 与 GNI 里也有水分，因为这些国家的人工成本远远高于一般国家，于是相关商品和服务的市场价值就上去了。

就 GDP 的三驾马车成分而言，也很有讲究。

消费直接和生活品质挂钩，还能牵动生产，所以理性国家普遍重视以国民消费来带动经济增长，而我国因贫富差距过大而导致的内需疲软非常不健康。

对外贸易可以互通有无和赚钱，所以各国也同样予以高度重视。强者往往最看重的是海外市场助销本国商品和服务的能力，进口资源对本土经济体系的支持以及赚钱盈利的情况；弱者则普遍重视输入技术和获得外汇。作为一个健康的经济体和理性的人群，显然当注重物与钱的关系，要通过出口多赚钱，通过进口多赚物，做亏本买卖的是傻瓜！

投资的意义在于在未来形成有效的产能和盈利能力，如此才能实现其价值。从支出法的统计角度，投资活动虽然当下增加了GDP的总量，但实际属于会计意义上的资产。西方国家的投资活动主要由民间完成，其购买的装备、物资，雇佣的人员，使用的场地等，都与经济运行有密切的关系，而我国多年来习惯的政府投资效果就差很多了。

总之，三驾马车必须保持均衡关系，就好比一个家庭的财务状况要保持良好一样，国民消费就是家里的日常用度，净出口相当于出门劳动赚来的现金流，投资相当于家里买的大件。在外拼命赚钱（假如不计较变卖家产和把家里搞得又脏又乱这种不良的赚钱手段），用早出晚归甚至是卖血赚来的辛苦钱给家里添置了各种家具和电器，但是全家人一直吃得很差，穿戴很寒酸，对孩子教育上不上心，这家人显然是不会过日子，甚至是有病！家具再豪华、电视尺寸再大，在外人看来只说明这家人虚伪好面子，内心还是瞧不起其低劣生活品质和不良财务结构的。

所以，我们今后不仅要追求经济发展路径的调整与优化，更要看重经济增长的实效而非没多大意义的GDP。从前因肤浅虚荣老拿GDP撑门面也就过去不提了，今后态度上要务实。

中国经济的不断增长当落地为就业形势的明显好转，产业和技术的进步，民生质量的改善（比如恩格尔系数降低，其他消费内容与质量的扩张与升级），国民素质的提高，闲暇时间的增多等。只有国人享受的产品、服务越来越丰富，经济创新活动日趋活跃，才能体现出增长的实际好处来。

当前阶段我国的情况很不体面，但是如果深化改革被稳步推进和坚持下去，未来十年的中国经济反倒真正值得期待。就以年均增速5.5%这一看上去远低于之前的数据增长率来说，忽视中国GDP的水分，就以2013年年底的56.8845万亿元为基数，2025年年末时，我国的GDP可以增长近一倍而达到108万亿人民币的规模。假定我国未来10余年的人口增长率为8‰～1%，（2013年的人口出生率为12.08‰，人口死亡率为7.16‰，人口自然增长率为4.92‰），那么2025年的中国人口规模大体为15亿人左右，如此人均GDP将达到7.2万元人民币水平。

深化改革这一经济健康化过程中应该还会发生经济泡沫成分不断被做实，

收入均等化水平提高，物价体系中枢健康下行，社会保障与社会福利逐渐增强，无效 GDP 不断被淘汰而有效 GDP 比重大幅上升等因素。就人民币的价值而言，只要我们严格遵循中性货币政策而淘汰误国误民的货币充水扩张路线，国内购买力有望逐渐增强而不是像之前那样不断贬值，一般的住宅就有可能像手机、电脑和轿车那样价格大降。20 年前的手机（当年叫大哥大，外形和半块砖头仿佛）、15 年前的电脑和 10 年前的小车都是普通老百姓根本可望而不可即的，后来不都一样身价大降且质量提高。

届时假定一个普通的四口之家年收入水平在 18.72 万元（按照国民收入分配占到 GDP 比重 65% 的国际常规水平为标准），其生活品质与当前的状态孰优孰劣将是不言而喻的，现在虚浮的数据在将来真实的生活幸福感面前将一文不值！

对外的人民币汇率在 2025 年时也有望走高，具体的过程应该先抑后扬，当前和未来数年人民币汇率存在极大的贬值压力，长期看将是升值趋势。假定 2025 年的人民币兑美元汇率为 4.5 ~ 5 的区间，那么中国在 2015 年的美元计价 GDP 将在 22 万亿 ~ 24 万亿美元的样子。假定美国方面同期能达到经济年均增长 2.7% 的水平，2015 年时美国的 GDP 将大致为 23 万亿美元，中国可以接近甚至是超越美国的 GDP。

这样，里子面子全都有！比起当前有名无实的虚假经济实力来，要远远优越很多！

所以，我们对中国的经济前景和自己的未来应该有信心。

新型城镇化

治疗中国经济的沉疴并使之逐渐健康必须实施结构性改革的大手术，这项任务需要通盘谋划和扎实落地，没有捷径可走，没有机巧可施。

然而，在战术层面寻找稳住经济形势并助推经济发展的若干发力点也不失为灵活的思路。

2012 年年底，李克强总理提出了加速我国城镇化进程以促进未来经济发展的设想。鉴于这一设想在最初并无明确的目标定义和实施路线，所以在获得社会热烈反响的同时也引发了争议。

习惯僵硬计划经济思维的发改委、多年来从大兴土木中获利极大的开发商与工程承包商、严重依赖土地财政的地方政府、借助过度投资和信贷膨胀而财源滚滚的金融机构，这些势力迫不及待地鼓噪和憧憬起所谓的 40 万亿城镇化红利来。

指出推进城镇化需要慎重考虑和稳妥部署的有识之士也大有人在。部分学者直言城镇化本属经济发展的自然结果而非推动经济发展的引擎，民间则有很多人担忧中央政府倡导的新城镇化会走形为“房地产下乡运动”。

我在 2013 年出版的拙作《中国 HOLD 住了》的相关章节中，也用“看不清的城镇化”来表达相关看法。

不过，现在已经可以看清中央对推进城镇化问题的基本思路了。因为房地产既得利益集团为之喝彩和叫嚣的 40 万亿投资迷梦被中央明确否定而胎死腹中，决策层对房地产泡沫严重、地方债务高企和近年来因城建跃进而激化的各种社会矛盾一样非常警惕。2014 年 3 月中央出台的《国家新型城镇化规划（2014 ~ 2020 年）》将城镇化的内涵定义为“人的城镇化”，将有序推进农业转移人口市民化，建设节约、智能、绿色、低碳的新型城镇，以及推动城乡社会经济发展一体化作为核心路径与主要任务，在战略目标上追求的是工业化、城市化和农业现代化。

探讨城镇化的问题之前，我们先来看看有关的背景数据。

作为工业化社会的结果，目前西方发达国家的城镇化率普遍高达 80% 左右。

而根据国家统计局 2014 年 2 月 24 日发布的《2013 年国民经济和社会发展统计公报》，我国当前大陆总人口为 13.6 亿多人，城镇常住人口为 7.3 亿多人，城镇化率为 53.75%。

但是，我国实际的城镇化率并没有这么高，因为即便按照“城镇人口/总人口”这个最简单的城镇化率估测指标，现有城镇常住人口中也涵盖了大约 1.5 亿左右的流动人口。从经济活动的内容来看，这部分人口应当计入城市人口，但从享受的公共服务和居住情况看，他们中的绝大多数并非真正意义的“城里人”。中国社科院的陈耀先生认为，根据各种机构的调查数据显示，我国真正的城镇化率要比统计局那个数据低 10 个百分点左右。李克强总理在 2012 年的会议上提到按户籍人口计算也仅占 35% 左右。

换个角度来参考：全国目前 60 岁以上的人口约为 1.5 亿人，其中农村人口占到 1 亿左右。老年人的流动性整体程度极低，即便假定城市老人和乡村老人平均寿命相差无几（实际上大城市的长寿者比例整体上要高于乡村居民），但考虑到城市里自 1982 年起就实行严格的独生子女政策而导致的城镇家庭人口普遍低于乡村家庭人口，再将农家子弟通过从军、招工招干、考学、婚姻等途径落籍城市以及入城打工、创业群体中在城市实质性安居乐业的比例等因素对家庭结构的变化影响调整在内，我国目前真实的城镇化率大体应该在 35% ~40%。这个比率要逊色于目前全球 53% 左右的平均水平，相当于 20 世纪六七十年代的全球平均水准。

即使以国家统计局的口径为准，北大周其仁先生也曾指出过，中国目前的城镇化率仅相当于美国 1920 年代或日本 1940 年代的水平。

所以，我国的城镇化程度不仅与工业化国家差距很大，目前也是落后于世界平均发展水平二十年左右的。原因很明显，计划经济时代数十年将我国农民牢牢束缚在土地上，从 1950 年到 1978 年城镇化率上升不足 3 个百分点，长期耽搁了我国的城镇化。所以今后积极推进城镇化在理论上是成立的，叫补课或者追赶都不难理解。而且，以人为核心的城镇化思路还把住了当代中国社会问题的一个关键问题——促进后农业社会向现代工商社会转型，这一社会现代化的意义更重于对经济的直接促进效果。

但是，在推进城镇化时也的确要注意国内外学者的建议和看法，因为存在这些需要大家冷静看待的因素。

首先，西方国家的城镇化是它们在近现代工业化浪潮中循序渐进且水到渠成的，反映的是这些国家在经济、文化、科技和社会领域的全面进步。英国的工业化全球启程最早，目前的城市化率也是全球最高的。我国的城镇化历程也如此，按照我国城镇化的统计口径，1978 ~2012 年中国的城镇化率由

18%上升到了53%。这30年来进展迅猛的城镇化步伐同样是社会、经济、市场、产业和文化发展的自然结果，是改革开放解放了的资源和生产要素以及其自由流动结出的进步之花，并非我们刻意而为。

其次，历史上确实没有一个国家单纯把城镇化当作拉动经济的手段，而且在经济逻辑上将城镇化作为拉动因素并不成立。纵观全球，目前为止也没有一个仅靠政府推行单一的城镇化政策就能真正支撑起国家工业化和经济现代化的成功经济体。这一事实同样表明成功的城镇化非国家经济社会全面共同发展而不得。

特别值得注意的是，尽管自然进程的城镇化通常代表着社会的显著进步，蕴藏着更为活跃的经济潜能，然而城镇化进程不当也会给社会造成痛苦，比如英国历史上的“羊吃人”的圈地运动。而且，现代世界经济现状证明，城镇化率也并非越高越好，拉美的很多国家城镇化率就很超前，目前的整体水平与全球城镇化率最高的北美地区不相上下，以阿根廷、巴西为代表的5个国家在这一指标上还都超越了美国，但是多数拉美国家都堕入了发展陷阱。

单纯从经济因素看，拉美的“过度城镇化”之所以造成了贫困率和失业率居高不下、住房和贫民窟矛盾突出、收入和医疗教育等社会资源紧张且分配严重不公等“拉美化现象”，关键的原因就在于城镇人口的规模大大超越了这些国家工业化所能吸纳的程度。而工业进步突出的国家，比如韩国，其城镇化效果就好很多，今天整个国家都呈现出欣欣向荣的面貌。

所以，我们的新型城镇化必须避免犯拉美国家那样的错误而要像韩国那一边看齐。长期以来，我国的非农就业压力一直非常突出，依靠农业、农村和农用地为数量庞大的农民们提供基本谋生手段。实施城镇化战略中，一定要为“新市民”安排好生活的出路。显然，他们需要更复杂的就业体系、更复杂的社会服务和更复杂的基础设施。只有这样，这一发展战略才能真正推动我国农业社会化，摆脱后农业社会氛围对中国社会全面发展构成的负面制约。

我们在未来要实施的城镇化，不是简单的城镇户籍人口比例增加，不是城市面积的简单扩大，不是“前乡下人”居住方式的简单变化，甚至也不只是相关硬件的改善提高。我们要追求的新型城镇化是农村转移人口的真正市民化，是各地中小城镇经济结构、生产方式、生活方式和居民素质的全面升级。这种城镇化才是“人的城镇化”的核心内涵，也就是在产业结构、就业方式、人居环境、服务保障、社会氛围等一系列环节都呈现出现代社会风貌的重要变化。

由于我国近些年房地产大扩张时期暴露了很多不良情况，给经济带来了很多麻烦，所以可以理解很多人的担心——激进的城镇化政策会出现揠苗助长的失误进而造成更多社会问题的。至于那些提到城镇化就敏锐联想到建设投资和项目融资，背后实际是盘算政绩与金钱的人们属于鼠目寸光，而且中央的表态已经让他们沦为被世人嘲笑的自作多情者，想借题发挥以浑水摸鱼者的想法在现实中碰壁了。

新型城镇化的重大意义在于实现我国的社会结构调整与进步，重要目标是农村转移人口市民化、粮食安全和耕地保护等。战略上我们的认识已经到位了，作为战术则要特别注意处理好与土地和拆迁相关联的事情，因为这一领域近年来暴露了太多的问题，有些事件甚至可以用悲剧来形容。

在最近数年的城市扩张中，矛盾比较突出的共性问题其实国人都不陌生：地方政府在征地事宜上纵容野蛮强拆，争分夺秒“跑步钱进”；反过来，“刁民们”也不白给，城中村和城郊农村突击私建房屋的情形比比皆是，意图多争取政府的补偿款，西安市还因为城郊农村私建房屋出现倒塌事故而死了人。

上述矛盾的根子其实应追溯到涉及农用地转建设地的我国现行政策上。

根据我国“八二宪法”（即现行宪法）和《土地管理法》，我国的土地所有制被明确为“城市土地国有、农村土地集体所有”。同时，为保护耕地，我国就土地使用实行用途管制和城市规划管制。

所以，当现实中需要处理农用地转非农用地时，同时要受制于三重约束：用途管制、规划管制和所有制管制。

具体来说，就是通过用途管制来明确土地用途，限制农用地转非农用地；通过规划管制来落实空间管制和产业落地；通过所有制管制来改变土地所有制属性。这种制度就决定了城市化及城镇化中的农用地非农用化过程变成了事实上的以土地征收为标志的国有化进程。

一般的标准操作流程要求：城市政府首先通过城市规划来确定城市的发展空间，将相关农用地或农村地区纳入新的城市版图；接下来应该是土地转性，对纳入规划的农民集体土地实行征收，变更其所有制；最后是用途管制，城市政府将相关土地以划拨和拍卖为主要方式授予需要用地的单位，规定其用途，同时通过补充耕地和占补平衡机制落实土地利用总体规划。

然而，实际上这个流程也有被突破或变相绕行的。比如，在近年各地的房地产开发热中，管理不规范的地方，就不乏先把土地弄到手再后补规划和土地转性手续的。

至于公共建设用地，标准的做法则是依法直接征用集体土地为国有土地。

在上述现行做法中，有一个特别刺眼的问题，就是土地的主人——转让集体所有制土地的农村和农民，竟然没有一个表达自己经济主张的地方，三处管制通通由政府说了算。

这种矛盾显然在情理上很难服众，毕竟“八二宪法”规定相关土地所有权属于农村及其居民，天下哪有主人在转让财产时没有谈判和表达自身意愿的道理？

另外，在征地时对原主人的经济补偿办法也存在缺陷。现行做法不是对土地本身的价值进行补偿，而是补偿土地上的附着财产，比如青苗、宅院、井等等。农民之所以要突击建私房，就是因为既然补偿不是按照土地价值而是针对土地附着财产，那我们就做大这一块，房子的价值时下最大，于是就尽其所能把房子往大里盖，往高里建。

所以，针对上述缺陷我们必须加以调整。目前从政策倾向来看，支持集体土地入市交易的思路有望较好解决有关问题，但就征地补偿的矛盾或当率先理顺。

文化产业

城镇化有文章可做，文化产业是另一个推升中国经济的优质发力点。

我们国家已经对文化产业的发展予以较高重视和按照新思维进行了相关部署，但是相关认识还不够深刻。

可以这么说，积极发展文化产业和提高经济的软质性是当代经济的一大特色和趋势。

以方兴未艾的互联网经济为例，现代互联网的横空出世属于人类文化史上的革命性进步，不仅为人们提供了信息消费的极大便利和各种好处，从而使得现代人的生活乐趣远胜父祖，同时也给全球经济发展注入了全新的非凡活力，我们熟悉的网购、网络金融等就属于互联网跨境进而容虚拟与现实经济活动于一体。

从微观层面来考析，英国的视频游戏《糖果粉碎传奇》的制作商金数字娱乐公司2014年春在华尔街上市，IPO规模为2220万股，募资5亿美元左右，该公司仅《糖果粉碎传奇》这一款游戏项目就在全球拥有9700万玩家。

实际上，当代英国经济的坚强与活跃，很重要的原因就在于英国在20世纪90年代完成了经济转型，由依赖“硬工业”向“软文化”方向积极拓展。相比欧陆的德国与法国以高端制造业立国的形象，当代英国则依靠其强大的文化魅力征服了全球很多人。英超联赛、英国教育、《哈利波特》、贝克汉姆、《英国偶像》、天空电视台，当今英国最让人喜闻乐见的东西近乎无不与其兴盛的文化娱乐产业息息相关，风头甚至压倒了数世纪来在世界上声名显赫的英国金融业。2008年后世界经济进入衰退期，工业强大的德、法堪堪立住阵脚，相比于西班牙、爱尔兰、希腊等国家的东歪西倒确实处境好很多，但当下第一个走出衰退的依然是硬工业实力远逊色于德、法的英国！因为“新不列颠”的经济更为轻巧灵动，而在1980年代时英国还因本国经济欧洲病人的形象而烦恼不已。

英国经济的转型升级成功已经给了很多国家以启示，澳大利亚政府将大力发展文化产业规划为该国经济结构改革的基本目标，日本安培政府制定了代号为“酷日本”的文化娱乐产业发展战略，它们显然是在效仿英国经济的新思维。包括我们的邻居韩国，也因其日益活跃的国际文化辐射力而让世界刮目相看，鸟叔的“江南Style”视频在世界各地被人们下载和追捧（点击量目前已经突破了 20 亿），韩剧《来自星星的你》2014 年在整个东亚地区再度掀起了劲爆的韩流。

可以这么说，文化产业的作用类似于旅游产业，既是非常赚钱的无烟工业，同时还具备国家名片的特性。区别仅在于发展旅游业主要立足于自然资源，而建设文化产业则要求大力发掘一国的人文资源。

旅游产业我们在改革开放后从无到有已经培育成熟，现今已经在中国经济中扮演重要角色。而我国文化产业却依然很孱弱，尽管我们目前已经将其定位为新的战略方向来培植，也在着手做相关规划与部署。

首当其冲的问题是中国文化人普遍在文化创意上拿不出手。

比如，大家都熟悉的电影《功夫熊猫》就相当能说明问题。“功夫熊猫”的创意最早来自中国，但大陆和香港的制片商徒有想法却无法落地，最后是美国好莱坞梦工厂将相关创意升华并拍摄出风靡全球的影片。几年前，在我国已经决意将本土动漫电影打造成“世界水平”时，梦工场动画的首席执行官杰弗里·卡曾伯格在柏林曾表示，无论如何都不想与中国合作。他认为中国人缺乏想象力，只会抄袭，所以不可能与之建立合理的数字化工作流程。2012 年，几经周折，中美有关单位才谈妥了合资成立中美影视技术公司——华人文化产业投资基金旗下的东方梦工厂，中方控股 55%，美国梦工厂控股 45%。目前该公司在上海制作预计 2015 年公映的《功夫熊猫 3》，并启动了相关的战略合作计划。但根据美国梦工厂公布的信息，这项跨国文化合作项目依然处于设想阶段，当前才刚完成上海东方梦工厂的初步建筑规划图。

为什么中国文化人的创意让外人瞧不上？为什么我们总爱抄袭别人的好东西？答案很简单，中国目前的文化活动氛围相对压抑，不利于自由创作！

众所周知，1949 年新中国成立以来我国政府就对文化事业实施严格的管制，号称是鼓励百花齐放，实际上却条条框框多得很，这里是禁区，那里不能轻易涉及。

迄今为止，相对于日趋自由的经济，文化领域的保守是非常突出的。原因就在于政府过度在意文化的政治宣传功能而忽视了文化对推动社会经济发展的巨大作用。

这种立意和相关体制自然就阻碍了文化的进步与繁荣，因为文化昌盛最基础的条件就是自由，有自由才有多元化，有自由才有超越，有自由才有品质。

因为环境的约束和压抑，所以我国文化界无法充分发挥潜能，产品也就相对单调和平庸。

所以，我们要想真正推动中国文化产业的发展与崛起，当务之急就是早日破除管制与相关资源垄断，实施自由化与市场化战略，为中国文化注入活力。

20 世纪 80 年代时，国家设有纺织部负责管理中国的纺织服装业，撤销了该机关后，中国人的穿衣打扮越来越丰富时尚了；国家轻工部被淘汰了，失去了婆婆管辖的中国轻工业却飞速发展，为国民提供了从内容到质量在轻工部存在时代都无法想象的丰富轻工商品。下一步，需要取消的就是文化部，尤其当明白的是，商品和服务或当统一标准以提高效率和通用性，而思想文化绝无统一的道理（见图 12－1）！

图 12－1　丰子恺漫画“统一思想”

在文化产业上，政府不仅须放弃管制模式，还要着意扶持和资助，这是自古至今文化活动的特点。古时候，阿拉伯文化的黄金时期得益于倭马亚王朝、阿拔斯王朝和法蒂玛王朝多位开明有为哈里发的重金鼓励；意大利文艺复兴的背后有财阀美第奇家族的慷慨资助；而我国在汉代罢黜百家、独尊儒术后，就再也难现春秋战国时代百家争鸣的文化盛景。包括近现代世界各国在文化事业发展上的得失成败，都是我们需要认真思考和借鉴的经验教训。

作为国家资源的投放，还需要注意些细节问题。

比较突出的是，不该让少数部门及少数人垄断或者主要占用相关资源。事实上从多年的实践效果看，官方及半官方背景的相关机构和专家最拿手的是制造基本无实际社会价值的文化垃圾，扮演的是不光彩的御用吹鼓手丑角。

另外，我们应该鼓励的是内容对社会经济发展有益、风格现代甚至是前卫的文化活动，而不是在缺乏时代感甚或是行将就木的没落文化上做文章。

比如，近些年来我国花了不少资金和精力在各国开设“孔子学院”。通过这一文化交流机构来推介中国文化的出发点是正确的，但孔子也罢、儒学也罢，都是早已被淘汰的农耕文化的路数，怎么可能在当今现代工商文明社会引起老外们的共鸣？

我们真正应当加强并推向世界的，应该是能够充分反映当代中国生活与中国人精神风貌的文化产品。

同样是国家名片，一份是制作精致又信息充分的现代名片，一份是纸质泛黄、毛笔书写的中国古代“谒帖”或“名刺”。世界各国的普通民众会喜欢哪一种？答案不言而喻！

老龄经济

因为我国在人口结构、家庭结构和经济结构等诸方面正在发生着显著变化，以老年人为服务对象的“银发经济”也蕴藏丰富商机和发展潜能。

我国社会传统是以子孙尽孝、家庭养老模式为老年人晚景生活底色的。

但是，由于持续了三十年的计划生育政策（城市严格执行独生子女政策起始于 1982 年）、进入 21 世纪越发普遍的晚婚晚育现象、社会流动性显著加强以及老年人自身观念转变等因素的综合影响，传统的家庭养老模式难以为继，势必将随着老龄化社会的到来而求助于社会养老体系。

根据我国人口部门的估测，到2025年我国60岁以上人口将突破3亿。而且，“小家庭化将日趋明显，家庭照顾老人的能力正在变弱”。

《日本经济新闻》在一份相关报道中指出，2013年中国60岁及以上人口达到了2亿人规模；在劳动力减少的同时，日方专家预测称到2050年前后中国面向老年人的市场规模将扩大至5万亿元人民币左右。

法国方面的市场分析师认为，到2020年，中国将有2.45亿年龄超过60岁的国民。

总部位于新加坡的Ageing Asia的评估报告显示，亚太地区银发经济的市场规模预计到2017年将增长至3万亿美元，中国是潜力最大的市场。

面对人口结构失衡，我国在“十二五”规划里就开始强调养老产业的发展，设想将医院及专业养老院的床位从目前的300万张扩充至900万张。2013年，国务院正式出台了《关于加快发展养老服务业的若干意见》，提出对相关服务企业减税以及简化养老设施设立手续等举措。受此推动，民政部等部门先后公布了相关服务设施建设标准和服务标准等。

着眼于这一巨大市场，目前国内外很多专业机构以及对商业机会很敏感的投资公司都开始了积极行动。

平安保险公司的平安不动产宣布将正式启动针对老年人的住宅业务。第一步计划在浙江以及气候温暖的云南省建设以健康、饮食管理以及养老服务为卖点的住宅区。

国内的大型综合类民营公司复星集团（Fosun Group）则携手美国投资公司进入老年公寓的运营领域，还计划联手美国保德信金融集团拓展面向老年人的医疗服务。

江苏中大地产集团宣布将斥资38亿元建设“九如城”老年人住宅区，该项目预期会于2018年完工，最终可以容纳4000～5000人入住。在服务方面，中大地产选择了韩国老年人医疗专业医院开展合作。

显然，上述国内企业涉足老年人住宅和医疗服务等领域的行动主要是受拓展房地产业务的思维主导较多，从事医疗和照顾老人等环节的服务还处于提升项目附加值的简单意图。同时，此类房地产企业和投资公司瞄准的主要客户是高收入阶层，着眼于挖掘这一老年人群体的巨大消费能力。长城证券为此指出，目前作为中国经济发展中坚力量的40～50岁这代人超过60岁时，除了养老金外，还将拥有投资带来的收入等，消费能力将比当下阶段的老龄人群大幅提高。

不过，也有房地产界相关人士意识到："医疗和养老设施的投资负担很重，收回投资需要10～15年。虽然毫无疑问存在需求，但要发展为盈利来源则需要时间。"加上我国住宅市场的泡沫风险目前已经明显凸显，经济出现了阶段性减速，房地产企业的融资环境正日趋严峻，所以很多企业在是否积极进军银发市场这一重大战略部署上尚持犹豫不决的观望态度。

相比之下，西方专业养老机构的反应则要热情得多，而且注意力主要集中于养老服务业本身而非变相的房地产开发。

美国很多企业都看好亚洲特别是中国的银发经济商机。为亚洲富有的银发阶层打造强调生活品质的退休社区被美国相关企业估测为一个良好的业务拓展机遇，卫生用品和度假运营行业被认为有可能从中受益最大。

法国相关企业则已经开进中国境内，积极筹划抢滩中国养老市场。

欧洲第二大专业养老企业Orpea集团（法国企业，由遍及法国、瑞士、比利时、西班牙和意大利5国的393个专业医疗和养老机构组成，在欧洲拥有约3.7万个床位）。于2012年关注中国的社会养老事业，与中国合作的第一个项目计划在2015年落地（南京市鼓楼医院开张1980个床位）。该集团在北京和上海也行将启动类似的项目，甚至还获得了我国国开行的财务支持（见图12－2）。

法国养老院行业第三大企业DomusVi公司与中国汉富投资联手成立了在华的合资合营企业，规划在5年内于大陆各地区经营100家养老院和20个居家养老服务机构。

法国高利泽集团虽然规模逊色于上面两家，但却早在2008年就已进入中国，在北京开设有分公司并建立了市场研究和开发团队。高利泽集团目前与中方合作伙伴准备启动四个项目，分别落户于广东、深圳、成都和昆明。

图 12－2　Orpea 来访团拜访中国一家社会福利院

除此之外，若干其他欧洲国家的养老服务企业以及新加坡和中国台湾的相关机构也在酝酿对华开展养老产业投资。

外面的来客们钟情中国的银发经济商机，那是因为他们是过来人，处理相关事务有经验，经济上也早已尝到过甜头，所以视野不像国内企业那样狭隘地落足于房地产买卖。

事实上，当下最该好好盘算这一产业发展的是我国政府和企业界，外国人的趋之若鹜已经说明了该产业前景的光明。未来的形势演化很可能如同 1990 年代中期的“中国商业革命”，西方模式的超市全面崛起并替代传统的中国商场和百货公司，落在了后面的国内企业则在被动中不得不调整以跟上时代步伐。

构建高效规范的国内养老产业，不仅满足了当代中国一个现实、重要又迫切的社会需求，也是着眼于未来促进经济增长的全新业务点。我们以往的基础很差，但正因如此，发展的空间反倒极大！

第 13 章

突破封锁

经济遏制中国

在当今世界，积极参与国际经济交流发展和发展国际贸易对一个国家而言是非常重要的。

我们国家的对外贸易之路在改革开放后可谓长期顺风顺水，尤其是 2001 年加入 WTO 后，中国外贸享受过一段堪称美好的高速发展时期。然而，不期而遇的国际金融危机改变了这一非常有利于中国的经济态势，尤其是最近两三年，中国的对外经济环境急剧恶化。不仅是来自于美国和欧洲的外部需求明显萎缩，与亚洲尤其是周边国家与地区的贸易伙伴关系也呈倒退情势。

2012 年夏，由于钓鱼岛国土争端，中日两国政治交恶，中日贸易与经济合作关系也受政治气候影响而全面降温。以双边经济合作活跃度而非贸易额来判断，差不多跌到了中日恢复正常邦交关系以来的最低谷。

受缅甸政局变化的影响，中国对逐渐转向民主化政治路线的这一重要邻邦的经济影响力直线下降。2010 年时，中国对缅甸直接投资创出 83 亿美元的最高纪录，2011 年中国取代泰国成为缅甸第一大贸易伙伴国，但 2012 年中国对缅甸的投资跌到了第十名左右，2013 年的在缅甸直接投资更是下降到区区 470 万美元。相比之下，美国、日本、泰国和越南的份额却呈现明显上升态势，更不用提中国政治在缅甸受到的排挤。

2014 年刚一到来，印度尼西亚便与我国爆发严重的矿物与海运纠纷。

2014 年春，《海峡两岸服务贸易协议》（2013 年 6 月签署）在台湾遭遇以青年学生为主体的人群的大规模强烈抵制，这一原本有利于两岸经济合作的“服贸协议”在血脉相连的对岸同胞那里都遭遇困难。

2014 年 5 月，因南海海洋权利争端，越南各地爆发严重的抗议排华骚乱，在越中资企业全面陷入困局中。

就掺杂于上述情形中的政治因素，公说公有理、婆说婆有理，但是中国经济对外部分大受负面影响却是无法回避的事实。

放眼周边和整个世界，我们除了与俄罗斯、朝鲜、委内瑞拉这些难兄难弟关系还不错外，真没有几个好朋友、好伙伴了！

日本、越南、缅甸等国家与中国的交恶与疏远，可以说背后都有美国的影子，甚至包括台湾部分民众对大陆官方伸出的服务贸易橄榄枝的不屑，也多少是受到西方的影响。

美国的民主党奥巴马政府上台后，其全球战略发生重大调整，就是众所周知的美国重返亚洲或者说美国的亚太再平衡战略。而美国的亚太再平衡战略要平衡的就是中国的影响力，包括政治、经济、军事各个方面，再直白些，就是制约中国。

2012 年以来，在国际经济合作与贸易领域有两个新动向引起举世关注，就是美国牵头搭建的全球贸易新平台 TPP 和 TTIP。

TPP 是“Trans - Pacific Partnership Agreement”的缩写，代表“跨太平洋战略经济伙伴关系协定”这一以美、日为核心的亚太自由贸易区组织，它突破了传统自由贸易协定（FTA）的模式限制，属于包括所有商品和服务在内的综合性自由贸易协议。

TTIP 是“Transatlantic Trade and Investment Partnership”的简称，中文一般翻译为“跨大西洋贸易与投资伙伴协议”，相当于美欧大自由贸易区的代名词。

实际上，TPP 与 TTIP 是西方发达经济体为绕过 WTO 的局限性甚至准备彻底替代 WTO 的全球性经济交流组织。后者依照目前的情势来看，确实存在很大可能性在不远的将来被淘汰，而这恰恰将对中国经济构成窒息性的闷杀。因为众所周知我国是 WTO 体系近十余年来最大的赢家，而且 TPP 和 TTIP 这两个计划纳入大多数亚太经济体和欧洲国家的协议都隐藏着排除中国的明显意图，甚至被国际上评价为“经济北约”，其防范对象正是我国。

除了美国全力推动的 TPP 与 TTIP 外，欧洲和日本也在积极谈判双边的自由贸易合作问题。

美国为代表的北美区、欧盟经济区和东亚的日韩台经济区，这当今世界经济与贸易的三大巨头商议密切彼此间的经济合作而将中国大陆排斥于大门外，这些事情对中国大陆将意味着什么，想必读者不难理解。

2013 年出版的拙作《中国 HOLD 住了》阐述的基本主题之一就是 TPP 与 TTIP 对中国外贸的极大不利影响，详情可以参阅该书。这里我们不再复述相关内容，而集中精力关注下这两大自由贸易协议（特别是 TPP）的进展情况。

2014 年 4 月，美国总统奥巴马出访日本、韩国、马来西亚、菲律宾亚洲四国，路过中国大门而偏偏不入。在日出访期间，全球舆论一致认为美日首脑的焦点话题就是谈妥涉及 TPP 的重大事项与原则。

奥巴马总统在日本举行的新闻发布会上公开敦促伙伴国日本采取大胆举措来签署这项贸易协议，他宣称：“现在是时候采取大胆举措了。我认为公正地说，某些日本行业，如农业、汽车业，其市场准入在历史上就一直受到限制。”

日本方面的舆论在关注美日首脑会谈的同时，毫不掩饰其对中国受相关影响的幸灾乐祸心理。

《日本经济新闻》认为，中国正在以独自规则持续扩张，为对中国形成牵制，日美不可能在 TPP 谈判中不欢而散。

《读卖新闻》发表相关评论说：日美两国希望通过 TPP 谈判，主导制定亚太地区贸易和投资规则，先发制约尚未加入的中国。如果 TPP 谈判成功，中国将落后于该地区的自由贸易框架。

更有日本分析家对中国所处状况直言不讳地指出：“中国应该很焦灼，正密切关注 TPP 的谈判动向。日美达成大致协议后，势必会加剧中国的危机感。”

对中国加入 TPP 前景最为乐观和友好的日本财经人士也多持如下观点：日美两国将来有可能打算把拥有巨大市场的中国也拉入 TPP。因为这样可以通过日、美、澳等的施压，迫使中国遵守开放市场等国际规则。

而面对中国官方人士放出的测向气球——中国有意加入 TPP，美国方面至今未作出官方正面答复。在具体的 TPP 条款中，美日等核心国家则预设了一些克制性极强的内容，比如明显针对中国的限制有国有企业、原产地规则和知识产权保护等。按照美国某些议员的提议，或许还将补充加入包括严厉的反货币操纵内容。越南有大量的国企，马来西亚也有约 2000 家国有企业，但是 TPP 盟主美国对它们的态度却要宽容得多，当然这些国家也势必要进行相关调整以适应 TPP 规则。

按照美国官方的表态，TPP 不仅意在开放单个领域市场，更长远的目标在于使经济显著增长的亚洲共享透明、公正的规则。但几乎所有国际舆论都指出，这项自由贸易协议的指向无疑是强化协议各国对美国经济的依赖性而不是中国市场。

针对美日方面的潜在恶意，我国政府也试图积极化解，比如我们高调宣布在上海设立自由贸易区，还设想通过做大 RCEP 来抗衡 TTP 的不利影响。RCEP 是区域全面经济伙伴关系（Regional Com - prehensive Economic Partnership）的简称，该组织系若干年前由东盟十国发起并邀请中国、日本、韩国、澳大利亚、新西兰和印度参加的“10 + 6”统一市场协定。然而这一协议的构建不仅目前几乎没有进展，而且很可能由于 TPP 的分流作用而彻底泡汤流产。毕竟东亚加入 TPP 的国家除了贸易上的受惠外，还有望促进自家的经济结构升级，而我们中国在这一领域对相关国家的吸引力微乎其微，能提供的贸易好处也是有限的。

TTIP 的谈判目前也在紧锣密鼓进行中。这一美欧自由贸易区协议看似与中国关系不大，但实则不仅存在此消彼长的负面影响，而且孤立的中国面对抱团的欧美在贸易上未来将承受的巨大压力是明眼人一望可知的。我国方面也于 2014 年向欧盟积极建议就建立双边自由贸易伙伴关系多做些努力，而欧盟方面的反应则是表面客气但回避沟通任何落地性的问题。

美欧在相关事情上存在默契到现在已经表露得非常清楚，至少也是他们在谈妥 TPP、TTIP 以及欧日自由贸易协议之前无兴趣与中国交流。

美国是中国当前阶段的第一大贸易伙伴国，中国每年向美国市场输出各种中低端商品。按照我国海关总署的统计，2013 年中美双边贸易额为 5210 亿美元。而中国目前对美国来说只是第四大出口目的国，排在前面的分别是加拿大、墨西哥和欧盟，对华出口仅占美国对外出口总额的 8% 左右。美国输出中国的产品主要集中于飞机、汽车、发电机组、重型建筑机械和高端金属加工装备。

日本在 2013 年是中国的第三大贸易伙伴，双边贸易总额按照我国公布数据为 3125. 5 亿美元。排在日本前面的是中国香港，但与中国香港 4010 亿美元的双边贸易总额不仅明显存在水分，而且一部分实际上属于中国香港的转口贸易。

欧盟方面的重要性就更大了。表面看中国在欧洲的最大贸易伙伴德国仅排到中国贸易伙伴的第 6 位（我国统计的 2013 年双边贸易总额为 1615. 6 亿美元），但欧盟整体上却是中国的第一大贸易伙伴，我国公布的 2013 年中欧贸易总额高达 5590. 6 亿美元。而且，众所周知，多年来德、法、荷等欧洲国家在对华贸易上是态度最为积极和友善的。

再看我们目前的其他较大贸易伙伴：

韩国，第 4 名，2742. 4 亿美元；中国台湾，第 5 名，1972. 8 亿美元；澳大利亚，第 7 名，1363. 7 亿美元；马来西亚，第 8 名，1060. 7 亿美元；巴西，第 9 名，902. 7 亿美元；俄罗斯，第 10 名，892. 1 亿美元。

除了排名 9、10 位的巴西与俄罗斯外，其他国家和地区都已经明确将成为 TPP 或 TTIP 的会员国。而巴西和俄罗斯的对华贸易结构是属于偏低层次的，我国主要是从他们那里采购粮食、矿石、能源和武器，与美、欧、日三巨头对华贸易的丰富性及高端性完全无法比拟。

TPP 和 TTIP 的经济总量可能超过全球的 60%，涉及欧洲和亚洲大多数国家。它们一旦进入成熟运作阶段，会员国间的贸易内容就将替代或挤出一部分原先属于中国的份额。例如，美国可以加大从越南的相关进口而减少在中国的采购，如此将直接导致中国相关商品与服务在国际市场占有率下滑。

再看我国目前阶段对外贸易的重要性。

2001年的外贸总额尚为5098亿美元，在世界贸易排名中的位次为第6位。

加入WTO后，中国对外贸易进入高速增长阶段。

2004年，中国外贸总额就突破了万亿美元大关，高达1.15万亿美元，位列全球第3。

2005年中国外贸总额突破1.4万亿美元，稳居全球第二位。

2002~2005年，中国完成的对外贸易总额累计超过4万亿美元，比1981~2000年整个20年的进出口累计总值还高（20年累计数据为3.67万亿美元）。

2008年，中国外贸进出口总额已经达到2.56万亿美元。

这以后，全球贸易受国际金融危机影响增长缓慢，然而我国对外贸易的总额还在逐年上升。按照WTO公布的2012年全球贸易量统计数据，中国货物贸易额为3.867万亿美元，只比全球排名第1的美国少150亿美元，差距仅相当于中国一天半的货物贸易额；服务贸易也仅次于美国和德国，进出口总额为4710亿美元（见图13－1）。

2013年，按照我国的数据，我们已经是世界第一货物贸易大国。不过，实际上从2012年起，中国的相关贸易数据就受到了各贸易伙伴的广泛质疑，因为我们的数据与对方的海关统计数据对不上号，大于主要贸易伙伴承认的规模。而且2008年以来的增长速度与全球贸易进入冬眠期的大环境显得反差太大。

总体上，“入世”十几年，中国平均每年的进出口增长速度超过18%，不仅远远高于全球贸易增长速度，也大大超过同期的GDP增长速度，是带动中国经济增长的主要动力。根据2012年的数据，中国外贸净出口顺差对GDP增长的贡献率为9.6%。

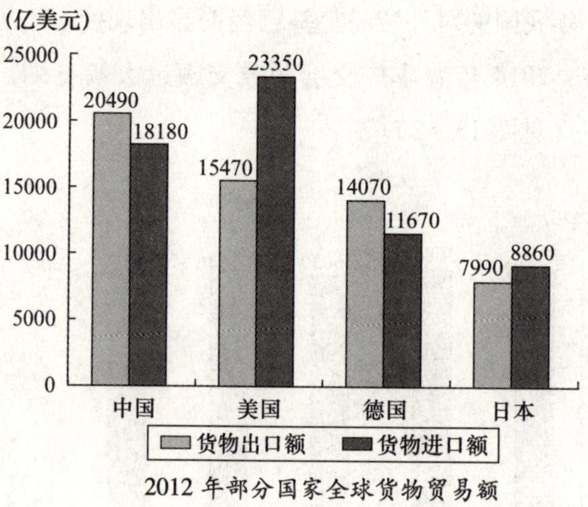

2012 年部分国家全球货物贸易额

2012 年部分国家全球服务贸易额

图 13－1　2012 年全球贸易四强情况

2013 年，根据国家统计局公布的数据，我国 GDP 为 56.8845 万亿元人民币，全年货物进出口总额 25.8267 万亿元人民币（以美元计价为 4.16 万亿美元。）全年服务进出口总额 5396 亿美元，对外贸易总额占 GDP 的比重超过 50%。

上述数据都充分说明了对外贸易在当前中国经济中所占的极大分量。假如在后 WTO 时代中国对外贸易受到 TPP 与 TTIP 的影响而被边缘化，那么势必将导致中国经济遭遇增长瓶颈。

实际上，2014 年我国的对外贸易势头已经明显出现疲态，不仅是一季度的数据出现了滑坡，2014 年春季广交会的成交额也大幅萎缩，甚至倒退回 2010 年的水平之下（见图 13－2）。

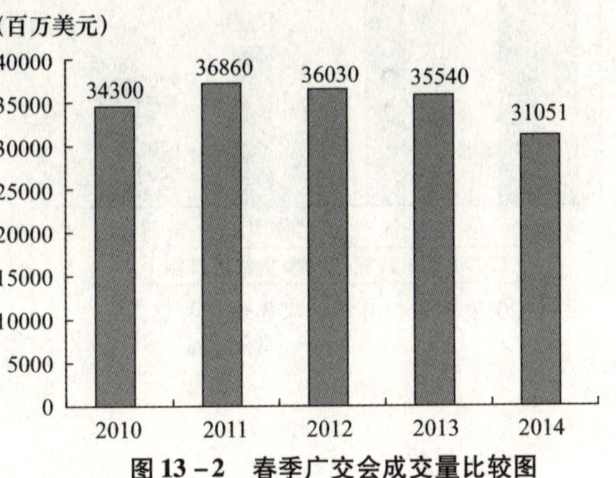

图 13－2　春季广交会成交量比较图

从全球来看，世界贸易经过经济全球化的刺激而享受了 20 年的盛宴后，目前处于低潮期，欧、美、日均存在很强的刺激贸易恢复景气的冲动，TPP 与 TTIP 确实是它们想极力建设好的。

二战后的全球经济和贸易史并非线性发展，而是呈现出三个十分明晰的时期：

1940 年代末到爆发第一次石油危机的 1974 年，国际贸易每年的增速是世界 GDP 增速的 1.5 倍。

1974 年到 1980 年代末期，国际贸易增速略低于各国 GDP 的增长。这一时期贸易放缓与油价持续攀升以及布雷顿森林体系崩溃有相当大的关系。

1989 年至 2006 年，世界贸易增速达到 GDP 增长的 2～3 倍，“全球化”一词就出现于 1989 年。所以，很多经济学家认为，1989 年的历史意义在于全球贸易快速扩张的起点而并非仅仅是柏林墙倒塌。

全球化现象自 1994 年出现于欧洲再传播到北美，它是全球生产组织方式的一次革命。其特点是生产链碎片化，一个国家及地区不再制造一个整件产品并随后将零件出口，无论是汽车、电脑还是智能手机。经济全球化使得一件产品往往属于世界制造而非某国制造，因为同一产品的生产链超越了多个国界，各国都专门精于制造自己拿手的这样或那样的零件。WTO 认为，这种国际劳动分工方式最初出现于统一后的德国，然后当我国于 2001 年加入 WTO 后迅速传播开来。

目前阶段，由于国际分工和国际价值链已经确定，所以国际贸易增速得不到新的理由刺激便难以超越各国的生产增长速度。同时，金融风暴引起的全球性经济衰退，抑制了 2008 年以来的世界贸易能量。

相关研究还表明，全球化实际存在区域性而并非一般意义的普遍性。当前的全球价值链是以地区性为基础以便节省运输成本和时间，全球存在以美国、德国和亚洲的中日为中心的三大网络。

根据 2014 年 4 月 13 日 WTO 公布的数据，世界贸易 2012 年增长 2.3%，2013 年增长 2.1%；同期全球 GDP 的增速分别为 2.3% 和 2.2%。就这一情形，大家认为经济全球化与世界贸易进入了“巡航速度”，即贸易和生产扩张大体同步。

在国际贸易以巡航速度缓慢发展的背景下，美、欧、日全力缔造可以活跃本方贸易的 TTIP 与 TPP，而我们国家暂时属于局外人，这种微妙的局面由不得我们不小心警惕！

毕竟，我们虽然极大受益于经济全球化，但中国是被动的一方，全球化是由西方发达经济体的强势跨国产业资本主导的。假如他们借助于 TPP 和 TTIP 来调整其全球化部署，很可能这次我们就是输家！

贸易摩擦

进入 21 世纪后，中国对外贸易日益彰显的影响力给我们带来了一个新的课题，就是中外贸易摩擦，尤其是与发达经济体之间的贸易争端可谓是接二连三。

这种前所未有的新情况一方面说明了我国对外贸易的成长，尤其是中国制造的影响力已经让欧美国家不敢小视，甚至在某些领域对他们构成了实在的威胁；另一方面也暴露了我们的问题，主要体现在官方不适应国际规则与环境，包括华商在海外的私人商业活动也存在与西方社会观念抵触的地方。

中美轮胎特保案就属于一个经典的案例。2009 年 8 月 7 日，美国国际贸易委员会（ITC）就这一贸易争端举行听证会，美国的诉方商业代表和中国答辩代表当庭对证。这一场合本属于中国展示对美贸易立场和捍卫自身利益的很好舞台，但遗憾的是，中方首席代表的表现却难以令人满意。

美方指责中国轮胎业出口的主要诉据是美国企业因中国出口冲击而市场份额下跌 12 个百分点并导致 4400 人失业。中方代表辩称这一对美国轮胎业不利的变化是因为金融海啸导致。殊不知美方指控中方的数据是 2004 ~ 2008 年的，属于金融海啸之前。中方的答辩不仅成了经典的答非所问，更暴露出准备工作的一塌糊涂。

奥巴马总统于2009 年9 月 11 日签署批准轮胎特保法案。在现行进口关税（3. 4% ~4. 0%）的基础上，对中国输美乘用车与轻型卡车轮胎连续三年分别加征 35%、30% 和 20% 的从价特别关税。

光伏产业（Photovoltaic）是我国在“十一五”规划期间快速发展起来的新兴产业，由于产能过剩而比较倚重于国际市场的消化，欧盟、美国是我国光伏产品的主要用户所在地。然而，围绕着中国光伏企业出口太阳能板及相关产品向海外，这一领域也出现了严重的贸易摩擦。自 2011 年我国光伏企业第一次遭遇来自美国的反倾销申诉后，欧盟和印度相继跟进。

欧委会于2012 年9 月和11 月启动对欧盟从中国进口的太阳能电池板的双反（反倾销、反补贴）调查，这一被称为“中欧光伏双反案”的贸易纠纷是迄今为止全球涉案金额最大的贸易摩擦争端，涉及的贸易纠纷金额高达 210 亿欧元。中国对欧盟出口光伏产品占目前中欧贸易总额的 7% 左右，2011 年的对欧出口量占到中国光伏总产量的七成。2013 年 6 月 5 日，欧盟宣布对中国输欧光伏产品征收临时反倾销税，自 6 月 6 日起执行 11. 8% 的临时税率，8 月 6 日后将上调至 47. 6%。欧盟贸易委员德古赫特还在声明中表示，临时税率将维持 6 个月直到年底，此后欧委会将决定是否需要对进口自中国的光伏产品征收永久性关税，一旦征收则将持续 5 年。

欧盟方面的这一重大举措被国际舆论视为在光伏产品战场上对华宣战，而光伏大战将危及中国上千家相关企业的生存和超过 40 万人的就业。中国总理李克强对欧盟委员会主席巴罗佐表示，中欧光伏贸易争端涉及中国重大经济利益，中国商务部也在严峻形势压迫下积极寻求磋商解决途径。

2013 年 7 月 29 日，经中国多方努力，中欧光伏大战方才降温，双方以达成协议和解。我国承诺今后的输欧光伏产品最低价格下限为 0.56 欧元/瓦特，每年出口限制在 7GW（吉瓦），欧盟国家才退让一步。进入这一协议目录的中国光伏企业被严格限制在 121 家，可以享受上述协议优惠，价格上相当于征收了 5% ~6% 的税；而其他未纳入协议的中国企业和产品，进入欧盟市场则执行 47.7% ~64.9% 的关税。

一波三折的中欧光伏大战我们总算没有全军覆没，但是结局一样是“丢城失地”，一大批竞争力不足的光伏企业被淘汰出局，包括部分大型国内光伏企业也含泪和欧盟市场“说再见”。

以中欧就光伏贸易争端达成协议和解为标志，中国光伏出口进入“后双反时代”，多家国内光伏企业被迫踏上寻找“新大陆”的征途，向欧美以外的市场发展，日本、印度、北非、南美和南非都是我方试图淘金的地方。

然而，当前的形势依旧不容乐观。

2014 年 5 月 14 日，澳大利亚反倾销委员会启动针对中国光伏产品的反倾销调查，这是继美国光伏双反调查、欧盟光伏双反调查、印度光伏反倾销调查、美国第二次光伏双反调查后，我国光伏出口遭受的第五起海外贸易摩擦调查。

同月，印度商工部建议对进口太阳能板征收每瓦 0.11 ~0.81 美元的反倾销税，主要遏制对象就是中国大陆企业。

美国方面意在堵塞中国企业通过台湾地区代工以规避“双反制裁”的第二次双反调查目前在进行中。3 月 11 日，美国商务部宣布，将对中国晶体硅光伏产品的反补贴调查初裁时间由原定的 2014 年 3 月 28 日推迟至 6 月 2 日。2014 年 6 月 3 日，美国商务部宣布初步认定从中国进口的光伏太阳能元件因获得中国政府补贴而损害了美国境内制造商的利益，提议对中国生产的太阳能电池板征收最高 32.5% 的额外进口税。这项加征关税的计划按照美方的程序大体将在 2014 年 10 月 3 日左右做出最后决定。

美国这一最新举措使得对华光伏贸易战局势升级，绕道台湾的中国电池板将无法规避 2012 年美方第一轮加税时遗留的漏洞，同时使得中国光伏产品近乎成了“全球公敌”，针对中国光伏产品出口的反倾销很可能以此为契机加速向其他国家和地区蔓延。

在上述严酷的态势下，我国光伏产业发展和光伏企业的生存举步维艰。曾经是全球四大光伏巨头之一的无锡尚德太阳能电力有限公司，因为经营困境已经在 2013 年宣布破产，欠债高达 71 亿元（见图 13－3）。

图 13－3　破产的无锡尚德太阳能公司

2012 年 3 月 13 日，日本经济产业省因反感中国对稀土、钨、钼三种原材料出口的限制措施，依据 WTO 相关规定向该组织提起申诉。2013 年 3 月 26 日，世界贸易组织公布了美国、欧盟、日本起诉中国稀土、钨、钼相关产品出口管理措施案的专家组报告，裁定中方涉案产品的出口管理措施违规，要求中国政府撤销相关的出口限制。WTO 仲裁委员会强调：任何国家都不得以牺牲世贸组织其他伙伴国为代价囤积原材料，使它们无法正常进入全球市场。按照 WTO 的规则，败诉者必须在半年到一年时间内对违规行为采取纠正措施。假如中国政府不严格履行相应的裁决，那么利益受损一方有权采取提高关税等反制措施。

针对 WTO 的裁断，美国贸易代表公开表示积极支持，同时指责中国政府就稀土出口征收超额出口税并实施严格出口配额管制的做法阻碍了全面、公平的竞争。而日本方面毫不掩饰地为美、欧、日对中国的最新贸易争端胜利欢呼雀跃，同时认为 WTO 的这次裁决有助于遏制资源国家掀起的为出口天然资源设限的风潮。

实际上，早在日本就稀土出口争议进行申诉的那一刻开始，很多国内外专家就认为“中日稀土战争”的结果是中国政府必输无疑。因为在申诉焦点的两个主要问题上中国破绽太多：

第一，中国限制稀土材料出口的规定不符合 WTO 规定 GATT 第 20 条 (g) 项的要求，该条款内容为 GATT 不得妨碍成员方实施“与保护可用竭的自然资源有关的措施，且与限制国内生产或消费措施同时实施”，但我国在国内稀土开采和消费方面并未采取相应的限制措施。在之后的抗辩中，中国也未能向 WTO 提交“证明采取了相应的国内限制生产或消费措施”的有效自证证据。

第二，关于中国的相关出口关税是否符合 WTO 认可的“特殊例外”情形，我国政府则未履行“与受影响的成员事先磋商”等相关程序，从而无法满足程序性要件。

总之，中国政府的相关做法是在缺乏合作、沟通的前提下，独自提高关税的行为，因而在现行 WTO 框架下是不具有正当性的。

果然，在 WTO 受理此案后的抗辩中，负责美国方面起诉的斯图尔特律师事务所举证指出中国的相关限制政策不符合 WTO 专家小组审查出口限制的规定，而且“中国提交的政策执行日期，并不具备早期指导性（可视为无效)”，进而不适用于相关例外条款，还用翔实的数据逐条反驳了中国代表提出的其他抗辩理由。有意思的是，美国代表还专门强调，“中国限制出口并非为了保护环境，而是为了保护国内相关产业，损害外国生产商”。

所以，2014 年出台的 WTO 最终裁决并没有太大波折。在这一对外贸易摩擦引发的战场上，我国不仅输掉了官司，更是面临从政策、出口到生产的全线惨败。外部因美、欧、日三大用户的需求调整，包括在世界各地寻找替代新矿、开发相关替代技术、减少从中国进口、增加其他渠道进口等措施，削弱了中国在稀土商品上的优势；内部则面临败诉后加强稀土资源管理以应对配额放开可能导致的滥采、走私等问题。

实际上，我国想要抬高稀土出口价格本是有正当途径的。

众所周知，开采稀土对环境会造成较大的污染和破坏，我国可对生产、运输和销售各环节的环境保护与安全措施从严要求。如此既维护了开采地的环境，提高了工人的安全生产条件，促进商品的品质，还直接促使对外出口各环节必须涨价以消化相关成本的提升。开征特殊的资源税也是全球认可的方法，同样可以有效削弱出口和刺激成交价上扬。

本来只需要加强环保、水保的监管就可以轻松解决的问题，包括产量降下来、价格走上去。为什么中国政府却采用最笨拙的办法且落了个里外不是人的结局？有国内批评人士尖锐地指出，因为行政限制这个办法不仅简单，且符合国内相关官员的惯性思维，而且最容易搞权力寻租，最能保证相关部门和官员的灰色利益！但是，整个国家形象和中国经济利益却因为少数政策制定者的贪婪愚蠢而付出了巨大牺牲。

最新的一起涉外贸易纠纷败诉案在 2014 年 5 月 23 日又见诸新闻了。WTO 专门研究小组裁定，中美 WTO 汽车关税案美国胜诉，中国政府针对美国出口到中国的轿车及运动型多功能车征收的惩罚性关税属于“非正当征税行为”，尽管我方已经在 2013 年年底停止了这项政策。

至于近年来西班牙、意大利肃清华商，俄罗斯排斥华商和没收货物，德国打击中国输德伪劣商品，这些贸易摩擦比起上述醒目案例来都属于小 case 了！

总之，多年来，在对外贸易领域因解决贸易摩擦不利，中国吃的亏太多了，而且相关教训差不多都是因为我们行为全线违规而引起的。

从新兴产业到传统商品，从大型骨干企业到普通民间商人，从稀缺资源到国内过剩产品，从正版品牌货到仿冒伪劣商品，从在华外企产品到纯粹本土制造，中国出口因自家的问题在国际市场上屡屡遭到围剿。

更可悲的是，我们不仅屡战屡败，还经常在同一个地方反复栽跟头。如在 2009 年我们就输过铝土、焦炭等 9 种工业原材料限制出口的官司，内容与稀土案基本完全一样。亡羊补牢没有做到，却在“入世”十多年来不断地交学费。

为什么中国在对外贸易摩擦上总是被人摔倒，错误一犯再犯?

相关部门的官员和所谓的专家对国际商务法相对陌生，特别是理解 WTO 规则的水平不高。例如，国际惯例容许在特殊情况下实施生产补贴，美国的农业就常年享受巨额的财政补贴，但这种补贴是针对所有本土相关农产品生产者的，并非只惠及出口单位，加上美国低价粮食可以让很多粮食进口国受益，只对世界上少数粮食出口大国构成竞争压力，所以就不会在国际上引发争端。因为 WTO 规定政府不能补贴商业研发，欧盟和美国给空客公司和波音的补贴都只能以科学研究的名义藏着掖着，只有不懂行的我们满世界嚷嚷补贴国产大飞机项目。WTO 明文规定不准搞配额，我们却在稀土出口上明目张胆搞配额制。

另外，我们在摩擦爆发后经常做不到良好回应，被人告上公堂后更是不能有效应诉。美国政府在轮胎特保案上惩罚了我国橡胶企业，在钢铁贸易摩擦上也不给中国好脸色，我们便鼓噪对美国向中国的鸡肉出口实施报复，而美国鸡肉出口商在其国内完全是排不上号的小角色，而且在后来 WTO 介入的鸡肉贸易争端中我们还是败诉了。

这些就是官方多年来外战外行、屡战屡败的关键症结所在。迄今为止，中国加入 WTO 后被起诉累计 27 次，无一例外地全部败诉。

统计数据还显示，1995 ~ 2012 年，无论是遭受国外发起调查的反倾销案件数量、实施的反倾销案件数量，还是遭受发起调查的反补贴案件数量、实施反补贴的案件数量，中国均位居世界首位。金融危机后更加明显，2008 ~ 2012 年，中国遭受发起调查的反倾销案件数量达到 308 起，占同期全球的比重达 31.8%；中国遭受实施反倾销的案件数量达到 233 起，占同期全球的比重为 37.7%。中国出口的受苦受罪水平遥遥领先于其他国家。

我们这么多年来付出了如此多的学费，而且还是在相对有利中国的“WTO时代”。未来世界贸易将进入“后WTO时代”，美国主导的TPP和TTIP将崛起并主导全球贸易，面临更加不友好的新规则，我国政府和企业必须就贸易摩擦问题做好心理准备。假如今后还是不断重复低级错误而毫无长进，那就真的危险了。

弃子求活

由于WTO的夕阳西下和TPP与TTIP的喷薄欲出，我国对外贸易前景面临着相当不利的格局。

而如果中国出口在将来受到压制或者是被边缘化了，我国经济就势必暴露出更多的问题，不仅外面赚不到钱了，国内的产能过剩问题会愈加突出，企业的日子必然越来越难过，发展就会大大减速。就如同一个池塘，内部有水草（内需），外面有饲料投入（外贸赚的钱），里面的鱼儿、虾儿才活得滋润。假如来自外面的饲料一朝减少甚至是断顿了，单靠池塘内的鱼草怎么能供养大量的肥鱼？

我们现在已经看到问题的严重性了，但暂时还没拿出来有力的应对办法。

最初的想法似乎是启动国内自贸区建设以吸引外人来，进而追求平衡与突破。继上海自贸区正式挂牌后，传闻已经另批复了12个国内自贸区，包括广东、天津、舟山、杭州、成都、青岛、武汉等。然而，在国内设置多个自贸区没有太大意义。当代世界盛行的自贸区（FTA Zone）都是跨国间的大自由贸易区概念，不是传统那种国中国式的贸易特区或免税区。美国、加拿大、墨西哥三国组建的北美FTA意义大？还是韩国1970年代搞的马山自贸区（正式名字叫马山出口加工区）或更晚设立的仁川自贸区更有意义？显然自家关上门来玩属于比较无聊的！而且，在本国设置单独的自贸区，至少在理论上破坏了统一的市场。

我国想通过做大RCEP（区域全面经济伙伴关系，细节可见前文）来对抗美国在亚太组织的TPP是不现实的。关键在于，美国的领导作用对全球性协议或规则的达成与实施至关重要，而中国还缺乏国际政治影响力，我们的经验也不被其他国家认可和支持，简而言之是资格不过关。

所以，唯一可行的道路还是委曲求全，通过改革自我来加入TPP与TTIP。

欧美对中国失去兴趣的原因说来也值得我们反思。

原先西方发达国家是很看重与中国的经济合作的，因为我们的人口规模及市场潜力在那里摆着，只要不是睁眼瞎都明白中国是块大肥肉。

但是，我国入世后十多年来的表现却让他们日渐“失望”：

首先，中国热衷出口而吝于进口，想要的东西又恰恰是西方国家不太乐于提供的，比如高科技、先进武器等，西方各国钟情的是民用消费品和服务的对华输出；其次，欧美诸国原先判断中国的中产阶级会随着经济逐步增长而壮大起来，由此可以消费大量来自西方的中高端商品和服务，但是中国的实际发展路径是国富民穷且两极分化严重，除了少数中国富人有能力大肆购买西方奢侈品外，一般老百姓这个预期中的强力市场基本没起来，满足不了各国大量中小企业的商品推销预期；再次，外资在华企业近年来受到了明显的排挤；最后，中国劳动力成本因通货膨胀和高房价两大因素刺激而快速提高，逐渐失去了洼地价值。

飞机、军火、高端装备等坐在家里等，中国客户也会主动上门来下单；奢侈消费品的情况类似，中国富人本就喜欢在海外采购这些好东西，对国内市场同类货物的来历和品质反而不放心，中国高关税导致的高价格也不利于在大陆的销售；辛辛苦苦在中国建立的生产体系，还是要将大量的制成品返销到海外，中国人消化的有限，付出的成本是技术扩散和本土部分就业机会的流失；像沃尔玛和家乐福等在华建立的销售类企业，近年来由于业务明显不景气，都开始纷纷撤店裁员了。所以，积极发展对华业务目前阶段对美国、欧盟和日本等而言犹如食之无味弃之可惜的鸡肋，早先规划好的在华投资体系更需要调整部署。

这就是美欧等放弃中国的原因之一，因为贫富差距扩大导致的国民消费疲软，中国的市场远没有看上去的那么诱人。

实际上中国进口结构的不平衡也让其他贸易伙伴不满。中国从拉美、非洲等多数国家的进口货物都是基础产品。最初是直接进口原材料，后来开始瞄准矿山、土地、油田和生产原材料的企业。老外不是傻子，看得出中国人的路数，所以自然就不乐意了，比如巴西与阿根廷就多次提议拓宽双边贸易范围。

所以，看清了上述形势后，我们今后就必须改变对外贸易的风格，好的贸易本就应该追求共赢，让参与者都最大限度地满意。

对欧美而言，我们需要通过收入分配改革来真正培养出规模可观的中产家庭，如此才能让西方国家各行各业的制造商、供应商在中国找到充沛的客户；对巴西之类的国家，也要适当进口人家的制成品，这方面的换位思考是不难理解的。

贸易基本均衡了，就扫清了加入新体系或者更深融入世界贸易体系的障碍。关于这点我们一定要理解西方人的思维方式，由于历史文化的不同他们对贸易活动的理解完全和我们不一样。

拓宽海外市场

在正面努力争取加入 TPP 的同时，绕开美国构筑的贸易壁垒以拓宽海外市场也是一个思路。

绕行的路线有两条：其一是加强对中、低度开发国家的市场开拓力度；其二是通过增强对外直投建设海外企业体系。

美国、欧盟等国家当前阶段在对华贸易上持负面看法和排斥态度，如此将导致对它们出口的阻滞，所以我们应当通过对其他市场的出口尽量减少损失。

以目前世界格局可供考虑的方向主要是东南亚、南亚、“黑非洲”、拉美、中亚和俄罗斯，尽管这些市场相比欧美的优质市场存在各种不尽如人意的地方。

凯投宏观认为，在未来的若干年里，波兰、墨西哥、菲律宾和尼日利亚可能成为世界上经济增长最快的国家。

薄荷四国（MINTs，指墨西哥、印度尼西亚、尼日利亚和土耳其）的活力也普遍被认为强于2001 年高盛提出概念的金砖国家（BRICS），而且在十年后，高盛又首先宣布了金砖国家的消亡。

拉美国家在整体上与西方的经济密合度更高，而且该地区的贸易支付习惯与商业信用普遍存在问题；“黑非洲”基本都是小型经济体，地理距离和心理距离与我们也相去甚远；俄罗斯和中亚的经济结构显得单一且脆弱，前者不仅在对华经济往来中习惯摆出居高临下的姿态，还将从苏联分离出来的中亚国家视为势力范围，一直在试图拼凑一个俄罗斯主导的欧亚经济联盟。所以，容易发力的地方还是我国邻近的东南亚、南亚以及部分中亚国家。

积极强化与东盟国家的经济技术合作应该是最为省力的一条途径，尽管建立更完美的 RCEP 计划看来有很大困难。东盟十国目前拥有 6.2 亿人口，2012 年的 GDP 总和达到 2.2 万亿美元，超过了俄罗斯的 GDP，相当于巴西的 GDP，而且很多经济学家预测这个数字将在 2020 年时翻番。该地区的印度尼西亚拥有 2.5 亿人口（全球第四人口大国）和丰富的自然资源，在过去十余年里的经济增长始终保持在超过 5% 的速度，其大宗商品出口一直比较活跃。在灵活用工体制、改善基础设施、降低运输成本和教育改革方面的余地还很大。菲律宾与印度尼西亚一样，多年享受着消费拉动型的经济增长。该国拥有 1.06 亿人口（东盟第二人口大国），国际收支情况更是好于印度尼西亚。加强与它们的贸易关系，尤其是增加我国的制造品出口，还有很大的潜力。事实上，马来西亚目前已经入榜中国前十名贸易伙伴之列，而且位次还在巴西和俄罗斯之前，2013 年双边贸易总额高达 1060.7 亿美元。

针对东盟国家强化经济合作关系的优势是一目了然的：大家都属于东亚经济板块区，中国自古就与相关国家存在绵延不绝的贸易往来，而且各国都有大量的华侨和中国人后裔，与泰国、新加坡、马来西亚和柬埔寨的关系多年来也维持得较好。不利之处在于个别国家目前与我国关系并不和睦，比如越南和菲律宾。

南亚方面，与印度加强贸易往来和经济交流的潜力是最大的。印度是国际政治舞台上的一个大国，20 世纪末以来经济发展也很快，论经济的丰富性更是远比一般发展中国家强很多，商业氛围同样不错。从目前的经济结构看，印度与我国存在一定的互补性，等于是双方发掘彼此贸易潜力具备了较好的天然基础。尤其是印度的基础设施比较落后，势必要不断升级和完善，其中蕴藏的商机很值得我国企业界积极争取。根据印度最新的国民经济发展计划（2013～2018年的印度五年计划），今后5年印度计划在兴建基础设施领域投入1万亿美元，其中47%的资金将由民间来筹措，政府设法融资剩余部分。我国有竞争力的项目包括道路、电力和电信。遗憾的是高铁领域被印度明确拒绝。

中亚地区是第三个有利的发力点，缺憾在于俄罗斯的相关立场不易把握，很可能干扰我方的相关努力。至于俄罗斯本身因乌克兰危机遭受西方社会制裁而向我国主动示好，希望我国资本今后大力“填空”欧美资本撤出后留下的地带，我们更是要注意其中的风险。以我们目前比较热衷的俄罗斯基础设施建设为例，我国铁建股份有限公司联合中国国际基金有限公司在2014年5月份与莫斯科工程设计公司签署了在莫斯科地铁建设项目上开展合作的协议，（该项目是当前俄罗斯最大的基建项目之一，我国拟投资的其中一条单独支线就需要我方投入20亿美元）。而俄罗斯的《生意人报》在协议签署的次日就援引了俄方相关专家的悲观评论：“中国人或许很难收回成本。”事实上，俄罗斯的商业信用一向是众所周知比较差的，暂且不论该国的政局稳定性和对华态度的变幻莫测。

拉美方向当以阿根廷、巴西为重点交好对象。这两个国家是南美洲的龙头，我们一直以来都在大量进口它们富产的农牧产品和矿产品，今后还应该适度加强制成品进口以巩固关系，对方也早已表达了相关诉求。此外，我们应该主动接近墨西哥，假如有机会就多合作。

对待撒哈拉以南的“黑非洲”，实际上应该秉持灵活的立场，毕竟该地区大多数国家的政局欠稳定，商业文化积蕴不足，支付能力不可靠，而且看待我国的立场也很复杂。除了个别国家外，我国与“黑非洲”国家的贸易一直很散，稳定性也较差。2013年，中非贸易总额才刚刚突破2000亿美元规模（按照我方统计数据为2102.4亿美元，比2012年增长5.9%），仅相当于两个马来西亚的水平。

在对外贸易结构上，服务贸易的潜力最大。中国的服务行业在内不存在产能过剩问题，对外一直都落后于货物贸易的进展。货物贸易我们多年都是顺差，而服务贸易则逆差的年份多，2013 年的服务贸易进出口总额为 5396 亿美元，逆差 1185 亿美元。从相关结构来看，目前我们也是尚处于对外工程承包和低端劳务输出为主的阶段。所以，我们在高度依赖知识和技能的服务输出上与发达国家的差距很大，目前整体上呈现规模有限、水平偏低、结构单一、空白较多的特点，本身就迫切需要锻炼队伍和提高层次，且不论发展服务出口对平衡国际收支与扩大国家影响力的意义。

加强对外直投，积极建设我国的海外企业、海外产业体系则属于“曲线救国”的办法，可以将相关中国资本直接转化为驻在国企业身份从而进入 TPP 和 TTIP 的俱乐部圈子。

如以印度为例，这个国家是目前全球主要的资本输入国之一。2000 年至今，印度总共获得 2140 亿美元的 FDI。目前，西欧国家是印度的最大投资者，2007 ~2012 年的对印投资占到印度获得的 FDI 的 40.5%；其次是美国，占比 30.2%；我国目前仅占 4.1%，提升空间很大。

我国目前面临的不利态势和 20 世纪 80 年代的日本很相似。当年美日贸易摩擦严重，日本出口受到美国打压，日元持续升值，国内劳动力成本迅速上扬。

在上述情形下，日本当年果断地选择了向东南亚产业转移的策略，不仅仅是转移日本国内淘汰下来的低端产业，也包括当时处于世界领先水平的电器、汽车等拳头产业的生产环节（研发保留在日本）。如此，日本不仅通过这些国家分流了对外的出口，规避了来自美国的强大压力，还最终打造了一个“海外日本”——遍及整个东南亚地区的海外企业体系。包括在华大举投资建厂，进军南美，甚至直接在美国和欧洲实施相关部署，整体战略的执行相当出色！2013 年，日本完成的海外直投超过 100 万亿日元，大体上相当于 1 万亿美元的规模；而我国全年非金融领域对外直接投资额为 902 亿美元，虽然比上年增长 16.8%，但不足日本对外直投水平的 1/10。

我们应该效仿日本当年的思路，最适合出击的方向也是邻近的东南亚国家。

发展对外直投的不利因素在于，我国目前能够转移的主要是劳动力密集型制造业和技术层次低的“生产—贸易复合型”单位，资本密集型的项目仅限于基础设施类，而技术密集型产业不是我国的强项，同时近些年在海外收购各种资源企业的举动也遭到了相关国家的不满和反感。

对外大量转移劳动密集型企业，自然会相应削弱消化国内劳动力的能力，而我们自家的就业还远不够充分。可对外直投的领域狭窄，相关项目的盈利能力有限，没法与欧、美、日的海外产业在质量上相提并论。另外一个很突出的矛盾是，目前我们缺乏大批有能力的企业家和管理者来经营好海外企业，无论是国企还是民企，当前中国企业家阶层的素质普遍低于国际平均水准是令人难堪的事实，以这一群体的经营能力和风格恐怕难以很好适应境外的复杂环境。

同时，还须特别防范国企借海外扩张的外表来暗行贪腐和利益输送之实，2006 年兴起的国企出海潮在这方面已经暴露了太多问题，造成国有资产和外汇储备的大量流失。

但是，我们不能因噎废食。跛脚外向型经济大国的形象要逐渐改观，中国企业也早晚要全面走向境外以扩展活动天地和提高自身水平。

第 14 章

翘首 2025——乐观的预期

中共十八届三中全会向世界公告，中国将启动全面深化改革的国家发展战略。2014 年被舆论称呼为改革元年。截至目前，中央政府已经陆续推出一些有利于中国社会经济进步的新政措施。

按照《中共中央关于全面深化改革若干重大问题的决定》的纲领，十年为期，我们在此以乐观的态度展望下十年后中国可能发生的巨大经济环境变化。

终结官本社会

我国因为长期浸淫于专制农耕社会，从而形成了严重的官本位历史文化传统。

古代中国皇权至上，衙门和官吏作为皇权的代表与爪牙，自然就享有特殊的地位，被排在“士农工商”的首位。传统中国以农业社会为基础，社会事务比较简单，民众普遍顺从配合，故而文化水平和眼界较高的朝廷官员大多能完成相关社会治理工作。实际上，皇朝时代的官府规模一般也是很小的，国家并不介入基层社会的一般性事务，而是借助于缙绅和宗法体系来实现基层治理。

清末和民国期间，我国承舶来西方政治文化的助益，社会自由化水平大大进步，平民的权利意识也被唤醒和壮大。

现代社会的事务要远比农耕文明时代复杂得多，尤其是在经济领域，需要体现的是专业分工、横向合作、自我负责、自主经营、市场导向的基本原则，而政府大包大揽是与上述经济法则严重抵触的。

对毛泽东时代社会经济管理体制有切肤之痛的邓小平同志深悉其中的弊端，所以主政后力促改革开放、简政放权，通过给社会和经济松绑将精力集中于经济建设的方式扭转了之前的运行轨迹。也正是因为政府无为而治，我国的社会经济才在各方面取得了快速发展的优异成绩，政府自身的财政状况也渡过了20世纪90年代曾经承受的严重危机。

然而，在我国经济形势在21世纪初呈现出日渐缓和与繁荣的背景下，又出现了官本社会返潮的不良倾向。

所以，今日中国社会必须申明，政治家的任务是处理好政治事务，工具是制度和政策，公务员的本职是服务社会，要依法办事。官员或干部对微观经济事务根本就不熟悉、不擅长，因为其日常工作就和经济活动无直接关系，充其量是些间接性的关联。

政府的经济职能体现在市场监管与公共服务，这些领域才是政府部门应该发挥能量的地方，而不是关注具体的经营性活动。实际上，政府作为“市场裁判”必须在执法时努力实现公正。现代社会做任何事情都要体现出专业性，“吹黑哨”都属于被世人痛骂的丑行，何况是“裁判”亲自下场去露一手，那叫纯粹的捣乱！

现代国家崇尚专家治国，我国多年来也这样学人干喊！但是所谓的“专家治国”指的是在公共政策领域要积极听取来自实战领域的杰出人才的建设性意见，而不是让专家们当行政领导，更不代表行政领导等于专家！

就宏观经济治理而言，我国多年来人们习以为常的“领导社会经济发展”的说法是荒唐的，做法的实际效果是给社会添乱。要知道，经济是根本领导不来的，政府及决策层的效能充其量是体现在有益的引导而非领导上。

实际上，目前阶段各级政府部门的领导干部可以说基本多是经济领域的门外汉而非他们自认为的行家里手。

例如，某省发改委的一位 50 岁左右的业务处长，他对经济事务的感受和领悟无非如下：在党校曾大致学习过马克思的政治经济学理论，有可能还读过些经济类书籍，多年来处理过很多项目的审核报批工作，参加过一些专业技术含量有限的项目论证会或经济工作会议。

就凭这些简单资历和浅显业务能搞懂弄通复杂的现代经济事务？文牍和形式管理之流的外围性打杂就能培养出经济专家吗？答案显然是否定的！

当今政府部门工作的很多所谓专家充其量也不过是纸上谈兵的赵括，哪怕他头顶上罩着个硕士、博士的唬人光环，在含金量上与那些真正浸研经济学多年的理论学者或者是在一线真刀真枪砥砺出来的实务型专家相比，最好是连提都不要去提，差距太遥远了！

日本政府在宏观经济治理上曾经以实行统合经济体制①而著称。不过，日本的官僚们就有自知之明，将官方定位为配角，制定产业发展计划和战略时以产业界和社会学者的意见为主。而且，日本政府也早在 1990 年代就放弃统合经济体制了，现行做法是以市场为主导的自由经济风格。

改革开放事业的巨大成就正是来自于政府简政放权与社会多方位解放，在解放思想、尊重社会规律、转变政府职能、尊重企业和个人创造力的前提下，中国社会和中国经济才焕发出震惊世界的活力，也为党和政府赢得了国际社会的尊重与民众的拥护。

然而，上一轮的改革并不彻底，换句话说是强调经济改革而忽视政治改革。这造成了当前半管制、半市场的过渡社会经济形态。也正是因为政治领域和公权运行的保守和不规范，导致权力与金钱苟合而在近十年来严重危害中国社会健康，动摇了党的执政基础。

面对当前复杂而艰难的社会经济矛盾，我们要做的是坚定不移地落实十八届三中全会作出的《中共中央关于全面深化改革若干重大问题的决定》，让市场扮演资源配置的主角，让权力全面退出微观市场领域，赋予社会和国民

① 统合经济是介于自由经济与计划经济之间的混合模式。

更多的权利自由，摆正政府、社会、市场三者之间的关系。

而部分官僚和特权阶层执迷于一己私欲，罔顾全社会成员的利益，置党和国家利益于不顾，缺乏对社会经济未来的真正关注与保护，在把握公权与社会问题上大踏步开倒车，不仅显露出他们的愚昧、麻木与猖獗，更是透支政权的信用，蛀空中国经济的基础。

经济学者许小年曾尖锐地抨击半管制、半市场的不良社会现实，认为这种中国模式是各级官僚最高兴、最喜欢的事情。因为管制可以设租，市场可以变现。而全管制无法提供权力兑现的市场，全市场则官员没法设租了，让官僚都不爽！

针对上述痼疾和目前阶段的诸多矛盾，本着为国家和民族之未来计的原则，当今力主深化改革的中国政治家集团应该痛下决心，全面反省建政60多年以来相关制度的成败得失，借鉴当今世界的文明发展潮流，在下一步改革中规范政府职能，约束官僚行为，彻底终结中国的官本社会。

这样不仅能够为中国经济轻装前进奠定坚实的基础，也能赢得亿万国人的衷心拥护。

那些被私欲蒙蔽了良知和视线的陈腐官僚及腐败分子，也有必要复习一下我们祖先留下来的大智慧：天之道，损有余而补不足。

古往今来，所有对当权者的惩罚其实并非来自人民，而是来自那亘古不变的天道。而天道就是社会发展规律，是任何人力都最终不可改变和抗衡的。

尊重知识

现代经济的增长在相当程度上依靠科技进步来实现，我国政府也早就宣传向创新型国家转型。

然而，尊重知识，尊重人才，这样的优秀理念在多年来也只是宣传而已，因为时下的现实是权力金贵，知识廉价。

“天子重英豪，文章教尔曹；万般皆下品，唯有读书高。少小须勤学，文章可立身；满朝朱紫贵，尽是读书人。”

宋人汪洙的《神童诗》反映出文化精英在古代中国的“高大上”社会地位。

尊重知识和人才仅靠喊干巴巴的口号是无用的，必须要落地才能真正激励社会。在利出一孔的中国古代，就是将读书人的前程与入仕皇家后的飞黄腾达挂钩，从而体现了朝廷对人才尊重的态度，同时用通俗、形象地语言鼓励青少年儿童。

放到今天的环境下，古代中国的做法就落伍了，现代社会应当是由市场来奖励那些为社会经济进步作出卓越贡献的人们。

科学家与学者被社会赋予高尚的地位和衣食无忧的生活环境以使得他们静心研究学问、探索科学奥秘；发明家和技术创新者的知识产权得到很好的保护；比尔·盖茨和乔布斯这样的创业者可以在资本市场支持下顺利发展自己的事业并从公司股份中获得巨大的回报。

中国培养知识分子的方法存在严重问题，这是一种变相的不尊重知识的表现。

好在，时过境迁，年轻人报考公务员的热潮目前已经开始降温了。

十八大以来，随着反腐力度加大和限制公款消费，中国的公务员们开始体味到地位变化了，不仅社会形象很差，“老板”的要求也严苛了。于是，昔日自感高人一头的公务员开始吐槽和诉苦了，抱怨收入过低，据说还因此影响到大家工作的热情和公务员的招考。2014 年 2 月，河南媒体透露，根据当地媒体进行的一项调查，该省有六成的公务员想过辞职，但并无一人真的下海。《21 世纪经济报道》的一篇相关报道称，某单位副处长后悔做公务员，因为自己的月薪才 4000 多元，还不如当教师的收入高。类似怨妇式的情绪，自 2013 年下半年以来在网络上更是曾经甚嚣尘上，让大批围观者猜测这是在给公务员加薪造势或者是向高层改革者变相示威。

实际上，新闻中抱怨收入低于教师的那个副处长，其思维就折射着权力本位观念的怪影。在他看来，当官的收入就该高于“教书匠”，而根本不计较各自的劳动付出和劳动产出。推而广之，在这位芝麻大的小官的潜意识里，很可能早已认定“万般皆下品，唯有从政高”！

这位小官人的烦恼其实并不奇怪，由于我国社会收入分配制度的不正常，政府部门在分享国家财政收入中具有近水楼台先得月的优势，最近十余年来体制内的平均收入水平脱离普罗大众而高高在上。以养老金为例，按照未改革的双轨制，公务员不用缴纳个人养老金而坐享数千元的退休金，一个乡野农民辛苦到老却只有每月 55 元的基础养老金。所以，在很多公务员看来，自己的收入高过平民百姓是天经地义的，低于一般人的收入就认为不正常。

而在欧美的现代国家，别说普通公务员是个地位与收入都不起眼的小角色，就是堂堂美国总统的年薪也比不过稍微事业有成的行业精英。原因很简单，社会财富主要是靠经济一线部门人员的汗水创造出来的，政府属于二线甚至三线，在财富创造中属于跑龙套的角色，吃的饭更是纳税人供养的。

具体说到从政和从教谁的门槛高，谁对社会发展的贡献更大，不妨让中国的公务员们敞开谈谈自己的看法，我们也更该睁开眼看看国际社会的普遍选择。

西方社会的大学教授收入和社会地位令人羡慕，那表明知识比权力更值钱。我们这边公权体系给自己制定较高的薪酬福利待遇，说明我们的世界里权力才最为金贵。大学教师也罢，小学教师也罢，他们和她们的工作产出是给国家营造希望，是在培养我们的后代，暂且不论中国教育的质量。而官员和一般公务员能给这个国家做出什么特殊功勋？最大的闪光点无非是自欺欺人的发展数据而已，数据是不能当饭吃的。以当前的情形来说，大多数公务员的存在不过是聊胜于无而已，甚至很多权力部门还在阻碍经济发展！

现在，新一届中国政治家团队厉行改革，实施反腐败和禁止铺张浪费的一系列措施，这本是在回归正常社会。而公务员群体却深感不适应还口出怨言，说明这些人的观念需要与时俱进。

假如因为他们的牢骚抱怨而政府真的用加薪来抚慰，那么，中国社会知识贬值的趋势只会继续恶化，这个国家将更无希望与未来可言，中国经济的国际竞争力也势难有所改观。知识不值钱，还有谁愿意去思考、去创新？当个平庸的公务员就能出人头地，当然“国考”就炙手可热了！

然而很明显的是，当今世界没有一个富裕强盛的国家是把公务员来当作社会精英来高看的！

回到我国的现实，目前公务员体系的怨妇虽多，但真正肯下海选择高收入行业去发展的并不多，媒体报道的少数弃政从商的地方官员也多是进入了之前官商勾结最为普遍和严重的房地产行业。且不论这些弃政从商的前官吏们开小差的真实意图是什么，他们进入的这个行业也将成为明日黄花了，他们入职时抱着的发财美梦恐怕要成为泡影。

抱怨的公务员很多，却普遍不敢像平常人那样炒老板和跳槽，这是否说明目前的多数公务员技能单一、工作内容简单，离开现有岗位就无一技之长而不敢冒风险去社会闯荡呢?

假如真是如此，相关人等的抱怨恰恰证明以前的收入是物超所值，如今的廉洁措施不过是回归常态而已。再或者，官僚和公务员们习惯于拿富人收入为参照物，而觉得自己还不够有钱，那么也大可以自己去创业当老板试试！

正如多数网友所言："如果真的是后悔，心感不公，那就辞了吧！"

可是目前这一阶层的整体表现是干打雷不下雨。这说明在他们心目里，现有职位还是不算太差的，所以还有所依恋。这样的"怨妇"，实际是该心平气和地面对现实，把公务员职位当作普通的职位，别再以最佳职位或国家精英自居而苛求社会，都什么年代了！所以，一些社会舆论判断此类古怪现象是为给公务员加薪而有意放出的烟幕弹。实际上，面对改革的大势所趋，公务员们最应该考虑的是如何通过学习来丰富和提高自己的糊口技能，应当操心的是怎样不被社会淘汰。

这件事情反过来提醒中国社会，尤其是高层决策者，不仅不能因为下属当怨妇而动情，还应该让知识升值，给权力降温。

这样，中国社会才能加速回归健康国家轨道，才能激发蕴藏于 13 亿中国人中的聪明才智，才能为经济注入创新活力。配套的手段还有保护知识产权和鼓励资本市场向知识经济倾斜等。

事实上，相关领域已经出现了些很好的苗头。十年之后，当我们的国家像今天的欧美社会一样，学术精英受大家敬仰，技术创新者因专利而坐享厚利，卓越的创业者受资本市场追捧，而官僚和公务员泯然众人，中国方才真正有希望为全世界尊重，经济才将以更富活力和效率的方式增长。

中国品牌

中国多年来号称是世界第二大经济体，2013 年又增加了全球第一大贸易国的桂冠，2014 年的世行报告甚至还奉赠了中国全球第一大经济体的耀眼头衔。然而迄今为止，中国还没有诞生一个在世界各地家喻户晓的大众消费品牌。

在目前最新的全球品牌排行榜上，谷歌公司的品牌价值第一，为 1588.4 亿美元；苹果公司排行第二（2011 ~ 2013 年曾连续三年居于榜首），为 1478.8 亿美元；第三是国际商用机器公司，即 IBM，品牌价值为 1075.4 亿美元；微软排行第四，品牌价值突破 900 亿美元大关；韩国的三星居于全球第五，价值超过 870 亿美元。从国别看，美国的知名品牌数量在全球排名第一，亚洲的日本位居全球第二。

全球最为著名的前 100 名工业企业中，中国公司未能有一家入围，而日本有丰田、本田、佳能、资生堂、立邦等众多大牌，韩国的三星、现代、锦湖轮胎和好丽友同样拥有国际性的声望。

改革开放 30 多年了，我们不仅没能培养出一家真正享誉世界的消费品大品牌，还招来了山寨货第一大国的恶劣名声。德国机械协会的调查表明，中国、土耳其和印度是仿冒德国机械产品的三大山寨国。美国政府的调查报告则指出，中国、泰国、印度和西班牙是盗版最严重的国家，“触犯知识产权保护法律而损害美国企业及其员工”。

其实，我国企业也早就有做大做强品牌的欲望，近些年来更是注重提高自身的企业档次与国际声誉。

以品牌效应最为明显的汽车行业为例，这两年的努力就有国有东风汽车公司向法国标致雪铁龙注资 11 亿美元（法国政府也参与了援助陷于困境的法国汽车巨头的工作）；万向集团竞买美国菲斯克（一家混合动力跑车制造商）的资产获胜；一汽旗下公司与总部在密歇根的亿科动力国际公司签署合资企业协议以制造后者的环保发动机。民营企业家的觉悟与行动更早，李书福先生的吉利公司在 2010 年就从福特手中收购了瑞典沃尔沃。虽然我们收购的都是存在经营问题的企业，但自身条件尚不支持挑着吃。

仅以国际收购而言，本身也需要品牌价值的强力支持。

比如，美国电信业巨头 AT&T（美国电话电报公司）于 2014 年 5 月 18 日宣布斥资近 500 亿美元并购 Direct TV（卫星电视服务商直播电视公司），苹果 30 亿美元收购国际音乐行业的明星企业 Beats，瑞士豪西蒙集团并购法国拉法基水泥公司，其中起作用的并不仅仅是金钱的力量。最直接的反证就是陷于经营困境的诺基亚最终决定卖身投靠微软，而对我国电信设备巨头华为公司的并购诉求根本不屑一顾。

中国拥有目前全世界最大、最兴旺的汽车市场，但本土自主品牌汽车却长期经营困难，一直无力完成我国打造强大本土汽车产业的战略努力，更遑论在国际市场上与企业巨头们竞争。因为本土车企普遍缺乏技术、经验和品牌影响力，无法向市场提供技术精湛和服务完美的商品，对内多年来只能依靠政府保护，需要逐年显著增加的政府补贴方才保持微弱的经营平衡，还要承受来自国外同业的反感和指责——中国政府为国内车企提供“永久救助”；对外因吃力追赶国际竞争对手，只能试图用金钱购买技术、专业知识和市场地位，而这条捷径是否能通向成功彼岸，国际市场是否认可中国国际品牌依然是未知数。

就我国汽车工业而言，一直打造不出一流品牌的根本原因是积淀还不够。此外，国家多年来发展汽车工业的战略也比较混乱，突出表现在缺乏该行业必须的产业集中度。我国现有的大大小小国内汽车生产商竟然多达 170 家，骨干上市车企目前就有 22 家之多，而美国、日本和德国这全球三大汽车生产国的情况都是靠两三家汽车制造业巨头打遍全世界。

至于更广泛的行业，之所以中国缺乏能够走向世界的一流品牌，在国际舆论看来主要原因是没有技术优势，缺乏创新意识，从而无法给消费者带来更好的体验与价值。

我国的企业总是习惯性地走别人走过的容易道路，而不是去热情创新和冒险。更有甚者，一些所谓的著名民族品牌总是拿着陈年老酒在国际舞台上到处晃。前者的尴尬处境在于因缺乏品牌价值而盈利能力低下，后者实际上在国外基本没有像样的客户捧场，宣扬自己是国际名牌的真实目的还是为了方便忽悠国内消费者为其高价买单，典型的就是茅台这一所谓国酒的做法。

目前的现状令人沮丧，而展望未来十年，我国企业界却有可能培养和造就出部分真正的国际品牌，向世界呈现中国制造的进步。

西方研究结构认为，亚洲品牌过去都是依托于自己的制造业时代，发生变化的很大因素在于第二代或第三代企业领导人，他们多是在欧美留学归来的人，与其父祖辈的认识完全不同。目前亚洲品牌要证明自己还必须进一步在设计、质量、管理、经营、创新以及培养客户品牌感情方面下工夫。而中国培养出自己的国际品牌，估计至少还需要花费 5 ~ 10 年的功夫，需要新的一代人来完成这项工作，目前的这代中国企业家因普遍缺乏现代企业家精神而无法胜任这一目标。

确实，中国品牌的希望在于新的环境和新的商界领袖。

第一，遏制我国品牌发展的首要因素在于缺乏鼓励创新的大环境，而加强和落实知识产权保护则是我国下一步深化改革的重点之一，目前已经着手加强相关法制的建设，甚至在筹划专门的知识产权法院。

第二，随着改革后第一代企业家陆续淡出历史舞台，成长背景和个人素质完全有异于前者的新一代企业家将成为主流，他们在现代企业家精神上被普遍寄望大大超越以乡镇企业家和农民出身为主体的上一代人。新的商界领袖将更富国际视野和国际思维，大家的事业抱负也势必将与上辈的“土豪们”大大不同。

第三，放开部分户籍、城镇化和教育改革有望塑造新一代的中国产业工人大军。工艺精良、品质卓越的高端制造品是农民工无法完成的，全世界的工业强国全都是依靠训练有素的产业工人来支撑，无一家像我国目前这样的情况——制造业依赖的劳动力主体是流动性大、专业技能低的农民工。而且，加强产业工人队伍建设同时能促进我国劳动保障和劳动安全水平的全面提高。

第四，新风尚将赋予知识精英更高的地位，大力改革后的高等教育与职业教育体系能够比现有的应试教育体系培养更多的富有创造精神的人才，从而为促进中国品牌的诞生与成长奠定坚实的智力资源基础。

资金反倒不是主要问题。我们不仅有举世无双的庞大潜在国内市场，收入分配改革唤醒的国内消费力可以为本土企业成长提供广阔的空间，而且在外购买和引进技术、人才的底气也够足。实际上，在很多外国竞争者看来，中国人近年来有充足的融资渠道购买资产，因为几乎所有的海外收购背后都有中国政府和国有银行的积极支持，目前的问题仅在于中国人还没学会明智地利用好这些资源。而且，就引导资本市场向创新以及知识经济倾斜的相关事宜，我国政府也开始认真研究，目前已经出台了若干鼓励文化发展与知识进步的原则性意见。

需要注意的一个细节在于，当代国际品牌的诞生机制与传统的名牌打造之路颇有不同。

在全球化之前的时代，营造国际品牌主要拼的是生产规模、成本控制、稳定品质和营销宣传。

1990 年代之后，经济全球化使得制造业呈现出碎片化的面貌，即依赖于技术转让、低成本运输和现代通信技术而将一个产品的生产流程扩散到多个不同的国家来完成。比如，我国制造业崛起的捷径就是承接西方制造业的产业转移和外包，目前所处位置主要是劳动密集型生产和最后的组装阶段。同时，信息时代日新月异的通信技术在企业经营所需的信息流上又提供了前所未有的方便与透明性。所以，当代国际品牌的成长更强调时尚、创新和速度，微软、谷歌、小米手机以及刚消亡不久的诺基亚都很能说明问题。我国企业在打造品牌时要仔细研究相关路径的差异。

基于对诸多改革措施的乐观预期，我们在此大胆预言，未来的十年不仅中国企业将以更活跃的姿态出现在全球各地，也很有可能在少数行业诞生若干家具有全球影响力的著名企业。而且，最早成名的一定来自于脱颖而出的民营企业，国企按照目前的态势以及 TPP 和 TTIP 针对国企的相关限制内容，爆冷的概率相对偏低。

破茧化蝶，大国起航

彰显民权，规范党权，抑制官权，塑造现代国家的基础；尊重知识，激活文化，让科技为中国经济添柴加油；淘汰平庸狭隘的旧一代企业家，以更富智略与见识的新生力量取而代之，全新经营中国企业。这些积极的变化应该是我们在下一个十年里可以逐步看到的。

除此之外，还将有更多的变化值得我们去期待和努力。

长期运行的不合理货币政策使得中国经济异化为债务通胀型经济，货币信用和民生都因之饱受痛苦。深化改革的路线则将让政府在发展经济上摆脱对扩张货币政策的迷信和依赖，建立更健康的金融体系。淡化和消除货币的政治属性，革除银行体系的财政属性，规范金融市场，“金融革命”将真正赋予中国货币和中国经济更为远大和光明的前程。

畸态的中国房地产 2008 年以来赤裸裸地绑架了中国金融、中国经济和中国社会。这场财富内战噩梦也该结束了，不再有内外流动性的泛滥让开发商们借贷续命，依赖庞氏借贷去疯狂投机的僵尸企业将难免被清算，涉房腐败被严厉打击，还国家发展前景以生机和希望。

贫富悬殊使得中国内需多年来半死不活，中国经济被迫过度依赖国际市场才能艰难前行。未来的收入分配改革将承担起抑制两极分化、缓解社会矛盾、修复中国内需的使命。

承袭计划时代遗风的半管制经济束缚民营企业发展，助长官僚弄权。深化行政体制改革将革除旧弊，建立成色十足的市场经济，政府退出微观经济将大大降低非效率经济活动的成分，权力让位于市场将赋予组织和个人在经济领域发展的更多均等机会。

来自外部的全球竞争压力目前让我国外贸面临严峻考验。但是，我们如果能克服困难，有效融入新的全球贸易体系，中国企业体系和中国外贸则可望在现有落后混乱的基础上再上层楼。更或甚者，人民币在下一个十年能够顺利完成扬帆出海之旅，成为世界性的结算货币、储备货币和融资货币，全面扩大人民币的流通域。

当下我国社会受困于法治倒退、道德沦丧和信仰危机。然而，如果我们全社会能够知耻而后勇，让心灵回归良知，那么我们将重建中华民族的精神家园，让欺民术和愚民术就此成为过去式。

严重的污染让我们的锦绣河山目前灰头土脸，未来十年我们须强化污染治理，力求家园早日恢复青山绿水、碧海蓝天。

税政改革做好减法可以有效降低企业和普通家庭的纳税负担；财政改革领域加强社保投入可为基本民生实现部分兜底，进而置换释放出对应的国民消费力；教育改革不仅要淘汰误人子弟的应试教育，还肩负着培元固本的重任，为社会和经济输送更适合的人才。

通过各项综合改革措施一步步良化国内的投资创业氛围后，相信我国在未来十年也能初步奠定创新型国家的基础。小小以色列都能成为全球屈指可数的“创业之国”，我们中国人没有理由永远被人小瞧为无能创新的民族。

当下阶段我国的社会经济情况确实相当不理想，但从世界经济史来看，这往往代表着新旧经济形态处于转型之交的强烈征兆。而中国经济的转型路线并非无从把握，实际上反倒是非常清晰的。

发展经济一靠内需支撑，二靠科技提升推进，三靠企业升级，包括民企的活跃壮大与国企的改革。三大经济主板的效率上去了，想固步自封都难！

在这样一个明显的社会经济大转型期，在危机倒逼改革的紧迫形势下，中国的新政治家团队已经向世界公开宣告了向深化改革方向前进的决心，我们目前也看到了各种积极的行动。那么，目前的困境就有很大可能将被未来的良性进展证明只是一种阵痛。

蝴蝶很美，自由飞翔时无比惬意，但也必须经历受困于茧的历练。巨舰出航，任重道远，我们应该在方方面面做好充分准备。

实际上，纵然中国经济在未来十年只能保持 5.5% 的“低增速”，我们在前面章节已经仔细计算和说明过，2025 年的中国经济规模将同样接近乃至超过美国，一般家庭的真实幸福感要远高于之前的“高速增长期”。

那么，为什么还要怀疑中央决策层看不清楚前车之鉴而继续稀里糊涂地虚度十年呢？假如事情真是向着坏的方向延续，那我们数十年来交的改革学费也太冤枉了！

话说回来：千里之行，始于足下。新政治家团队不仅要有励精图治的决心，更要有锐意践行深化改革理念的行动和毅力，同时也需要国人的大力理解和支持。

后 记

多年以来，探讨中国经济的宏观发展动向，始终是国内外财经圈乐此不疲的话题。尤其是2013年我国政府完成换届后，新一届中国政治家团队面对中国经济的过去、现在和未来的基本姿态，以及中国经济将因之发生的微妙变化，更是让很多研究者兴趣大增。

《中国软着陆》就是以上述题材为核心，结合当前中国经济形势与国家政策倾向，就未来经济格局的演化做一个前瞻性判读。

说来挺有意思，我是在2013年夏天就萌生了中国经济或将“软着陆”的念头的。2013年6月，我国金融市场爆发了“钱荒”。进入7月后，中央给出了一个利率市场化的前奏信号——取消银行贷款利率下限。在我个人看来，这是一个比较明确的软着陆信号，或者说我认为自己看到了软着陆的信号。所以，我于7月23日在天涯经济论坛以《预测一个：中国经济要启动软着陆程序了》为题发表帖子，大胆预测：“中国经济软着陆的方向选择已经确定了，或许相关按钮已经按下。只是这次的软着陆采取的核心操作办法和结果还需要观察。炒房子的没戏了，能不能撤出都难说。”

这个帖子当时虽然远不及一些热点题材帖那么引人注目，但也迎来了不少网友的关注，不过多数留言都是泼冷水的。

“崩溃派”的网友认为我国经济积重难返，奢望软着陆不现实；“崛起派”的网友更不相信经济将在不久以后明显趋冷。

在与天涯网友们讨论相关问题时，我也坦陈：“当下只是能感觉到在踩刹车了，具体会是什么样的思路和政策组合还要看看。”

其后，我与在美国一家金融机构工作的青年才俊何萌先生多次网聊，仔细交流观点，他在国外能够看到的东西应该比我更丰富。几经推敲，我相信自己的预判有很大的概率会成立，而小何也持同样的看法。

初秋的时候，经与中国发展出版社的范鹏宇编辑沟通，我们确定了这个选题。

出乎我们预料的是，事态的发展给了我们很大的鼓舞。2013 年底，中共十八届三中全会在北京召开，出台了《中共中央关于全面深化改革若干重大问题的决定》，中央在大局把握上的倾向与我们的判断相当吻合，这也就给了我们更强的信心和动力去好好完成这部《中国软着陆》。

后来的事情大家现在都看得比较清楚了，新一届决策层在治理中国社会经济上采取了与之前多年做法风格迥异的新思维，中国经济也在进入 2014 年后出现了若干波动，人民币汇率折转掉头了，一季度的经济数据显著下滑。

不过，在我们看来，当下的困顿其实并非坏事，而是非常好的征兆。

评价宏观经济的形势佳劣不能只看较短时期的相关表现或者是某些片段，而应该放在一个相对长期、立体且动态的体系下去推演。以我和小何的思路来考量，当前的困难属于转型阵痛，而阵痛之后中国经济有很大概率将获得新生。

实际上，这也就是这部书贯穿前后表达的中心思想：中国经济今后或将以表面上远低于从前的增长速度运行，比如说6%，甚至“更差些”的5.5%的复合增长率。但是，就算以5.5%的“低速”增长，我国经济的前景依然值得看好。实际上，真实的5.5%在价值上应该是远高于之前的表面9%、8%的“高增速”的！而且，假如忽略数量而重视质量，我们相信未来的5.5%在质量内涵上更是足以让之前的“高增长”自愧不如！

2013 年在与两位好友合著《中国 HOLD 住了》一书时，通过合著者陈荣群老师，我们有幸邀请到长安射天郎先生做我们的学术顾问。缘分让我与长安射天郎老师成了好朋友，实际上他在我心目中从一开始就是非常令人尊敬的良师益友，尽管我在年龄上还痴长他若干岁。于是这次直接邀请他再度指点本书的相关问题。

超越了我和小何的预期，热心的长安射天郎老师一口答应了我们的求助，而且在事实上成为本书的合著者。长安射天郎老师平常要代课，自己今年也有好几部签约的著作要完成，然而他不仅为《中国软着陆》提供了大量有用素材，还屡屡挤出宝贵时间和我们耐心交流，在一些难点、要点问题上更是尽心尽责地为我们指点。只是由于长安射天郎老师确实非常忙，他又很信得过我的理解能力和写作特长，所以相关内容由我来执笔完成，但论思想与方法本是取经自长安射天郎老师的精髓。

在 Rich－way 公司就职的小何作为合著者也为本书增色不少。我俩不仅在很多观点上不谋而合，而且他下工夫搜集了很多国外专业资料以充实我们的论证水平，年轻人身上的锐气也赋予了本书勃勃生机。

总之，我们自感这部书在内容和水准上都配得上“软着陆”这一宏大题材，应该是相对明确地看清了未来中国经济的发展趋势。当然，也难免存在挂一漏万的不足之处需要各路方家的雅正，读者的独立评判更是对我们努力的肯定，哪怕立场和观点与我等完全相左！

就我个人的理解而言，经济学属于致用之学。在我的观念里，经济学的意义不应该是专业大家用它来按照自己的世界观改造世界，甚至追求一家一派理论成为指导社会建设乌托邦式梦园的蓝图，而应该是引导更多的普通人用经济学的思维方式来解决现实中遇到的各种问题。这一点，或恰恰是我国多年来有所缺憾的地方，而那些经济发达的国家，美国也罢、德国也罢，其民其国在经济上的崛起正是得益于经济学的落地化。

实际上，当人们用经济学原理来反观日常生活的时候，我们又何尝不是就生活在一个经济学乐园里，人生时时须经济，生活处处皆经济！

就以我国目前的经济现状为例，经济规模总量在世界上名列前茅，但却明显受困于内需虚弱，中小企业也普遍为融资难烦恼。

内需不振的病根在于贫富分化严重。经济总量再好看，老百姓手里不宽绰就必然发展乏力。犹如一个金字塔，即便顶尖是纯金实银的，而其他部分都是沙土，如何经得起风吹雨淋。要保证金字塔巍巍不倒，各部分起码也得是石头，还需要在修建时浇灌些铜汁铁水。再举个虚拟的例子，一个50万人口的小城拥有500亿元的储蓄总量，表面上看人均有存款10万元，应该是个有消费力的富裕地方。但是假如背后的实情是这些储蓄主要属于少部分大富豪，比如说50个富翁占有了该城90%的财富，试问这座城市会有丰富的商机吗？会有旺盛的内需吗？会有活跃的市场吗？显然答案是否定的。因为50万人平均下来每人只拥有微薄的1万元存款，大家要为长远生活计，除非是少数乐天派，一般人的消费力是相当有限的。

而中小企业贷款难、融资难，失去了企业常规运营离不开的一般财务杠杆支持，就根本谈不上发展壮大，更受不起资金实力雄厚的同行大企业的冲击。中小企业几乎在每个国家都扮演着经济基础的角色，它们发展不好，整个儿经济自然好不到哪里去！

所以，有意义的经济学应该关注和尝试有效解决这些现实问题，要尽量接地气，而这个远大规划，那个发展战略，反倒是实际价值有限。中看不中用的东西，我们中国人已经吃过太多的苦头，希望就此不要继续骚扰当代中国。

最后，本书在创作中受到了以下机构和单位的倾力支持，我们在此向它们表示感谢！

西安祥和商业运营管理有限公司

深圳市高小龙影视广告制作有限公司

西安曲江职业围棋俱乐部

常德市正和围棋学校

西安创梦数码有限公司

深圳市中道文化传播有限公司

深圳慈智书院

www. 9kacha. com（酒咔嚓网站）

西安万能能源科技有限公司

西安可心可乐智趣园

西安小飞熊俱乐部

（排名不分先后）

易学军（执笔）

长安射天郎（叶立群）、何萌

2014 年 6 月

延伸阅读

《大国空巢》ISBN 978-7-80234-856-1

本书对人口研究领域最具争议的人物——易富贤先生的最新力作。本书对中国计划生育政策进行了彻底的反思和系统的批判，是不得不读的人口学经典。

《中国不一样》ISBN 978-7-80234-891-2

本书通过一种远距离观察中国的理论视角，将读者心目中非常熟悉的中国，变成了一个多少有些“不一样”却更加逼真的中国！

《三九集团重组实录》ISBN 978-7-80234-945-2

本书作者为三九集团重组当事人，全程参与了三九集团重组工作。作者以实录的形式向我们全面、详细地介绍了国资委拯救三九集团的全过程。

《天使投资》ISBN 978-7-5177-0170-5

本书是硅谷天使林富元集40年天使投资经验凝结而成，书中精选了他在天使投资领域的众多案例，既有成功的典范，也有失败的教训，力图为读者展现一幅天使投资的全景图。

《中国经济：盛世下的阴影》ISBN 978-7-80234-948-3

本书旨在透过当下中国经济的不同截面，进行全景式、立体式的扫描，以期撕开仍被盛世光环笼罩的经济疮疤。

《这个国家会好吗》ISBN 978-7-80234-808-0

本书从经济视角入手，力图解释中国崛起的原因，并回答“中国会好吗”这一世纪之问。本书涉猎内容甚广：贫富分化如何产生、市场有哪些缺陷、地方政府如何定位……

《金融极权》ISBN 978-7-80234-811-0

本书通过全面、细致、深刻的分析，告诉了我们美国之所以能够主宰世界的奥秘所在。原来，金融能够发挥出超乎我们想象的巨大能量。

《正能量投资学》ISBN 978-7-80234-919-3

本书通过讲故事、谈心理、做测试等通俗易懂的方式，希望读者明白一个再简单不过的道理：与专业知识相比，投资更需要的是眼界和心态。

《供应链为王》ISBN 978-7-80234-854-7

本书揭示了中国企业与欧美和日韩企业商战中的弱点，指出了中国企业应如何在“狮狼”合围下成功实现供应链突围。

《经济运行图：还原经济生活的原貌》ISBN 978-7-5177-0005-0

本书对当今经济运行中大众关心的主要经济问题进行了较为系统的解释，让您更加清晰地认识整个社会的经济运行规律。

《定价权》ISBN 978-7-5177-0189-7

定价权决定了在分配当中如何牟利，这是西方御用学者不会明说的不传之秘。而财富到底是怎样通过价格体系被分配的，就是本书试图要向大家阐述的内容。

《中国 Hold 住了：潜流涌动的中国经济》ISBN 978-7-5177-0033-3

本书的核心着眼点是人民币汇率以及美国牵头搭建的两个国际贸易新平台。本书从中国的汇率制度与国际贸易发展入手，涉及金融改革、经济结构调整等内容。

《中国经济究竟处在什么位置》ISBN 978-7-80234-892-9

本书讲述和分析了当下中国经济的严峻现实，系统地回答了一系列与我们生活息息相关的经济问题。

《资本的力量》ISBN 978-7-80234-825-7

本书详尽地阐述了国内企业进行股权投资活动时，在“募、投、管、退”各个环节的实际操作模式，并对股权投资过程中可能涉及的相关问题作了详细分析和研究。

《无知的经济学与中国经济》ISBN 978-7-80234-896-7

本书系统批判了新自由主义经济学，强调我们处在一个结构复杂、不断变化的系统中，不存在一个万能的理论。

《世界经济大战》ISBN 978-7-80234-900-1

在中国崛起的历史关口，回望列强昔日“奋斗”之路，正视美国今时“称霸”之术，论其成败得失，当使国人自省自强，重返世界之巅。

《期货往事》ISBN 978-7-80234-918-6

这是一个期货人根据亲身经历改编的关于期货的故事，你可以在书中了解期货的运作原理和规律。

《香港房地产神话》ISBN 978-7-80234-983-4

“香港模式”究竟是好榜样，还是坏典型？以此为榜样的中国内地政府，是否能寻获解决内地房地产市场诸多问题的良方？

《改革不容拖延》ISBN 978-7-5177-0206-1

中国改革开放经历 30 多年扬帆远航，如今驶入深水区，唯有再次启动改革，如加快民主化、法治化进程，冲破体制弊端与观念障碍，才能处理好复杂的利益矛盾。

《浙江难题》ISBN 978-7-80234-777-9

“浙江模式”动力衰减，而且遭遇“中国模式”逆袭：“诱致性经济制度变迁”带来的先发优势逐渐泯灭，民营经济转型发展急需的制度、政策空间收窄。

《中国创投 20 年》ISBN 978-7-80234-708-3

本书对中国创投行业 20 年来的起落沉浮做了全景式系统描述。李开复、沈南鹏、江南春、薛蛮子等众多创投行业“大佬”关注本书，纷纷推荐，为国内创投类图书少有现象。

《老板到底要什么》ISBN 978-7-5177-0045-6

本书的目的就是要帮助年轻的读者更好地认识自己，更好地了解行业的趋势，更好地了解职位的要求，找到求职的着力点。

《人口危局》ISBN 978-7-80234-933-9

本书从众多人们耳熟能详的人口问题入手，细致地分析了那些听起来有道理的论断是多么荒诞。

《中国网络舆情风云》ISBN 978-7-5177-0055-5

本书以新旧媒体为立足点，全面展现了社会各界媒体的舆情导向能力，深入分析了近年中国社会若干大事件的始末，并提供了深刻理性地舆情分析和舆论导向。

《中国经济突围》ISBN 978-7-5177-0039-5

中国经济增长的外部约束与内部困难相继浮现。如何顺利实现经济转型，从而实现经济突围是当前中国经济首要解决的问题。

《全球博弈：中美关系改变世界》ISBN 978-7-80234-447-1

本书是对国际政治宏观格局的把握，围绕中美关系考察当今的世界权力结构。以中美关系为线索，分析全球博弈之特点，推演世界大潮之动向。

《资本的傲慢》ISBN 978-7-80234-735-9

这是一本写给决策者和平民百姓的书。从行为经济学的运用入手，告诉了我们，30 多年的改革开放到底带给了我们什么。

《2020，我们会不会变得更穷》ISBN 978-7-80234-736-6

这是一本全面系统地读懂中国的书。本书以百年的视野看当代中国，为您提供了宏大而精深的视角。在这里，读懂中国，看透未来，认清使命。

《中国经济大洗牌》ISBN 978-7-80234-755-7

本书从财政结构、宏观经济调控、新能源以及世界经济的发展等方面入手，探讨了中国经济转型的方向，分析了中国经济的前世今生。

《权力与“笼子”》ISBN 978-7-5177-0004-3

本书通过对大量资料的梳理，既总结了县委书记落马的十大缘由及落马县委书记的九大特征，又总结了落马县委书记的教训和启示。

《你所不知道的冰冷经济真相》ISBN 978-7-80234-759-5

本书从宏观经济政策解读入手，先后分析了 GDP 保 8 背后的就业压力，国进民退的结构性原因等众多经济社会问题，力图为读者展现一幅中国经济的宏观画卷。

《中国航母》ISBN 978-7-80234-763-2

中国为什么要造航母？中国为什么长期造不出航母？一本书让你全面了解中国航母。

《包装出来的“西方文明”》ISBN 978-7-80234-769-4

西方自古就比中国强吗？西方一直就是那么文明吗？颠覆你印象中的西方文明。

《下一个泡沫》ISBN 978-7-80234-788-5

与泡沫一起膨胀的是人们的贪欲，与泡沫一起破灭的是人们的希望。告诉你经济兴衰的规律。

《金融之巅》ISBN 978-7-80234-795-3

一部美国投行的兴衰史！告诉你高盛、摩根士丹利、美林、雷曼兄弟、贝尔斯登的起起落落。

《城市战略家》ISBN 978-7-5177-0231-3

一个好的战略，可以让城市焕发活力。城市战略家可以让整个城市或区域的人们自觉的行动起来，集中各自拥有的资源，朝着共同的目标奋斗。

《从国家主义到民本主义主义》ISBN 978-7-5177-0143-9

本书从中国政治的制度和其内在价值观为线索，分析了几千年来中国的体制优势与弊病，并剖析了其中的原因，展望了其发展趋势。

《谁来拯救世界经济》ISBN 978-7-80234-810-3

本书从个人选择与现代经济的运行机理出发，解释失业、贫富差距、债务危机以及经济大萧条等社会最关切的经济问题。

《资本的战争》ISBN 978-7-80234-932-2

本书回顾了中国股市几十年来关于举牌的各大事件，分析了其中的成败得失，力图为您展示一幅中国股市举牌案例全景图。